LES POURQUOI

DE LOURDES

LEÇONS D'UNE MÈRE

Par R. de MAUDUIT

Venite, filii, audite me ;
timorem Domini docebo vos.
(Ps. xxxiii, 12.)

Venez, mes enfants, écou-
tez-moi ; je vous enseignerai
la crainte du Seigneur.

Prix : 2 francs.

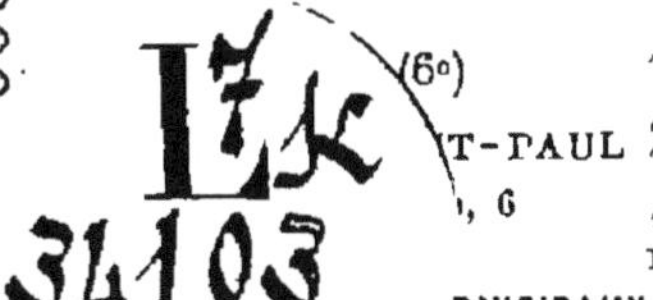

(6°)   HALLUIN (Nord)

T-PAUL   Bureau du « Petit Messager »
, 6   133, rue de Linselles

ET

RINCIPAUX MAGASINS DE LOURDES

LES POURQUOI DE LOURDES

Leçons d'une Mère.

Les Pourquoi de Lourdes

LEÇONS D'UNE MÈRE

Par R. de MAUDUIT.

Venite, filii, audite me ; timorem Domini docebo vos. (Ps. XXXIII, 12.)

Venez, mes enfants, écoutez-moi ; je vous enseignerai la crainte du Seigneur.

PARIS
LIBRAIRIE SAINT-PAUL
6, rue Cassette.

HALLUIN (Nord)
Bureau du PETIT MESSAGER
133, rue de Linselles.

ET

DANS LES PRINCIPAUX MAGASINS DE LOURDES

A Marie.

Daignez, ô ma Mère, bénir ces lignes, où j'ai voulu exalter vos apparitions et vos bienfaits à Lourdes.

Vous avez toujours remporté la victoire contre Satan, contre l'hérésie, contre les persécuteurs de vos enfants. Aujourd'hui encore, c'est de vous que le salut nous viendra.

A quelle condition ?

L'ordre du général bien compris assure la victoire. Nous devons donc écouter votre voix, nous efforcer de comprendre vos commandements. Là est le secret du succès : la preuve, c'est que nos ennemis veulent fermer le Sanctuaire de Massabielle, où les foules viennent près de vous s'instruire pour les combats du Seigneur.

Pourquoi vos apparitions à la Grotte ? Pourquoi vos paroles et vos actes au cours de ces manifestations miséricordieuses ? Pourquoi tant de détails, qui certainement ont un sens voulu de vous ? Pourquoi ce vêtement blanc ? Pourquoi ce Rosaire ? Pourquoi cette ceinture d'azur ? Pourquoi ces roses sur vos pieds ? Pourquoi votre regard tourné vers le ciel ? Pourquoi la source jaillissant du rocher ?...

J'ai essayé de répondre à tous ces **Pourquoi.** *Puissent ces réflexions exciter les âmes à méditer sur vos apparitions ! Vous-même révélez-vous à ceux qui vous cherchent.*

Quant à ceux qui vous attaquent, convertissez-les, ô ma Mère ; touchez leur cœur et ramenez-les repentants à votre divin Fils.

En exil, 1ᵉʳ mai 1903.

LES POURQUOI DE LOURDES

LEÇONS D'UNE MÈRE

CHAPITRE PREMIER

L'événement de Lourdes.

Vers le milieu du XIXᵉ siècle un événement extraordinaire mettait en émoi les populations du midi de la France et bientôt le pays tout entier. Près de la petite ville de Lourdes, dans une grotte sauvage, un être mystérieux d'une beauté incomparable, et semblant venir du Ciel, s'était montré, dix-huit fois successives, à une humble bergère nommée Bernadette. Elle seule avait eu ces visions ; mais des centaines, des milliers de témoins étaient alors auprès d'elle. Ils avaient vu l'enfant tomber en extase : son visage s'illuminait d'un reflet surnaturel, son corps immobile perdait ses sensations, son esprit oubliait la terre dans la contemplation d'un objet captivant. Puis, après un certain temps, la jeune fille semblait sortir d'un rêve.

Elle racontait alors qu'elle avait vu, dans un creux du rocher qui forme une niche naturelle, une femme au visage plein de douceur, vêtue d'une robe d'une blancheur éclatante, d'un long voile, d'une ceinture bleue ; sur ses pieds nus reposaient des roses. Dans ses mains elle tenait un chapelet aux grains blancs, à la chaîne d'or. Et cette femme tantôt souriait, tantôt semblait près de pleurer. Elle lui avait parlé ; elle avait dit trois fois : Pénitence ! Pénitence ! Pénitence ! Elle lui avait promis le Ciel ; elle avait demandé en ce lieu une chapelle et des processions. Elle lui avait dit de boire et de se laver à la fontaine : et son doigt indiquait le pied du rocher ; et l'enfant, suivant le geste, avait creusé la terre, et une source avait jailli dont elle avait bu et s'était lavée. Enfin, comme la Voyante lui demandait à plusieurs reprises de lui dire son nom, l'Apparition joignant les mains, levant les yeux au ciel, avait dit : « Je suis l'Immaculée Conception. »

A ce portrait, à ce nom, le peuple chrétien avait reconnu la Vierge Marie, la Mère de Notre-Seigneur Jésus-Christ. Et les foules accouraient avec amour et vénération. L'Eglise ne disait rien ; ses représentants ne venaient point à la grotte ; ils attendaient et priaient. L'autorité civile n'imita pas cette prudente réserve, elle oublia le conseil que donnait autrefois un Juif aux chefs de sa nation, aux premiers jours du Christianisme : « Si cette œuvre vient des hommes, disait-il, elle se dissipera d'elle-même ; si elle vient de Dieu, comment vouloir l'entraver ? » Tous les moyens administratifs furent donc mis en usage pour combattre la superstition : menaces, arrestations, procès-verbaux, amendes, déploiement de soldats et de gendarmes, clôtures empêchant l'accès de la grotte. Rien de tout cela n'arrêta ni les faveurs de la Sainte Vierge ni l'élan des fidèles : Bernadette voyait Marie par delà les barrières, les pèlerins bravaient toutes les vexations.

Qui donc les assurait de la réalité des apparitions ? D'abord la candeur, l'innocence de Bernadette, la vue de ses extases ; puis surtout une voix toute surnaturelle à laquelle personne ne se méprend : la voix des miracles. La source jaillie du rocher en était l'instrument. A son contact des aveugles recouvraient la vue, des paralytiques se levaient, des mourants revenaient à la vie. A cette preuve certaine que le Ciel sanctionnait de sa puissance les paroles de la Voyante, l'Eglise parla enfin. Elle proclama que l'on pouvait croire sans témérité que la Très Sainte Vierge Marie s'était vraiment montrée à Lourdes : dès lors elle autorisa l'érection de la Chapelle et les manifestations et processions publiques demandées par l'Apparition.

Et depuis quarante-cinq ans la fontaine continue à couler ; les miracles n'ont pas cessé de se produire, ni les foules d'accourir à la grotte. Que dis-je ? les manifestations ne font que grandir toujours en nombre, en éclat. La renommée de Notre-Dame de Lourdes s'est étendue par toute la terre ; on vient à elle des extrémités du monde. On l'invoque en tout lieu. Son image, son eau miraculeuse transportée en tous pays, y accomplissent aussi des merveilles. Oui, quiconque a une douleur à apaiser, une grâce à obtenir, une faute à faire oublier, c'est à Notre-Dame de Lourdes qu'il s'adresse. Et partout où sa statue est exposée à la vénération publique, les ex-voto qui bientôt l'entourent disent assez que c'est là que Marie entend la prière. En un mot, Notre-Dame de Lourdes est le vocable le plus aimé de la Sainte Vierge en notre temps. Sa blanche image à la ceinture d'azur, aux mains jointes, au regard levé vers le ciel : voilà la forme sous laquelle elle veut être honorée de nous ; voilà le modèle pour lequel elle-même a posé et qu'elle veut mettre sous nos yeux sans cesse, et c'est pour nous y doucement contraindre qu'elle multiplie ses bienfaits.

Mais si la Très Sainte Vierge a daigné se montrer à la terre sous cette gracieuse figure, si elle a choisi ces divers symboles, ce n'est pas sans un profond dessein. Il y a là des leçons dont nous devons pénétrer le sens. Un jour, la Voyante présenta du papier et de l'encre à l'Apparition. Marie répondit : « Ce que j'ai à vous dire je n'ai pas besoin de l'écrire. » Elle a fait mieux : elle a donné l'exemple de ce qu'elle demandait de nous. Les paroles émeuvent, mais l'exemple entraîne, dit le proverbe. Marie a peu parlé : ses leçons sont dans sa conduite. Méditons donc avec amour, avec respect, avec un ardent désir de lui plaire, sur les circonstances de ses bénies apparitions. Nous connaîtrons ainsi ce qu'elle veut de nous. Ah ! recevons avec reconnaissance les leçons de notre Mère !

Au milieu des périls, des tristesses du temps présent, n'est-il pas vrai que tous les cœurs catholiques se tournent d'instinct vers Notre-Dame de Lourdes ? Ne sentons-nous pas que celle qui est venue à nous avec tant d'amour ne peut nous abandonner ? Et n'est-il pas sorti de plus d'un cœur ce désir ardent, cette prière audacieuse : O Marie, ô Notre-Dame de Lourdes, montrez-vous de nouveau, revenez nous sauver ?

Marie l'exaucera-t-elle ? Nous favorisera-t-elle encore d'une nouvelle apparition ? Peut-être veut-elle seulement ranimer notre confiance en ses anciennes miséricordes, renouveler surtout notre fidélité à y correspondre. Car il y a dans les apparitions de 1858 assez de grâces, assez de lumières, pour sauver l'Eglise et le monde. Mais peut-être n'avons-nous pas assez mis en pratique les enseignements de notre Mère. Peut-être n'avons-nous pas assez contemplé sa douce image et compris ses leçons. Revenez donc, ô Marie, revenez, sinon dans votre grotte de Massabielle, au moins sous le regard de notre âme et dans nos cœurs : *Revertere, revertere, Sulamitis, ut intueamur te !* « Revenez, revenez, afin que nous vous contemplions, ô douce Sulamite » ; c'est-à-dire : ô Pacificatrice, ô Reine de la paix, ô vous qui pouvez réparer nos misères et nous rendre le calme et le bonheur ! Revenez, ô parfaite (car Sulamite a aussi ce sens), revenez, ô modèle accompli de tout ce qui plaît à Dieu, ô vous sa bien-aimée, son unique, sa colombe, afin qu'en vous admirant nous apprenions à imiter vos vertus.

Pratique. — Récitez votre Rosaire pour remercier la Très Sainte Vierge d'être apparue à Lourdes, et pour lui demander la grâce de comprendre les leçons qu'elle est venue nous y donner.

CHAPITRE DEUXIÈME

Le souffle de Dieu.

E 11 février 1858, Bernadette Soubirous ramassait du bois mort, près des roches Massabielles. Soudain un bruit semblable à celui d'un grand vent se fit entendre. L'enfant leva la tête : les peupliers des bords du Gave étaient immobiles. Ce n'était pas un phénomène naturel qu'elle venait de percevoir. « L'esprit souffle où il veut, a dit Notre-Seigneur ; vous entendez sa voix, mais vous ne savez d'où il vient ni où il va. » Bernadette l'ignorait en effet. « Je me serai trompée », dit-elle.

Ainsi aux premiers jours du Christianisme, au moment où les disciples réunis dans le Cénacle attendaient la venue du Paraclet promis par Jésus-Christ, on entendit comme le bruit d'un souffle violent. C'était la figure sensible de l'Esprit de Dieu. — Et bientôt sous l'impulsion de son action puissante, les Apôtres, animés d'une énergie nouvelle, se répandirent dans le monde, annonçant le Christ avec une ardeur irrésistible. Et l'univers païen se convertit à leur voix, renonça à ses erreurs, à ses passions, à ses idoles, pour confesser Jésus le Fils de Dieu. L'Eglise était fondée.

Pouvons-nous comparer à cette effusion de la vie divine dans le monde, figurée et annoncée par le grand vent entendu au Cénacle, les événements dont notre temps a été le témoin ? « Envoyez votre Esprit, avait dit le Prophète, et vous renouvellerez la face de la terre. » Cette prophétie, accomplie littéralement au jour de la Pentecôte, aura-t-elle une autre réalisation ? L'Esprit-Saint rendra-t-il à la terre dans sa vieillesse, par la force de son action vivifiante, un regain de vitalité, une nouvelle jeunesse ?

Qu'il le puisse, il n'est pas douteux. Que la terre en ait besoin, peut-on le nier davantage ? Notre monde moderne, comme les vieillards décrépits, a perdu les énergies des premiers âges. Sa vue s'est obscurcie : c'est-à-dire sa foi s'éteint, les ténèbres que le péché originel a répandues dans les âmes s'épaississent, les lumineuses clartés surnaturelles éblouissent son regard hébété. Au lieu de croire et d'adorer, il bavarde et déraisonne. Qui nous rendra la foi pure et limpide des anciens jours ? L'hérésie, le schisme, l'impiété, l'indifférence, le naturalisme ont ruiné la foi chez presque tous les peuples. Et avec la lumière a disparu l'amour, et avec l'amour la paix, la concorde ; le vieux monde se dissout. O Dieu qui avez fait les nations guérissables, ranimez ce mourant de votre souffle puissant. « Envoyez, Seigneur, votre Esprit et vous renouvellerez la face de la terre. » *Accende lumen sensibus, infunde amorem cordibus..... Emitte Spiritum tuum et renovabis faciem terræ !*

Mais nos prières, nos besoins, obtiendront-ils cette effusion de grâces qui seule peut nous sauver ?

Ah ! au Cénacle les Apôtres n'étaient pas seuls. Avec eux priait Celle dont la supplication est toute-puissante, *Omnipotentia supplex*, Marie la Mère de Dieu. C'est à elle que sont remis tous les trésors de la grâce ; elle les obtient, elle les donne à qui elle veut. Que Marie vienne donc prier sur notre terre, et à sa voix se fera cette résurrection spirituelle !

Et Marie est venue ! C'est la grâce, c'est l'Esprit-Saint qu'elle nous apporte, c'est un torrent, c'est un fleuve de vie, c'est une effusion de miséricorde qui descend du Ciel avec Elle. Dieu nous l'annonce par ce souffle puissant entendu par Bernadette. Une autre Pentecôte en quelque sorte se fait pour l'Eglise et le monde en ce jour. C'est une ère nouvelle qui commence un nouveau règne de Jésus, et de Jésus par Marie.

Un grand serviteur de la Très Sainte Vierge l'avait prédit. Saint Léonard de Port-Maurice, illustre missionnaire capucin, qui a laissé dans l'Eglise la mémoire d'une éminente vertu, fut l'un des plus ardents champions de la doctrine de l'Immaculée Conception de Marie, et celui qui a le plus puissamment contribué, un siècle à l'avance, à la proclamation solennelle de ce dogme. C'est lui, en effet, qui émit l'idée, réalisée par Pie IX, de consulter tous les évêques du monde sur leur croyance et celle de leurs sièges, au privilège de la Sainte Vierge, et d'arriver ainsi à exprimer la doctrine de l'Eglise entière, même sans convoquer de concile. Or, dans le même écrit où il exprimait cette idée, il ajoute, en parlant de la proclamation du dogme de l'Immaculée Conception : « On peut tenir pour une chose certaine qu'au jour où l'on fera ce grand honneur à la souveraine Impératrice du monde, on verra à l'instant renaître la paix universelle. » Il écrivait ceci en 1740. Et en 1854, après avoir réalisé l'idée de saint Léonard de Port-Maurice en consultant les évêques du monde entier, Pie IX définissait solennellement que Marie a été conçue sans péché.

Ah ! n'en doutons pas, à ce moment où tant d'hommages et de louanges montaient vers elle, où l'Eglise la couronnait de ce diadème si glorieux, Marie, se prosternant devant la Trinité sainte, la remerciant de ce don unique et ineffable de la préservation du péché, Marie a prié pour la terre, pour ses frères et ses sœurs ou plutôt ses enfants, chargés du poids de tant de misères. Elle a demandé et obtenu de venir elle-même les consoler ; et, contemplant avec tristesse tous les maux dont ils sont accablés, elle a trouvé dans son Cœur maternel le moyen de les soulager. Ces maux quels sont-ils ? Le mal suprême c'est le péché, ce péché dont elle est préservée ; et puis les trois grands maux qui en découlent : l'ignorance, la concupiscence et la douleur. Marie va venir les guérir. Elle va purifier la terre et lui rendre la paix et le bonheur.

Un souffle de vie chrétienne va passer sur nous. Sans doute le résultat final ne sera pas l'œuvre d'un jour. Le souffle du Saint-Esprit au Cénacle a mis longtemps à convertir le monde : mais dès le premier instant, il a commencé à solliciter les âmes et son travail incessant gagnait de proche en proche, minant la société païenne, et la pénétrant du Christianisme. Ainsi, de la grotte de Lourdes le souffle puissant de Dieu s'est répandu sur la terre. Il a remué les populations, il a entraîné les foules ; nous en voyons depuis quarante-cinq ans les progrès toujours croissants. Ainsi la prophétie de saint Léonard de Port-Maurice s'est réalisée à la lettre : « Au jour où l'on fera cet honneur à la souveraine Impératrice du monde, on verra à l'instant renaître la paix universelle. » Il ne dit pas « se conclure, s'achever », mais « renaître », c'est-à-dire reparaître peu à peu. Nous avons vu ce grand mouvement de foi et de piété, nous le voyons tous les jours, et le Saint assure qu'il aboutira à la paix universelle.

« Souffle donc, aquilon ; viens, vent du Midi ; passe sur mon jardin, et que ses parfums se répandent : « *Surge, aquilo, et veni, auster, perfla hortum meum et fluant aromata illius.* (Cant., IV, 16.) Ainsi parle l'Epouse des Cantiques, c'est-à-dire vous, ô Marie, et c'est à l'Esprit-Saint que vous adressez cette prière. Que vos vertus, que vos charmes, que vous nous révélez à Lourdes, embaument l'Eglise ! Que le souffle de Dieu en répande la bonne odeur par toute la terre ! Attirez-nous, entraînez-nous à votre suite vers l'Epoux divin. Nous courrons à l'odeur de vos parfums !

O Esprit-Saint, votre souffle est puissant et plein de douceur, fort comme l'aquilon, doux comme le vent du Midi. Il va d'une extrémité à l'autre de la terre et des temps, avec suavité et force, disposant tout avec sagesse, réalisant tout sans obstacle. Et le délicieux moyen que vous avez choisi pour consoler l'Eglise et rajeunir le monde, c'est de nous montrer Marie et de nous attirer vers Elle, pour recevoir et comprendre ses Leçons !

Le monde en avait besoin, le monde en quelque sorte l'attendait. L'illustre Newmann avait écrit : « C'en est fait du Catholicisme, si Dieu ne nous fait avant la fin de ce siècle une nouvelle révélation. » La révélation a eu lieu, et c'est Marie qui en est l'instrument !

Très Sainte Mère de Dieu, Immaculée Vierge Marie, soyez bénie d'être venue nous visiter ! O Mère de grâce, répandez abondamment dans nos âmes les faveurs dont l'Esprit-Saint vous a faite la trésorière. Renouvelez en nous et en toute la terre la foi et l'amour.

Pratique. — Récitez pieusement le Rosaire pour la sainte Eglise et aux intentions de Marie.

CHAPITRE TROISIÈME

Marie.

N grand signe est apparu dans le Ciel : une femme revêtue du soleil ayant la lune sous ses pieds. C'est le récit que nous fait saint Jean décrivant, dans l'Apocalypse, les luttes du bien contre le mal, de l'enfer contre Dieu. Et il vit le dragon infernal s'attaquer à cette femme et au fils qu'elle allait mettre au monde. Cette femme, que le saint Livre ne nomme pas, est évidemment la Vierge Mère de Dieu : car, ajoute l'Apocalypse, elle enfanta un fils qui fut élevé jusqu'à Dieu et à son trône, et toutes les nations furent soumises à son empire. Et un grand combat se livra dans le Ciel à son occasion entre les anges apostats et les anges fidèles ; et le vieux serpent, qui s'appelle le Diable et Satan, fut à jamais chassé du Ciel avec ses complices et jeté sur la terre. Or, là il continua à faire la guerre à la femme avec une grande fureur et à poursuivre avec la même rage ses enfants.

Oui, il y a entre Lucifer et Marie une inimitié absolue, une division totale. Lucifer hait la Vierge-Mère d'une haine profonde. Il semble en quelque sorte la détester encore plus que Jésus-Christ lui-même. Oh! qui nous dira le mystère de cet antagonisme entre Marie et l'enfer? Comment une créature si aimable et si charmante a-t-elle pu jamais être haïe, même d'un démon? Pourquoi est-elle si abhorrée et en même temps si puissante?

O Marie, pardonnez la hardiesse de mon langage, ou plutôt sa faiblesse. Dirai-je trop ou trop peu en disant que vous êtes le nœud de toute l'œuvre de Dieu, le secret de tous ses desseins, l'explication de toutes ses préférences? Marie n'est-elle pas celle que Dieu appelle, dans le Cantique des Cantiques, sa colombe, sa parfaite, son unique, son immaculée, celle qui a ravi son cœur?

De toute éternité le Seigneur avait décidé de s'unir à une créature, il avait décrété que le Verbe prendrait une nature tirée du néant. Mais quelle nature? Serait-ce celle des anges ou des hommes? Assurément celle des anges était plus parfaite et plus digne, comme plus voisine de Dieu. Tout semble décider en faveur des purs esprits du choix du Seigneur, pour élever leur nature jusqu'à sa personne. Mais auprès de la créature déifiée, Dieu voyait un autre chef-d'œuvre où sa puissance, sa sagesse et son amour devaient également s'épuiser; et ce chef-d'œuvre tout voisin du Dieu abaissé, c'était une mère. Et c'est elle qui a ravi le cœur de l'Eternel. C'est elle qui l'attire du sein de son Père dans son propre sein à elle.

Dieu veut avoir une Mère! Or les anges n'en ont point. Il faut donc que le Verbe se fasse homme : sa Mère a décidé son choix en faveur de la nature humaine. Il a voulu aimer ses créatures jusqu'à descendre dans le sein de l'une d'elles, lui devoir son être créé, l'appeler du doux nom de Mère. Il n'a pas eu horreur de cette nativité. Que dis-je ? il en est fier, il en est glorieux : il ne rougit pas de sa Mère, il la présente au contraire à l'armée des esprits célestes et leur commande de l'honorer, et d'adorer le fruit qu'elle porte. Un grand signe apparaît dans le Ciel où les purs esprits viennent d'être créés. Dieu introduit devant ses anges son Fils et celle qui sera sa Mère, en leur montrant par avance leur Roi et leur Reine : il faut les reconnaître et s'abaisser. Et voilà ce qui fait la révolte. Ce grand signe dans le Ciel est un signe de contradiction, *signum cui contradicetur*, pour le salut et la ruine de beaucoup au Ciel et sur la terre.

Et Satan s'enorgueillit dans sa nature si belle. Quoi ! lui Séraphin, avoir pour Roi un homme et surtout une femme pour Souveraine ! Lui le pur esprit, s'abaisser devant une nature corporelle ! « Je n'obéirai pas ! » dit-il ; et il entraîne un tiers des anges dans sa désobéissance et dans son éternel châtiment. Dès lors il hait cette humanité que Dieu a choisie plutôt que la nature angélique pour l'asseoir sur le trône de la Divinité ; il hait cette femme qui a déterminé ce choix, et dans sa haine il enveloppe toute l'humanité, toute la race née de la femme. A peine nos premiers parents sont-ils créés, il s'attaque à la femme et la fait tomber, et par elle Adam.

Mais voici Dieu qui s'avance. Il a châtié sans pitié le péché des anges : aucun n'a été épargné ; mais le péché des hommes trouve en lui d'ineffables miséricordes. Ah ! c'est qu'il voit dans la suite des âges cet homme qui est son Fils, et cette femme qui en sera la Mère. Sa justice est désarmée par leur sainteté et leurs souffrances ; il pardonne aux coupables. Mais sa colère s'appesantit sur Satan de tout son poids : il le maudit sous la figure du serpent : « Tu seras maudit entre toutes les bêtes de la terre. » Et voici qu'il lui oppose de nouveau cette femme qui a déjà fait sa ruine au Ciel. Lui qui a profité de la faiblesse de la femme pour tromper le genre humain, il trouvera dans la femme le principe de son éternelle défaite. « Je mettrai l'inimitié entre toi et la femme, entre ta race et la sienne, et elle t'écrasera la tête et tu te tordras sous son talon. »

Et quatre mille ans plus tard, Marie venait au monde, et sa Conception brisait l'empire de Satan. Jusque-là toute créature était tombée, au moins momentanément, sous son empire. Mais quand Marie paraît, l'enfer s'enfuit épouvanté. « Quelle est, se demande-t-il avec terreur, cette créature si belle qui s'élève comme l'aurore naissante, terrible comme une armée qui s'avance au combat [1] ? » Lucifer reconnaît-il celle qui fut promise sous l'arbre de la désobéissance ? Non ; mais plus tard il la connaîtra. Les anges eux reconnaissent leur Reine et sa vue les confond d'amoureuse admiration ! « Oh ! quelle est celle-ci, s'écrient-ils, qui monte du désert de la terre, inondée de saintes délices, appuyée sur son bien-aimé [2] ? » Et Dieu dit à la Vierge : « Je t'ai suscitée sous le pommier où ta mère s'est perdue, où Eve s'est souillée [3]. Lève-toi, ma bien-aimée, ma toute

---

1 Cantic., vi, 9. — 2 Ibid., viii, 5. — 3 Ibid., viii, 5.

belle, et viens à moi, ma colombe, mon immaculée. Tu es toute belle, ô mon amie, et en toi il n'y a pas de tache [1]. » Et la Vierge toute pure chante en son cœur : « Je me réjouirai dans le Seigneur et mon âme exultera d'allégresse en Dieu mon Sauveur, parce qu'il m'a revêtue d'innocence et de justice, comme une épouse de ses plus beaux ornements. Le Seigneur Tout-Puissant m'a entourée d'un rempart invincible, il m'a tracé une voie immaculée. Je vous glorifie, ô mon Dieu, de ce que vous m'avez prise et n'avez pas laissé à mon ennemi la joie de m'avoir possédée [2]. C'est là que j'ai reconnu que vous aviez sur moi des desseins de miséricorde ! » Et toute l'Église, toute la terre répond à la Vierge sans tache : « Vous êtes la gloire de Jérusalem, vous êtes la joie d'Israël, vous êtes l'honneur de notre race. Vous êtes bénie de Dieu, ô Vierge Marie, par-dessus toutes les femmes de la terre. Aujourd'hui, en vous créant sans péché, Dieu vous a tellement exaltée, que jamais votre louange ne tarira dans la bouche des hommes [3] ! »

Voilà donc la Sainte Vierge constituée dès l'instant de sa Conception la dominatrice victorieuse de Satan ; elle lui écrase la tête, c'est-à-dire que jamais elle n'aura rien à craindre de ses attaques. Au lieu que les autres hommes ont à lutter toute leur vie contre le serpent, et que même vainqueurs ils ne parviennent jamais en ce monde à le dompter entièrement, ont toujours à redouter sa morsure : Marie, elle, dès son entrée dans la vie, le foule de son pied vainqueur. En vain il se tord et essaie de mordre son talon !

---

[1] Cantic., IV, 7. — [2] Ps. XXIX, 2. — [3] Judith, XIII, 25 ; XV, 10.

Alors il tourne sa rage contre les enfants de la femme, selon la prophétie de la Genèse : « Je mettrai l'inimitié entre ta race et la sienne », c'est-à-dire entre l'Eglise et tous les chrétiens fidèles, et l'Enfer et tous ses suppôts ici-bas. Mais là encore Marie est l'antagoniste redoutable de Satan. Non seulement elle a échappé à sa domination, mais elle va lui ravir ses conquêtes. Car elle concourt efficacement à la grande œuvre de la Rédemption. Elle y a un rôle sublime, et en quelque sorte nécessaire.

Comme le péché originel a été l'œuvre commune d'Eve et d'Adam, ainsi Jésus et Marie ont opéré ensemble la Réparation. Sans doute Adam seul pouvait entraîner le genre humain dans sa perte, et quand bien même son épouse eût mangé tous les fruits de l'arbre, elle n'eût fait tort qu'à elle-même. Pourtant dira-t-on que le rôle d'Eve dans la chute n'est pas immense, prépondérant ? Ne lui fait-on pas en quelque sorte plus de reproches qu'à Adam ! Notre premier père lui-même le dit au Créateur : « La femme que vous m'avez donnée m'a présenté ce fruit et j'en ai mangé. » Il se plaint à Dieu, de lui avoir donné cette compagne funeste. — Eh bien, Dieu accepte en quelque sorte le reproche ; et si la femme a tout perdu, la femme aussi devra tout réparer. Satan s'est attaqué à l'être le plus faible : ce sera lui qui le vaincra à son tour. Satan nous a perdus par Eve, Dieu nous sauve par Marie.

Ah ! sans doute, Marie ne suffit pas au rachat du monde, pas plus qu'Eve à sa perte ; ses prières et ses larmes ne sont pas une rançon suffisante. Seul le chef de la création, l'Homme-Dieu, peut payer notre dette.

Mais c'est Marie qui lui donne la chair et le sang, prix de notre rédemption ; c'est elle qui présente à Dieu ce fruit qui est bien à elle, ce fruit de ses entrailles, ce fruit d'aspect si délicieux, d'un goût si ineffable, que Dieu agrée et savoure. C'est elle qui restitue à l'arbre le fruit que la première femme en avait détaché : *Quod Eva tristis abstulit, tu reddis almo germine*. Et au pied de l'arbre de la Croix la nouvelle Ève, dans les ineffables douleurs de son sacrifice, unit aux satisfactions de son Fils sa propre immolation, expiant le plaisir coupable que sous le pommier l'homme et la femme avaient goûté ensemble. Et quand, avec son volontaire consentement, Jésus exhale son âme dans un cri de triomphe, c'est une victoire de Marie autant que de Jésus qui ébranle l'Enfer, et détruit son empire. Voilà la seconde victoire de Marie.

Et depuis, que de triomphes a-t-elle remportés sur Satan ! Plus facilement on compterait les grains de sable de l'Océan. Notre-Dame *des Victoires*, voilà bien son nom ! Tout triomphe de la grâce est dû à Jésus et à sa Mère. Toute tentation repoussée par une âme fidèle, tout péché pardonné à un cœur pénitent, tout progrès de la foi, toute défaite du mal, tout obstacle apporté aux projets de l'Enfer, c'est une victoire de Marie. C'est sa main invisible, mais souveraine, qui a toujours défendu la Religion : elle a brisé les anciennes hérésies qui semblaient maîtresses de la terre, et se sont évanouies comme la fumée emportée par le vent. « Réjouissez-vous, Marie, chante l'Eglise, c'est vous seule qui avez détruit toutes les hérésies dans le monde » ; c'est vous qui avez brisé les hérésies antiques, et écraserez les erreurs présentes et futures. Venez donc maintenant à notre secours. Hâtez-vous, nous vous attendons ! Montrez-nous votre face et nous serons sauvés !

Pratique. — N'omettez point de réciter aujourd'hui le très saint Rosaire pour féliciter Marie de ses victoires sur l'Enfer et la conjurer de venir encore une fois nous secourir !

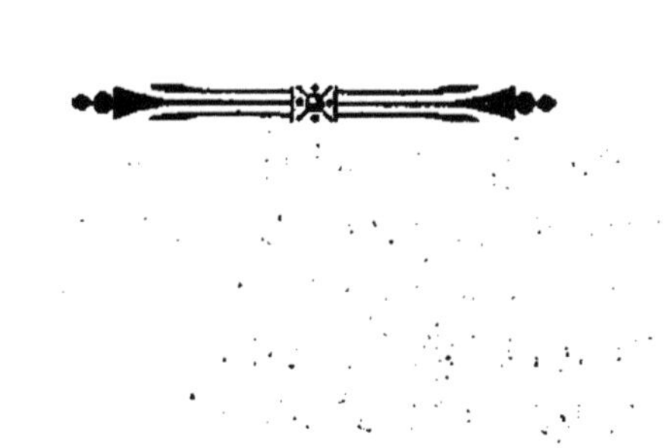

CHAPITRE QUATRIÈME

Pourquoi la Sainte Vierge a-t-elle apparu ?

Au-dessus de la grotte, dans une espèce de niche rustique, se tenait debout, au milieu d'une clarté céleste, une femme d'une incomparable beauté. (LASSERRE.)

Marie voulait nous sauver, et dans sa maternelle tendresse elle a daigné venir elle-même nous visiter. Ah ! il ne lui suffisait pas de prier pour nous au Ciel, de susciter ici-bas des saints ou même de nous envoyer un ange : Elle vient elle-même se montrer à nous. Ah ! nous ne pourrons plus douter que la Sainte Vierge nous aime et s'occupe des hommes avec une sollicitude maternelle. Elle désire tout notre amour ! Et pour l'obtenir, elle nous apparaît dans son ineffable beauté.

Voir Marie ! qui peut penser à ces deux mots sans tressaillir d'allégresse ? Voir Marie ! Oh ! si nous avions vécu au temps où elle habitait cette terre, qu'eussions-nous fait pour jouir d'un tel trésor ! Si l'on nous disait qu'elle vit maintenant à Jérusalem, hésiterions-nous à tout quitter pour la contempler ? Nous irions la chercher jusqu'aux extrémités de la terre. Patrie, famille, affaires ne pourraient nous retenir. Tout intérêt céderait à celui de notre bonheur. Car quel bonheur de voir la Mère de Dieu ! Saint Denys l'Aréopagite, converti par saint Paul à Athènes, se rendit en Judée pour voir Marie alors encore vivante. Il la vit, et voici ce qu'il écrivit à l'Apôtre des Nations : « Quand je fus conduit devant cette Vierge éminente, un éclat divin si immense brilla autour de moi et me pénétra intérieurement avec tant de plénitude, une telle senteur de parfums arriva en moi, que ni mon corps, ni mon esprit ne purent soutenir un si grand bonheur. Le cœur me faillit, mon esprit succomba devant la gloire d'une telle majesté. J'en prends Dieu à témoin, si vos saints enseignements ne m'avaient instruit, j'aurais cru que cette Vierge était le vrai Dieu. »

Mais si elle était déjà si belle dans sa vie voyagère, qu'est-ce aujourd'hui au Paradis, maintenant qu'elle siège à la droite de son Fils, qu'elle voit de si près l'essence divine dans la lumière de gloire ? Quelle splendeur rejaillit sur elle de la Divinité contemplée face à face ? Et de l'humanité glorifiée de Jésus-Christ, quel radieux éclat se répand sur elle ! Il est le soleil de la Jérusalem céleste ; mais elle est la lune qui reflète sa beauté. Il est Dieu, mais elle est sa Mère. Le Sacré-Cœur est une fournaise, mais elle y est plongée. Les plaies de Jésus resplendissent de feux, mais elle en est consumée. Jésus et Marie sont tellement unis, dans le Ciel comme sur la terre, que leur gloire semble n'en faire qu'une. L'armée des anges les contemple avec transports. Devant leur beauté éclatante les esprit bienheureux, pourtant si magnifiques eux-mêmes, les Chérubins, les Séraphins, pâlissent comme l'étoile au lever du jour. Ah ! voir Marie, même un instant, serait un Paradis que toutes les souffrances, toutes les larmes, toutes les prières de la terre ne sauraient payer. Et nous la verrons toute l'éternité ! Et nous verrons Jésus avec elle ; et nous verrons la Sainte Trinité, cette infinie Beauté, dont la gloire de Jésus et Marie n'est que comme une petite étincelle !

Eh bien, c'est cette Mère si ineffablement belle qui s'est montrée à Massabielle. Ah ! sans doute, elle a voilé une partie de sa Beauté, elle a diminué l'éclat de sa splendeur : Bernadette n'eût pu les supporter. Mais ce qu'elle vit lui donna un avant-goût du Ciel. Immobile, muette, extasiée, elle buvait les divines voluptés. Ah ! la félicité, le bonheur des sens, l'enivrement des puissances, le chrétien n'en sera pas frustré. Il mortifie sur la terre ses facultés, corrompues par le péché, il renonce à des joies trompeuses, ou viles, ou honteuses, et toujours passagères ; et en retour éternellement sa vue, son ouïe, son odorat, son toucher connaîtront des jouissances dont rien ici-bas ne peut approcher. Oh ! les spectacles du Ciel : Dieu, Jésus, Marie, les Anges, les Saints, les corps transfigurés ! Oh ! les chants de la Patrie céleste, harmonies ineffables, cantiques d'enivrante allégresse ! Oh ! les parfums exquis dont les âmes et les corps seront pénétrés ! Oh ! le repos, le bien-être, la vie débordante de douceur, de joie et de délicieuse satiété, que le Ciel nous réserve !

Hélas ! les hommes oublient ces merveilles pour se plonger dans leurs dégradantes ivresses, et ils perdent à tout jamais le Ciel, sans garder les félicités terrestres! Eh bien, voilà ce que Marie vient nous montrer. Un jour, sainte Thérèse, dans une de ses sublimes extases, eut la vision du bonheur éternel, et quand elle en eut goûté les ineffables délices, Jésus lui dit : « Vois pourtant, ma fille, de quoi les pécheurs se privent ! » Oh ! s'ils y pensaient !

Marie à Lourdes vient le leur rappeler. C'est le Ciel qui s'ouvre et apparaît à la terre. « J'ai vu, dit saint Jean, la sainte Cité, la Jérusalem nouvelle qui descendait du Ciel comme une fiancée parée pour son Epoux [1]. » Oui, sous cette ravissante apparition de la Vierge, c'est le Ciel qui nous est révélé : l'Eglise triomphante, personnifiée par sa Reine, la Mère de Jésus, mais aussi son Epouse, sa bien-aimée. Car l'Eglise est l'Epouse du Christ ; toute âme sainte est son épouse aussi. Elle participera à sa céleste beauté, à sa béatitude, elle aura place près de son trône. Regardons Marie glorifiée : voilà ce que nous serons nous-mêmes, si nous sommes fidèles !

Oh ! une âme en état de grâce, une âme sauvée, merveilleuse et sublime créature, faite à l'image de Dieu, comme lui immortelle, intelligente, capable d'aimer ! Dieu n'a pas voulu que son Fils incarné demeurât sans épouse : « Il n'est pas bon que l'homme soit seul, dit-il : il lui faut une compagne, une aide semblable à Lui-même » ; et c'est l'âme humaine qu'il a créée pour la donner à son Fils bien-aimé, comme une épouse digne de sa tendresse. Et ce sont toutes les âmes, oui toutes, que Jésus

---

[1] Ap., XXI, 2.

veut épouser. D'un amour infini il les presse, il les attire à lui, il frappe à la porte des cœurs : « Ouvre-moi, leur dit-il, ma sœur, mon épouse, ma bien-aimée. » Et à celles qui répondent à sa tendresse, voilà ce qu'il promet, voilà ce qu'il donne : l'ineffable bonheur que Marie, en se montrant, vient nous révéler.

Ah ! contemplons notre Mère et comprenons ce que sa vue nous enseigne. Un jour encore Marie se montrera ici-bas, et cette fois la terre entière la verra. Que de joies en ce jour pour les âmes innocentes ! que de terreurs pour les pécheurs ! Car ce sera au jugement dernier ! Oui, ce jour-là Marie descendra du Ciel avec Jésus pour nous juger. Maintenant elle est notre avocate : mais l'avocat n'a plus rien à dire quand le jugement est prononcé. Elle sera là comme la condamnation vivante de ceux qui ne l'auront pas aimée. Elle, la Toute Miséricordieuse, pourrait-elle donc jamais faire autre chose que pardonner ? Oui ! elle accusera : comme la croix, comme les clous, comme les plaies du Sauveur, comme les grâces dont on a abusé, comme tout le bien dont on n'a pas profité, comme la Rédemption que l'on a méprisée !

Oh ! en ce jour-là, quelle révélation immense ! Là, plus de ténèbres, plus d'illusions, plus d'excuses, plus de mensonges ; rien que la pure et inexorable Vérité, contemplée par toute créature et rendant à chacun selon ses œuvres. C'est alors que les jugements de Dieu n'auront pas besoin d'être justifiés. On verra que Dieu est, et qu'il est juste. Comme toutes les erreurs de ce monde seront alors redressées ! Comme on verra clairement la folie des pécheurs d'avoir sacrifié au temps leur éternité ! Il sera trop tard alors pour se convertir. Mais ici-bas il est toujours temps, et c'est pour nous y inviter que Marie se montre. Oui, qu'elle se montre, et c'est assez ! On comprend tout à ce spectacle : il y a un Ciel, et il faut y aller !

O Vierge toute belle, joie des élus, repos de Dieu, espérance de la terre, qu'à jamais mes yeux vous contemplent dans la Patrie céleste, et qu'en attendant, votre douce image soit toujours présente au regard de mon cœur !

Pratique. — Dites un Rosaire pour obtenir la grâce du salut éternel, et délivrer quelques âmes du Purgatoire afin qu'elles aillent aujourd'hui voir Marie au Ciel.

CHAPITRE CINQUIÈME

Pourquoi la Sainte Vierge a-t-elle apparu au XIX' siècle ?

UCUNE époque n'a eu tant besoin de l'intervention de Marie que le XIXᵉ siècle. En effet, jamais l'effort du mal n'avait été si puissant. Jamais l'Enfer n'avait paru si déchaîné.

Au Ciel, l'histoire de l'Eglise nous apparaîtra en toute lumière, et nous contemplerons, en même temps que ses luttes et ses victoires, la merveilleuse sagesse de Dieu dans toutes ses destinées. En cette vie au contraire, cette même histoire, telle que saint Jean nous la décrit en termes symboliques dans l'Apocalypse et que nous la connaissons déjà par les siècles écoulés, effraie parfois notre âme. La vue surtout du triomphe du mal, et de la puissance de Satan, ébranle les cœurs trop timides. « Seigneur, disons-nous, nous allons périr et vous dormez ! Réveillez-vous, Seigneur. Ne livrez pas aux bêtes méchantes les âmes qui se confient en vous. » Et plusieurs le disent jusqu'à l'impatience.

Hélas ! le secret de ce mystère est facile à trouver :

c'est nous qui lions les bras de Dieu et armons ceux de Lucifer par nos péchés. *Robur datum est ei contra juge sacrificium propter peccata* [1], est-il dit dans les saints Livres. Oui, même le saint sacrifice de la Messe, Satan aura puissance de l'empêcher, parce que les crimes des hommes mériteront que Dieu les prive d'un tel secours. Voilà pourquoi il y a dans l'Eglise des époques de désolation, à cause des péchés du monde.

Il est dit dans l'Apocalypse que Satan doit être enchaîné pour mille ans, après lesquels il recouvrera une grande puissance. Ces mille ans sont-ils à venir ou sont-ils passés ? Assurément, à considérer ce qu'a pu faire Satan sur la terre depuis le Protestantisme, comparé aux mille ans de foi si vive dont l'Europe avait joui auparavant, du vi^e au xvie siècle, on peut croire que nous sommes à l'époque où le diable est sorti de sa captivité.

. Quoi qu'il en soit, depuis trois siècles, les ravages de l'erreur et du mal sont épouvantables. Comptez les royaumes que l'hérésie a arrachés à l'Eglise ! Que de contrées ont perdu la vie chrétienne, les Sacrements, le Christ vivant en l'Eucharistie ! Que de ruines ! Puis, dans les nations restées catholiques, voyez les progrès de l'impiété. Sous le nom de philosophie, on a vu la révolte de la raison contre la Foi, et, comme conséquence, l'immoralité et le vice acceptés et souvent glorifiés. Une barrière s'opposait à la corruption du peuple : c'était la confession et la communion. Le Jansénisme, ce chef-d'œuvre de

____
[1] Dan., viii, 12.

Satan, comme il l'a appelé lui-même, a réussi à détourner les âmes de ces sources de vie. L'impiété devint alors puissante, elle s'organisa en armée : c'est la Franc-Maçonnerie.

Elle a pour but la ruine de l'Eglise et la perte des âmes. Ce n'est plus la persécution des premiers siècles qui répand le sang des martyrs, semence de chrétiens : ce sont les idées qu'elle veut corrompre, pour saper la société chrétienne dans sa base. Elle érige en principe la Révolution et sa doctrine : l'homme indépendant de Dieu. Plus de Dieu, plus de Christ, plus d'Eglise, plus d'éternité, plus d'âme, plus d'autre existence que celle d'ici-bas, plus d'intérêts que ceux de la terre : une terre où chacun doit s'efforcer de jouir de la vie en attendant de rentrer dans le néant. C'est l'hérésie suprême, totale, l'erreur absolue, la désespérance entière de toute destinée ultérieure. Dès lors on voit les conséquences. Pourquoi se gêner, se priver ; pourquoi craindre de mal faire ? La seule morale, c'est le propre intérêt bien entendu. Si l'on est riche, jouir sans scrupule, défendre son bien, l'accroître par toutes les injustices ; si l'on est pauvre, convoiter le bien d'autrui et l'acquérir par toutes les voies frauduleuses ou violentes. De là, par suite, complot des pauvres pour dépouiller les riches par la force ; complot non moins inique des capitalistes, usuriers, accapareurs, pour exploiter le peuple : partout les ténèbres, la haine, la tristesse, la défiance, le malheur.

Jamais, absolument jamais, dans l'histoire des temps, on n'était descendu à de tels excès d'erreur. Les anciennes hérésies rejetaient certains dogmes, mais retenaient les autres. Le mot même le dit : *hérésie* veut dire *choix*. Les hérésiarques faisaient ce choix coupable et impie de croire ou de ne pas croire à leur gré certains points de la doctrine. Mais ils restaient religieux ; ils prétendaient honorer Dieu, le servir, aller au Ciel. Aucune hérésie n'avait encore nié la vie future. Toutes les fausses religions admettaient une divinité, toutes les peuplades sauvages, noires, jaunes, rouges, les Chinois, les Turcs, comme tous les peuples de l'antiquité, adoraient quelque dieu et espéraient un Ciel.

Mais en nos jours l'erreur est arrivée à son comble. Ce n'est plus une hérésie dans le sens du terme, puisque ce n'est plus un choix dans les dogmes, ce sont tous les dogmes en bloc qui sont rejetés ; c'est l'opposé absolu de la foi, qui, elle non plus, n'admet pas de choix, mais accepte toute doctrine reposant sur la parole de Dieu. Mais dans le sens usuel du mot, c'est-à-dire comme théorie contraire à la vérité, c'est l'hérésie des hérésies, l'hérésie parfaite, totale : c'est cette monstruosité que l'on appelle l'athéisme. Autrefois on discutait si l'athéisme était possible, si des athées pouvaient se rencontrer parmi les hommes. Et maintenant ils sont légion. L'athéisme s'enseigne dans les chaires officielles, aux frais des gouvernements, en leur nom par conséquent ; il est bu par la jeunesse des universités, et pour le faire pénétrer dans les masses on a trouvé cette autre monstruosité : l'école neutre ou plutôt impie ; et la foi diminue dans le peuple d'une façon effrayante, en même temps que s'élèvent les générations sans baptême.

Et pourtant ce siècle d'impiété, de rationalisme, de

matérialisme s'appelle et s'appellera dans l'histoire le *siècle de Marie !* Parce que nous étions plus malheureux, nous avions besoin de plus de secours ; parce que nous étions plus coupables, il nous fallait plus de miséricordes ; parce que nous avions de plus dangereux adversaires, il fallait que la grande antagoniste de Satan vînt elle-même nous défendre. Et parce que le grand mal de ce siècle consistait à nier le surnaturel, Marie nous l'a montré de la façon la plus saisissante. Elle est venue à Lourdes et elle a manifesté sa présence et sa puissance par des preuves si éclatantes que les plus aveugles sont obligés de les voir.

Comme ils se moquaient de notre foi ces prétendus savants qui consacraient leur vie à prouver que le Christ n'était qu'un imposteur ou un mythe ! Comme ils raillaient agréablement les miracles de l'Evangile ! Et voici qu'en plein dix-neuvième siècle, des miracles, aussi grands que ceux de l'Evangile, éclatent à Lourdes par centaines et par milliers. Ils ont pour témoins des foules immenses ; leur renommée est portée par des témoins oculaires et par la presse dans toute la terre.

Et l'impiété, que dit-elle ? Que peut-elle dire ? Elle est muette, elle est terrassée, elle reste dans sa honte, convaincue de mensonge. Mais beaucoup, venus à Lourdes incrédules, s'en retournent chrétiens. Tous devraient les imiter, tous ceux à qui il reste un peu d'intelligence. Car enfin, à moins d'être insensé, comment constater un miracle et ne pas comprendre qu'il est l'œuvre d'une puissance supérieure, divine ? Et comment cette Puissance sanctionnerait-elle par des faits si prodigieux et si nombreux la fourberie et le mensonge ?

Donc la Voyante a dit la vérité ; donc la Vierge Marie est réellement venue à Massabielle ; donc il y a un monde surnaturel, une vie au delà du tombeau, un Dieu au ciel qui nous aime, un enfer qui nous fait la guerre, un Christ qui s'est fait homme pour nous racheter. En un mot, tout ce que l'Eglise catholique enseigne se trouve victorieusement prouvé par le seul fait des apparitions de la Sainte Vierge. A elle seule elle détruit toutes les erreurs et leur oppose la vérité entière. Ici tous les dogmes se trouvent établis : croire à Notre-Dame de Lourdes c'est avoir la foi totale et parfaite. Et cet acte de foi si complet est le plus facile à faire : il suffit de constater les merveilles opérées à Lourdes et d'être sincère.

O Vierge immaculée, soyez remerciée à jamais des grâces ineffables que vous avez accordées à la terre en ce XIXᵉ siècle qui est vraiment par excellence le siècle de Marie, le siècle des Apparitions, le siècle des Pèlerinages, le siècle de l'Immaculée Conception. Heureux sommes-nous d'avoir vécu en ce siècle privilégié. Mais aidez-nous à vous faire régner davantage. Rendez-nous dignes de vous louer, Vierge bénie, donnez-nous la victoire contre vos ennemis.

Pratique. — Récitez pieusement le très saint Rosaire aux intentions de Marie et du Souverain Pontife.

CHAPITRE SIXIÈME

Pourquoi la Sainte Vierge a-t-elle apparu en France ?

N des caractères des grâces faites à Lourdes, c'est leur universalité. C'est le monde entier qui en profite, c'est l'Eglise tout entière que Marie est venue consoler. Pourtant il est évident que le pays même qui a reçu sa miséricordieuse visite est le plus favorisé, le plus abondamment partagé dans les bienfaits, les grâces, les miracles accordés. Nous pouvons donc humblement rechercher pourquoi la Très Sainte Vierge a daigné préféré la terre de France. Et vraiment ce choix éclate à tous les regards comme le fait d'une toute spéciale prédilection, puisque non seulement à Lourdes, mais à Paris en 1830, à la Salette, à Pontmain, à Pellevoisin, la divine Mère a encore visité la France.

Eh bien, ces manifestations de Marie au XIXe siècle ne sont que la continuation des gages de l'affection que Marie a toujours eue pour ce pays. C'est un vieil adage que nous ont légué les siècles, que le royaume de France est le royaume de Marie : *Regnum Galliæ regnum Mariæ*. La consécration que lui en fit Louis XIII n'était que la reconnaissance publique d'une dépendance et d'un amour remontant aux origines nationales. La France, par sa position, son climat, sa fertilité, est le plus beau pays du monde ; les Français, par leur courage, leur intelligence et leur ardeur chevaleresque, sont le peuple le mieux doué. Par ces qualités naturelles Dieu avait préparé la France aux plus magnifiques destinées. Jésus lui envoya ses plus chers amis de la terre, Madeleine, Marthe, Lazare, rappelé du tombeau pour venir y prêcher l'Evangile. Saint Denis, qui avait vu la Vierge Marie et qui assista à sa mort bienheureuse, apporta son culte à Paris. Mais que dis-je ? le Ciel avait annoncé Marie à nos ancêtres avant même qu'elle fût créée. Les Druides vénéraient à l'avance « la Vierge qui devait enfanter. » Puis, dès que l'unité de la nation se forme, ses rois embrassent le Christianisme et mettent leur épée au service de l'Eglise, qui reconnaît la France comme sa fille aînée. Oui, la France a cette gloire : la fille aînée et même unique de l'Eglise, en ce temps où Clovis était le seul roi catholique au monde, tous les autres peuples étant encore dans l'idolâtrie ou bien tombés dans l'hérésie et le schisme, c'était la France. Comment donc Marie ne l'eût-elle pas aimée ?

Mais comme la France le lui rendait ! Nos pères avaient créé pour la désigner ce beau nom qui disait tout : *Notre-Dame*, c'est-à-dire Notre Maîtresse, Notre Reine, la nôtre à nous Français. C'était son nom universel dans le royaume, donné par la voix du peuple qui est l'écho de Dieu. Aussi, que de temples merveilleux élevés en son honneur ! C'étaient surtout ces splendides et si nombreuses cathédrales, et au premier rang celle de la capitale, Notre-Dame de Paris. Puis combien d'autres basiliques, combien de pèlerinages remontant aux premiers âges. Chartres, le Puy, Fourvière, et tant d'autres, où les générations se succédèrent pendant des siècles aux pieds de la Vierge ! Combien de saints et de saintes ont servi Marie sur cette terre de France ! Combien de miracles Marie a opérés pour conserver à notre patrie son territoire, son indépendance et surtout sa foi ! Combien souvent elle s'est montrée ! Combien souvent elle a fait sentir sa puissance : tantôt chassant les Anglais terrifiés par le son d'une cloche qu'elle sonne elle-même, tantôt montrant du doigt de sa statue la mine qui va éclater, tant révélant à Dominique la grande dévotion du Rosaire, tantôt suscitant Jeanne d'Arc pour délivrer son peuple de la domination étrangère ! C'est elle qui a défendu la France contre les assauts du Protestantisme ; c'est elle qui l'a délivrée du fléau du Jansénisme ; c'est elle qui a brisé la tête de l'erreur gallicane, et préservé la fille aînée de l'Eglise de se séparer de sa mère. C'est elle qui, après les horreurs de la Révolution, a relevé la France meurtrie et ensanglantée, lui a rouvert ses temples et rendu ses prêtres. Le culte de Marie refleurit aussitôt.

Le foyer le plus ardent de la dévotion à la Vierge ce fut Fourvière. C'est là que naquit en 1826 l'OEuvre du Rosaire vivant, qui se répandit par tout le pays avec une merveilleuse rapidité, et ramena dans la vie chrétienne l'habitude de la récitation du chapelet.

Marie entendit les supplications de tant d'âmes qui l'aimaient et mettaient leur confiance en Elle. En 1830 elle apparaissait à Paris dans la chapelle des Sœurs de Saint-Vincent de Paul, rue du Bac ; elle se montrait comme la Vierge Immaculée répandant de ses mains étendues des flots de grâces sur le monde, surtout sur une terre privilégiée : c'était la France. Elle ordonnait de frapper une médaille la représentant telle qu'elle s'était montrée, et promettait à tous ceux qui la porteraient dévotement des faveurs innombrables. Des milliards de ces médailles se sont répandues rapidement, et les miracles, les conversions, les grâces dont elle a été l'instrument lui ont valu, non moins que son origine, le nom universel de Médaille miraculeuse.

En 1836 Marie manifeste encore son amour. Elle prend pour lieu de nouvelles merveilles l'église de Notre-Dame des Victoires : nous avons dit déjà combien ce titre est dû à l'Immaculée Conception. Se manifester en ce lieu n'était-ce pas annoncer à la France que Marie allait combattre pour elle ? Or, ce qu'elle y demande c'est le culte de son Cœur très pur et immaculé. N'est-ce pas à la fois nous dire sa tendresse de Mère, en nous demandant notre filial amour, et inviter les pécheurs à recouvrer leur innocence ? En effet, elle y veut être vraiment le Refuge des pécheurs. Que de milliers de conversions sont venues de ce sanctuaire !

Cependant il y a encore trop de cœurs endurcis et ingrats ; trop de crimes publics attirent le courroux céleste. Marie daigne venir pleurer à la Salette : elle nous menace des châtiments de Dieu ; elle annonce qu'Elle a peine à retenir son bras. Quelle sollicitude de Mère, s'interposant entre son divin Fils du Ciel et ses fils coupables de la terre ! Et c'est à la France qu'elle parle ; elle l'appelle son peuple : « Mes enfants, dit-elle aux bergers, vous ferez passer mes paroles *à mon peuple.* » Mon peuple ! elle a dit ce mot !

Et c'est ce même amour qui va l'amener à Lourdes et plus tard encore à Pontmain et à Pellevoisin. Oui, la France est bien le royaume de Marie !

Mais précisément parce qu'elle est à Marie, la France est l'objet des attaques furieuses de l'enfer. Ah ! il sait bien tout ce que ce pays a fait pour la Foi et l'Eglise ; il sait ce qu'il peut faire encore, ce qu'il fait tous les jours. Il sait que la France est le foyer de l'apostolat et de la charité. Sur toutes les plages, Satan se heurte aux missionnaires qu'elle envoie par le monde, aux œuvres fondées par son or et sa générosité. Partout où coule du sang de France il trouve des obstacles à sa tyrannie et à son empire. Il voit le successeur de Pierre mettre encore en elle son amour et sa confiance, et, tout humiliée qu'elle est, en attendre avec espoir le soutien de ses droits. Et voilà pourquoi Satan a décidé de détruire la France.

Et, chose étrange, il en a soufflé le dessein dans des cœurs français. Oui, il y a des Français qui ont juré qu'il n'y aurait plus de France ! Chose inouïe ! Dans tous les temps, les nations se sont battues pour leur territoire, pour leur indépendance. Le premier intérêt d'un peuple a toujours été de garder son nom, ses lois, sa vie. Si parfois des individus ont sacrifié à leur avantage personnel l'intérêt sacré de leur pays, ils ont été voués à l'exécration publique et flétris du nom de traîtres.

Et voici que maintenant il y a des milliers de Français qui proclament qu'il ne faut plus de patrie. Détruire l'armée, cette armée française si vaillante qui défendait tous les opprimés ; ruiner la propriété par des impôts formidables qui anéantissent les fortunes et forcent les capitaux à émigrer du pays ; ruiner l'industrie et le commerce par une suite de grèves insensées dont les ouvriers sont les premières victimes ; et bientôt enfin sur toutes ces ruines amoncelées lancer l'invasion étrangère, qui se partagera sans peine les lambeaux d'un territoire sans défenseurs : voilà le plan de l'Enfer. Alors la France sera rayée de la carte du monde ; sa langue même on la supprimera : elle a trop longtemps annoncé le Christ et son Evangile. Et à tout jamais l'épée de Clovis, de Charlemagne, de saint Louis et de Lamoricière sera brisée. L'Eglise aura perdu son plus ferme appui !

Mais ils ont compté sans notre Reine. Voici Marie qui vient secourir son peuple choisi. Elle sait les dangers qui le menacent, elle connaît les ruses de Satan ! elle vient nous rendre courage et nous animer à la lutte. Sans doute le combat sera long, mais la victoire est certaine. *In hoc apparuit* Mater *Dei ut dissolvat opera diaboli* [1] ! Serrons-nous autour de notre Souveraine. C'est la présence du prince qui

____
[1] I Joan., iii, 8.

fait la capitale. Or, le lieu qu'elle a choisi pour y grouper ses soldats, c'est Lourdes. Pourquoi? Dieu le sait, et assurément il y a de divines et admirables raisons qui ont déterminé ce choix. Nous verrons au Ciel les harmonies qui s'y rencontrent. Quand Dieu prédestine, il prépare, il rend digne. Comment ces lieux que Marie devait tant honorer un jour, n'eussent-ils pas été dès longtemps l'objet de son amour? Et si elle les a aimés, peut-elle ne pas y avoir été aimée en retour? Cette terre Dieu ne la lui avait-il pas donnée de tout temps comme son futur domaine et l'escabeau de son pied virginal?

Mais les raisons mêmes qui ont fixé son regard sur ce lieu, sur cette grotte, qui nous les dira? L'Eternité! Mais peut-être aussi l'avenir le révélera même sur cette terre : en tout cas, certainement Lourdes répondait aux desseins de Dieu sur nous. Comme pour Jérusalem et Rome, sa situation géographique a une immense portée. Là, entre Bordeaux et Marseille, entre les deux mers, Marie attend les pèlerins de l'ancien et du nouveau monde, qui reporteront à leurs compatriotes son eau miraculeuse, son image et ses maternelles leçons.

Mais surtout elle attend la France. Comme au Calvaire Jésus crucifié regardait l'Occident et ouvrait ses bras aux nations qu'il appelait au baptême, ainsi Marie voit tout son royaume à ses pieds. Adossée aux Pyrénées, elle appelle ses enfants fidèles. Quand ailleurs nous n'aurons plus de liberté, quand on nous aura ravi nos églises, notre culte, nous nous réfugierons autour de notre Reine. Oh! là nous braverons l'Enfer! C'est le rempart qu'il ne pourra ébranler. Certes, il a déjà essayé ; il a tout fait pour le démolir. Elle s'est bien réalisée la parole de Dieu au serpent, qu'il dresserait des embûches au talon de la femme, aux vestiges de ses pieds. Ce roc foulé par la Vierge, comme il excite la rage de Satan ! Insensé ! Ecoute donc la prophétie tout entière : « Elle t'écrasera la tête ! » S'il y a chose au monde que tu doives fuir et éviter c'est assurément le pied virginal. Et s'il y a chose au monde qui nous console, nous, et nous donne une espérance inébranlable, c'est que Marie a posé ce pied béni et toujours vainqueur sur notre France. Certes, le serpent avait remporté sur nous de grands triomphes ; il pouvait se croire le maître de notre pauvre patrie. Mais c'est précisément pour l'écraser que notre Mère est descendue du Ciel. Elle écrasera Satan et tous ceux qui se feront ses ministres. On n'attaque pas en vain la Mère de Dieu. Jésus est un Fils jaloux de l'honneur de sa Mère. Quiconque touche à la Reine est puni de mort !

Immaculée Vierge Marie, Reine de France, ô Notre Dame et Maîtresse, souvenez-vous de votre peuple, ou plutôt faites qu'il se souvienne de vous, faites que nous soyons fidèles à la foi et à l'amour que vous ont jurés nos pères. O Notre-Dame de Lourdes, Notre-Dame de France, de Chartres et de Fourvière, ramenez-nous au Cœur Sacré de Jésus, gardez la France à votre Fils !

Pratique. — Dites un Rosaire pour que la France, le royaume de Marie, redevienne chrétienne.

CHAPITRE SEPTIÈME

Pourquoi la Sainte Vierge a-t-elle apparu à Bernadette ?

Si de la considération du temps et du lieu de l'Apparition nous passons à celle de la Voyante, nous verrons que la Vierge Immaculée nous donne dans ce choix de grandes et touchantes leçons.

Qu'était donc Bernadette ? Une petite fille de quatorze ans, pauvre, humble et innocente. Voilà le témoin de Marie, le héraut de ses merveilles.

Bernadette était pauvre, très pauvre. Au moment de l'Apparition, elle ramassait du bois mort pour le foyer de ses parents. Son père était meunier ; elle, gardeuse de moutons. Elle n'avait rien des biens de la terre, son trésor était au Ciel, ou plutôt le Ciel lui-même, car Jésus a dit : « Bienheureux les pauvres, car le Ciel est à eux [1]. » Il est donc naturel que les pauvres conversent avec le Ciel. Aussi ce furent des bergers que les Anges invitèrent à contempler Jésus naissant. C'était une bergère qui vit Marie au Laus, une bergère bien pauvre. Ce furent de pauvres, bien pauvres bergers que Marie visita à la Salette. Marie

[1] *Beati pauperes spiritu, quoniam ipsorum est regnum cœlorum.* (Matth., v. 3.)

et Jésus aiment les pauvres parce qu'eux-mêmes l'ont été. La Mère et la Reine des pauvres venait donc à une de ses enfants.

Et pourquoi les pauvres ont-ils ce privilège ? Parce que leur âme est détachée de la terre. Qu'aimeraient-ils sur la terre où ils ne possèdent rien ? Les biens terrestres sont un lien qui retient l'âme captive, une poix qui la souille, une ombre qui voile son regard et l'empêche de contempler les beautés surnaturelles, d'aspirer aux vrais biens. Les riches sont des esclaves, les esclaves de leurs biens. Les pauvres sont libres ; leur âme est royale ; la terre est sous leurs pieds ; et le Royaume des Cieux leur appartient. C'est pourquoi Jésus a dit : « Heureux les pauvres ! » Et c'est là aussi ce que veut nous faire comprendre Marie. Par là elle enseigne aux riches à être pauvres en esprit. Car ils le peuvent. « Si les richesses abondent, dit l'Ecriture, n'y attachez pas votre cœur [1]. » Et encore : « Il faut vivre comme ne vivant pas, user de ce monde comme n'en usant pas, car la figure du monde passe [2]. » Heureux donc tous ceux qui sont pauvres en esprit. Heureux les riches, s'ils savent se servir de leurs biens pour soulager leurs frères, s'ils savent se priver du superflu, s'ils savent vivre modestement, n'accordant rien à la satisfaction des sens, mais seulement à la nécessité et aux convenances.

Mais que cela est difficile ! Peu y réussissent. Et c'est pourquoi Jésus dit : « Malheur à vous, riches, parce que vous avez reçu votre récompense ici-bas [3] » ; et Abraham au mauvais riche : « Mon fils, souviens=

---

[1] *Divitiæ si affluant, nolite cor apponere.* (Ps. LXI, 11.) — [2] *Præterit enim figura hujus mundi.* (I Cor., VII, 31.) — [3] Luc., VI, 24.

toi que tu as reçu les biens sur la terre et Lazare la souffrance ; maintenant il est dans le bonheur et toi dans les tourments [1]. » Grande leçon de Marie ! Il faut sans doute qu'il y ait des riches, pour être les banquiers, les soutiens et les serviteurs des pauvres. Mais qu'ils sont à plaindre, s'ils attachent leurs cœurs à leurs biens !

Bernadette était innocente. C'était une pieuse enfant, pure comme un beau lis. Autre titre à voir la Reine des Anges. « Bienheureux les cœurs purs, dit Jésus, parce qu'ils verront Dieu. » Ils le verront au Ciel assurément ; mais dès cette terre, comme leur âme s'élance facilement vers leur Père Céleste, comme ils l'aiment, comme Dieu les attire ! Et en retour, comme Dieu les aime ! Car l'innocence le ravit : c'est un miroir sans tache où sa propre beauté se reflète. C'est pour cela que Jésus aimait tant les enfants, les caressait, les embrassait avec tendresse. Il disait : « Laissez venir à moi les petits enfants, car le royaume des Cieux est à ceux qui leur ressemblent [2]. » Et encore : « Si vous ne devenez semblables à de petits enfants, vous n'entrerez pas au Ciel [3] ! » C'est la même leçon que nous donne la Vierge de Lourdes. Si vous voulez me voir un jour, semble-t-elle nous dire, ressemblez à Bernadette ; car rien de souillé ne peut entrer au Ciel.

Mais n'en conclurons-nous pas aussi combien nous devons honorer les enfants, et surtout craindre d'altérer leur innocence ? « Malheur, dit Jésus, à celui

---

[1] Luc., XVI, 25. — [2] Matth., XIX, 14. — [3] Matth., XVIII, 3.

qui scandalise un de ces petits : il vaudrait mieux pour lui être jeté au fond de la mer [1]. » Car c'est en enfer qu'il tombera fatalement. Maudits seront éternellement tous ceux qui corrompent l'enfance et lui ravissent le beau trésor de la vertu et de la foi, et par là même le bonheur véritable. Contemplez la bergère, en extase, à genoux devant la Vierge radieuse. Voilà l'enfance telle que la fait l'Eglise. Bernadette n'avait ni science ni brevet. Mais elle savait accepter les souffrances de sa condition, elle disait son chapelet, et elle voyait Marie. Comparez-la au fruit des écoles laïques, à ces filles aux regards effrontés, aux mœurs légères, qui, après avoir tout appris, excepté les humbles vertus de leur condition, ne peuvent supporter la vie des champs et vont se perdre dans les grandes villes. Elles n'y trouvent assurément pas le bonheur que Bernadette goûta au couvent, et il est bien à craindre que dans l'autre monde ce ne soit pas Marie qui les reçoive mais Satan.

Bernadette était humble : troisième titre à recevoir sa mission. Jésus disait : « Je vous bénis, mon Père, Seigneur du Ciel et de la terre, de ce que vous avez caché vos mystères aux sages et aux savants et les avez révélés aux humbles [2]. » Isaïe avait dit également : « A qui Dieu donnera-t-il la science ? à qui donnera-t-il l'intelligence ? Aux petits enfants [3]. » Et l'Eglise met sur les lèvres de Marie ces paroles de la Sagesse : « Si quelqu'un est petit, qu'il vienne à

---

[1] Marc., ix, 41. — [2] Luc., x, 21. — [3] *Quem docebit scientiam ? et quem intelligere faciet auditum ? ablactatos a lacte, avulsos ab uberibus.* (Is., xxviii, 9.)

moi[1]. » Elle-même c'est par son humilité qu'elle a plu au Seigneur : « *Quum essem parvula placui Altissimo.* » En effet, Dieu ne se communique qu'aux humbles. Plus il veut faire de grâces, plus il creuse les fondements ; plus il destine à une œuvre divine, plus il détruit les ressources humaines. Quand il veut faire prêcher au monde son Evangile, il en charge des bateliers, des marchands de poissons. Quand il veut chasser d'un royaume des armées puissantes, il envoie Jeanne la bergère. Aujourd'hui, pour communiquer au monde les leçons de l'Immaculée Conception, il choisit une enfant ignorante et timide.

Bernadette ne sait que son chapelet et ses prières ; elle vient d'arriver au pays, personne ne la connaît que ses parents ; le curé lui-même ne l'a pas remarquée au catéchisme. Certes, ce n'est pas une telle voyante qui va persuader à la terre une chose de son invention. Voilà bien les instruments qui conviennent au Tout-Puissant, afin que toute gloire lui reste, et que nulle chair ne puisse s'enorgueillir en sa présence. « Dieu, dit saint Paul, choisit ce qui est simple pour confondre les sages, ce qui est faible pour confondre les forts, ce qui est méprisable et bas selon le monde, ce qui n'est rien, pour confondre ce qui se croit grand[2]. »

Tout cela s'est parfaitement réalisé en Bernadette. Ce qui se croyait fort, instruit, intelligent s'est mesuré avec la bergère et a été vaincu par elle. Toute la finesse, tous les pièges, toutes les violences mêmes de l'autorité publique, n'ont pu surprendre en elle

---

[1] *Si quis est parvulus, veniat ad me.* (Prov., ix, 4.) — [2] I Cor., i, 27,

l'ombre d'une contradiction, le plus petit désaveu dans ce qu'elle avait raconté des Apparitions. Elle était en communication avec le Ciel. Elle surpassait mille fois en force et en puissance l'homme qui la menaçait au nom de la loi. Calme et sereine, contemplant encore en son âme la radieuse vision, elle parlait comme parle la Vérité même, et se reposait sur la Vierge Marie du soin de sa défense. Elle fut invincible parce qu'elle mettait sa force dans sa faiblesse et pouvait tout en Celle qui l'avait envoyée. Après le commissaire de police ce fut le monde entier qui contrôla les dires de Bernadette, et tout homme sensé a dû conclure qu'elle était sincère. Jamais une telle enfant n'eût pu inventer une pareille fable; l'eût-elle fait, jamais elle n'eût pu en convaincre personne : et elle a convaincu la terre entière.

Eh bien, de toutes ces considérations résulte une dernière leçon que nous donne la Vierge maîtresse, et c'est la principale : c'est qu'il faut croire à la Révélation. Comment ! Voici une enfant, une seule petite de quatorze ans, sans instruction, sans aucune ressource humaine, qui persuade la France, l'Eglise, le monde, de la vérité de ses visions, et l'on trouvera étrange que nous puissions croire, nous catholiques, à la parole du Christ, de Dieu même ? La raison condamnera la foi comme une abdication de l'intelligence ? Le monde a cru à la parole de Bernadette : et certes dans le nombre il y a des hommes intelligents; et je ne croirais pas, moi, à la parole divine ? Car la foi c'est cela. Je crois au Ciel, à l'enfer, à l'éternité : est-ce parce que je comprends ces mystères ? Est-ce même parce que leur convenance s'impose à ma raison ? Non : c'est parce que Dieu m'a dit de les croire. Tout est là : Dieu a-t-il parlé ? Qu'a-t-il dit ? Tout ce qu'il dit est la vérité même. Mais comment le savoir ? Comme nous le savons pour Bernadette. Bernadette était une ignorante ; mais les miracles opérés à Lourdes sont une garantie suffisante de sa parole. Les Apôtres étaient sans instruction ; mais eux aussi n'ont pu nous tromper, car leur témoignage s'appuie sur des merveilles. Jésus-Christ paraissait un homme ordinaire ; mais il faisait des miracles et disait : « Si vous ne croyez pas à mes paroles, croyez à mes œuvres » ; et tout homme de bonne foi, dans tous les temps, dans tous les pays, devra, sous peine de répudier la raison, lui dire ce que lui disait un docteur juif : « Maître, nous voyons que vous venez de Dieu, car personne ne pourrait faire ce que vous faites si Dieu n'était avec lui [1]. »

O Vierge Marie, notre douce Mère et Maîtresse, rendez-nous purs, humbles et obéissants comme Bernadette, comme les petits enfants à qui le Ciel est promis. Et pour cela, apprenez-nous à vous imiter vous-même, inspirez-nous votre esprit ; que ce ne soit plus moi qui vive, mais vous en moi, ô Marie ! Quand je serai une petite Marie, je plairai au Tout-Puissant.

Pratique. — Récitez le Rosaire en méditant pieusement les mystères en l'honneur du Cœur Immaculé de Marie. Offrez-le pour l'éducation chrétienne de l'enfance.

[1] *Scimus quia a Deo venisti : nemo enim potest hæc signa facere quæ tu facis, nisi fuerit Deus cum eo.* (Joan., III, 2.)

CHAPITRE HUITIÈME

Pourquoi la Très Sainte Vierge
a-t-elle apparu à cette époque de l'année?

ROUVERONS-NOUS encore quelque enseignement dans la date des Apparitions? Pourquoi Marie a-t-elle choisi le 11 février et les jours suivants pour se montrer à Bernadette? Il y a dans ce choix des harmonies mystérieuses, des convenances admirables qu'on ne saurait trop approfondir. Souvenons-nous que notre Mère vient nous enseigner, non pas en passant, non pas sur des choses de peu d'importance, mais sur les vérités fondamentales de notre religion. Sa visite doit être le point de départ d'un renouvellement de foi et de vie chrétienne. L'Eglise, elle le sait, elle le veut, instituera une fête pour en perpétuer le souvenir. Les fidèles aimeront à faire revivre chaque année l'histoire de ses Apparitions, à méditer ses paroles et ses leçons. Comme ils ont déjà le mois de Marie et le mois du Rosaire, ainsi ils auront en quelque sorte le mois de Notre-Dame de Lourdes. En Mai, ils méditent les vertus et les privilèges de la Sainte Vierge; en Octobre, ils contemplent ses mystères; en Février et

Mars, ils écouteront ses graves avertissements. La fête des Apparitions entrant ainsi dans la vie intérieure des âmes et les dévotions de l'Eglise, il faut que cette fête soit en rapport avec le cycle liturgique, avec l'esprit général de ce temps de l'année. Or Marie a choisi, pour nous apparaître, le 11 février. Essayons d'en dire les raisons.

Remarquons d'abord la proximité de cette fête avec une autre grande fête de Marie, la Purification. Le bon saint François de Sales disait, dans son aimable langage, que la Purification n'a pas d'octave : car l'octave d'une fête la termine, et la purification ne doit pas cesser sur la terre ; toujours il faut se purifier ici-bas. Mais l'octave est aussi la répétition, et comme un écho de la fête. En ce sens, Marie semble avoir voulu nous dire que la fête de l'Apparition est en quelque sorte l'octave de la Purification et a de grands rapports avec elle. Et, en effet, à Lourdes comme à Jérusalem, Marie nous prêche l'expiation du péché par le sacrifice. A la Grotte, elle nous crie : « Pénitence ! » Au Temple, elle l'a pratiquée en s'offrant en victime avec son Fils. Seulement, en ce jour-là elle cachait son beau privilège d'Immaculée, et à Massabielle elle le proclame pour nous montrer qu'elle n'est plus voyageuse, mais couronnée. Oui, l'octave de la Purification est au Ciel : ici-bas l'expiation ; là-haut, la couronne.

Cette octave ou plutôt cette neuvaine, qui s'écoule du 2 février à l'Apparition, est en outre admirablement propre à nous préparer à la visite de Marie et à ses leçons. La Sainte Vierge vient apporter le remède à tous nos maux, mais il faut constater le mal avant d'appliquer le remède. Or, l'origine de tous nos maux c'est le péché : voilà ce que nous devons craindre par-dessus tout. Nous avons ensuite trois autres choses à redouter : le démon qui nous tente, les méchants qui nous persécutent, et les châtiments de Dieu irrité.

Or, considérons ce qui occupe en ces jours la dévotion catholique. Ce temps, que le monde appelle Carnaval et qu'il profane par ses débauches, est pour les fidèles le saint temps de la Septuagésime. L'Eglise nous remet alors sous les yeux, dans ses offices, l'histoire de nos relations avec Dieu. Elle nous montre le Créateur tirant du néant le Ciel et la terre, les Anges et la matière, préparant lentement ce monde que nous habitons, puis créant l'homme à son image et à sa ressemblance. Adam est constitué par Dieu roi de la terre. Son corps, il est vrai, est formé du limon ; mais son âme est immortelle, intelligente et libre comme les Anges et comme Dieu lui-même. Aussi, seul entre tous les habitants de la terre, il porte vers le Ciel son regard ; seul il adore et il aime ; et Dieu descend dans le Paradis terrestre pour converser avec lui, en attendant qu'il l'élève au Ciel pour partager sa gloire.

Mais à ce merveilleux début de notre histoire succède immédiatement le récit du premier péché et de ses lamentables suites. Trompée par le démon, Eve met en doute les menaces de Dieu, puis la nécessité de vivre sous sa dépendance : l'orgueil, source de tout péché, remporte sa première victoire sur la terre, et par là même la crainte de Dieu, qui est le commencement de la sagesse, fait place au mépris de Dieu, qui est le commencement de toute ruine. L'âme alors .

subit la fascination des sens, qui lui montrent l'objet défendu comme bon et délectable. La femme mange du fruit fatal. Puis, pour autoriser sa faute, elle y entraîne son mari : le péché originel est commis ! Aussitôt la voix de la conscience et bientôt celle de Dieu se font entendre. Les coupables, honteux et tremblants, avouent le crime et reçoivent leur terrible sentence. Dieu dit à Adam : « Parce que tu as mangé du fruit que je t'avais défendu de manger, la terre sera maudite. A cause de ton péché, tous les jours de ta vie tu n'en tireras ta nourriture qu'à force de travail ; elle produira pour toi des ronces et des épines, et tu mangeras l'herbe des champs. Tu gagneras ton pain à la sueur de ton visage jusqu'à ce que tu retournes dans la terre d'où tu es sorti, car tu es poussière et tu retourneras en poussière. » Il dit à Eve : « Je multiplierai tes maux ; tu enfanteras dans la douleur et tu seras sous la puissance de l'homme. » Et au tentateur, au démon caché sous la figure du serpent, il dit : « Tu es maudit entre toutes les bêtes de la terre, tu ramperas sur le ventre et tu mangeras la terre tous les jours de ta vie. » Mais, ô merveille ! voici que Dieu ajoute une parole qui met le comble à la confusion du serpent, mais qui nous rend à nous l'espérance : « Je mettrai la guerre entre toi et la femme, entre ta race et la sienne ; elle te brisera la tête et tu essaieras de mordre son talon. »

Dans ce récit de l'Ecriture, nous comprenons parfaitement la grandeur de l'homme, son état primitif si magnifique, sa déchéance lamentable, mais sa destinée éternelle qui reste la même, qui reste sublime, à condition seulement d'être achetée plus cher. Nous savons que l'espérance de ce bonheur futur est basée sur la Rédemption du Christ et sur le secours d'une femme qui est Marie. Nous apprenons aussi que l'ennemi du genre humain, l'ange déchu, Satan, continuera sa lutte contre nous ; mais sa défaite définitive est certaine. Sa tête est broyée sous le pied virginal ; il se tord, il essaie encore de mordre, mais réfugions-nous dans les bras et le cœur de Marie : là nous n'aurons rien à craindre de sa rage impuissante. Ainsi, dès la création, Marie apparaît comme le Refuge des pécheurs, la consolation des misérables et la réparation de tous les malheurs.

Les jours suivants, l'Église, continuant à lire dans son office l'histoire du monde, qui n'est guère, hélas ! que le récit de nouveaux péchés et de nouveaux châtiments, présente à nos méditations Caïn et Abel. Dès la première génération, au sein de la première famille humaine, nous trouvons personnifiés, en deux frères, le bien et le mal, les justes et les méchants, la cité des enfants de Dieu et celle des fils du démon. Abel est doux, chaste, pacifique, aimable à Dieu et aux Anges. Il sert le Seigneur dans la paix d'un cœur innocent. Ses sacrifices sont agréés du Ciel, et Dieu le lui témoigne par la joie de sa conscience. Caïn est jaloux de ce bonheur et son visage prend cet air sombre qui distingue les méchants. Pourquoi donc ? Dieu lui-même le lui demande : « Pourquoi es-tu irrité ? Si tu te conduis bien, n'en recevras-tu pas aussi ta récompense ? » La vérité, c'est que Caïn est pécheur ; il cède à ses passions au lieu de leur résister comme l'y exhorte le Créateur [1], et il voudrait avec cela avoir le bonheur d'Abel. Car ce n'est pas son troupeau qu'il envie, ce ne sont pas ses richesses : c'est son bonheur, comme Satan envie le bonheur des hommes. Et s'en voyant exclu par ses péchés, il le hait jusqu'à la mort ; il se jette sur lui et le tue.

Voilà, au seuil du Paradis terrestre, le premier fratricide et le commencement de cette longue persécution des bons par les méchants qui se continuera jusqu'au dernier jour ; persécution insensée, incompréhensible et qui ne s'explique que par cette passion la plus basse dont le cœur humain soit susceptible, celle qui le fait le plus ressembler aux démons : l'envie. Et, dans cette lutte, les justes seront toujours les victimes, parce que leurs ennemis emploient contre eux la ruse et la violence, et que leur conscience à eux leur interdit d'avoir recours aux mêmes moyens. Dieu les laissera succomber ; que dis-je ! il a succombé lui-même à l'heure de sa Passion. Mais un jour il les vengera. Il reçoit au Ciel ses martyrs, et leur couronne est d'autant plus belle qu'ils ont eu plus à souffrir. Quant aux persécuteurs, ils semblent triompher, mais, comme Caïn, ils portent sur leur front le signe de la malédiction du Seigneur, et dans leur cœur le remords de leur crime ; leur mémoire est vouée à l'exécration des hommes, et leur âme à l'éternelle réprobation. C'est donc eux qui sont les plus misérables.

Quand donc s'apaiseront ces luttes fratricides de créatures faites pour s'aimer, nées du même sang, destinées au même bonheur, et cependant si étrange-

[1] Gen., iv, 6, 7.

ment divisées ? Ah ! Eve, que n'étiez-vous là pour
faire la paix entre Abel et Caïn ! N'est-ce pas à la
mère d'être le lien entre deux êtres qu'elle aime tant,
deux fils sortis de son sein ? Mais si Eve est impuissante, venez, ô vous Marie, car vous êtes la vraie
Mère des vivants. En acceptant, au Calvaire, la maternité des hommes, vous n'en avez exclu personne :
le pécheur est votre enfant comme le juste, car Jésus
est mort pour tous. Interposez-vous donc entre votre
fils révolté et votre enfant fidèle. Calmez la haine injuste et cruelle du persécuteur ; touchez son cœur ;
faites-lui sentir qu'il peut recouvrer le bonheur de
l'innocence, rendez-lui la paix d'une âme pardonnée ;
et à l'instant il se jettera dans les bras de son frère
qui n'a cessé de l'aimer, même au plus fort de leurs
querelles. Oh ! c'est Marie, Marie toute seule, qui
peut ramener la paix dans notre société, convertir ces
malheureux égarés qui poursuivent si obstinément
ceux dont ils ont partagé autrefois les croyances, ou
ces pauvres ignorants qu'une éducation sans foi a
prévenus contre nous de si étranges préjugés.

Mais si enfin, ô Marie, ils refusent de vous obéir,
même après vos éclatantes manifestations à Lourdes,
venez alors au secours des justes pour les préserver
contre leurs embûches et leurs trahisons. Hâtez-vous,
ô Marie ; n'abandonnez pas vos enfants, n'abandonnez
pas aux bêtes méchantes les âmes qui vous sont consacrées ; ne laissez pas peser trop longtemps le joug
des impies sur l'héritage du juste, de peur que lui-
même ne finisse par étendre sa main à l'iniquité [1].

---

[1] *Ut non extendant justi ad iniquitatem manus suas.*
(Ps. CXXIV, 3.)

Car tel est le plus grand malheur à craindre. En effet, si nous devenons pécheurs nous-mêmes, ce ne sont plus les démons ni les hommes, c'est Dieu même qui deviendra notre ennemi ; et il vaudrait mieux affronter la haine de la terre entière et de l'enfer même, que le courroux de Celui qui peut jeter notre corps et notre âme dans les tourments de l'enfer. Or l'Eglise continuant à lire l'Ecriture, dans la semaine de la Sexagésime, nous montre les châtiments dont Dieu punit le péché.

Les hommes, en effet, s'étant multipliés sur la terre, multiplièrent aussi leurs iniquités. Même les enfants de Seth le Juste se laissèrent corrompre par les fils de Caïn. Il s'éleva une race d'hommes puissants et fameux, dit l'Ecriture. En quoi ? Elle ne parle que de leur taille gigantesque et de leur dépravation. Mais nous pouvons supposer qu'ils connaissaient tous les raffinements de la volupté. — N'oublions pas que l'homme existait déjà depuis deux mille ans : cela suffisait bien, vu surtout sa longévité, pour acquérir une civilisation avancée. — Mais la foi en même temps s'était éteinte dans les cœurs. Ils avaient oublié la dignité de leur âme immortelle pour ne penser qu'à la matière. « Toute chair avait corrompu sa voie, dit l'Ecriture : ils ne pensaient qu'au mal à tout moment [1]. » A peu près comme maintenant. Et Dieu, touché de douleur jusqu'au fond du cœur, dit la Genèse, se repentit d'avoir créé, et il se résolut à faire périr l'humanité par le déluge. On ne se moque pas de Dieu et il restera toujours le maître. Pendant

---

[1] Gen., VI, 5.

deux mille ans il avait patienté : il semblait dormir, et les pécheurs vivaient tranquilles. Le voilà qui se réveille. Si grande était l'impiété de la terre qu'une catastrophe immense pouvait seule la purifier : même les enfants devaient périr, de peur qu'en eux ne revécût la corruption de leur race. Que les moyens de Dieu sont puissants ! D'ailleurs sa miséricorde accompagna sa justice, car il a daigné nous faire connaître par l'Ecriture que le déluge, en perdant les corps, sauva les âmes de beaucoup [1].

Ainsi, quand il voulut purger notre France de la génération impie enfantée par la grande Révolution, il l'envoya périr sur tous les champs de bataille de l'Europe, et Napoléon en l'y entraînant ne faisait qu'exécuter les desseins miséricordieux de la Providence. Que serait devenu notre pays si cette génération sans baptême avait fait souche ? Comment la foi aurait-elle pu renaître ? — Mais en même temps la bonté divine éclatait même envers ces hommes qui furent baptisés dans leur sang, leurs souffrances, et leur dévoûment à la patrie, et beaucoup sans doute y ont trouvé leur salut, mais non sans douleur : car on ne revient jamais du péché à Dieu sans souffrir.

Une seule famille, celle de Noé, portée dans les flancs de l'Arche de salut, échappa au déluge universel. Et quand la vengeance fut accomplie, Dieu se souvint de Noé, dit l'Ecriture, et il fit alliance avec lui. Et pour rendre la confiance à ces pauvres créatures, heureuses sans doute de leur délivrance, mais terrifiées par le grand spectacle de la colère du

____

[1] I Petr., iv, 19.

Seigneur, il fit paraître dans le firmament un arc-en-ciel éclatant, et il dit : « Voici le signe de l'alliance que j'établis pour jamais entre moi et vous. Je mettrai mon arc dans les nuées, comme signe de l'alliance que j'ai faite avec la terre. Lorsque j'aurai couvert le ciel de nuages, mon arc paraîtra dans les nuées et je me souviendrai de l'alliance que j'ai faite avec vous, et il n'y aura plus à l'avenir de déluge qui fasse périr dans ses eaux toute chair. »

Quel mystérieux langage ! Dieu semble se défier de lui-même et prendre des précautions en notre faveur contre sa justice. Il se lie par un serment de ne plus maudire la terre, et il charge l'arc-en-ciel de le lui rappeler. Quand donc les nuages amoncelés sembleront menacer de nouvelles tempêtes et feront trembler les mortels, alors l'arc-en-ciel paraîtra, produit selon les lois physiques : et Dieu, à sa vue, se rappellera son alliance avec Noé et sa race ; les hommes se rappelleront la promesse de n'être plus exterminés, et la paix, la confiance, l'amour régnera entre le Ciel et la terre.

Or, n'y avait-il pas de terribles nuages dans le ciel en 1858 ? Dieu n'avait-il pas de bien grands motifs de s'irriter contre la terre ? Les hommes n'avaient-ils pas de grands sujets de trembler ? Mais voici que le 11 février, jeudi de la Sexagésime, la sainte Eglise lisait dans son office le récit des promesses de Dieu et le signe auquel on les verrait s'accomplir. « Lorsque j'aurai obscurci le ciel de nuages, *mon arc-en-ciel apparaîtra* [1]. » Et ce jour-là Marie apparut à Massabielle.

[1] *Cum obduxero nubibus cœlum apparebit arcus meus in nubibus.* (Gen., IX, 14.)

Les Pères de l'Eglise et les Saints ont toujours vu dans l'arc-en-ciel du déluge la figure de la Très Sainte Vierge. L'éclat de ce météore représente bien la gloire de la Mère de Dieu. Sa formation par l'air et la lumière est la figure de sa virginale pureté. Il appartient au ciel et à la terre : il s'élève des vapeurs de notre atmosphère et il donne au ciel une nouvelle et incomparable beauté. « Contemplez l'arc-en-ciel et bénissez Celui qui l'a créé, disent nos saints Livres. Qu'il est beau dans sa splendeur ! Il entoure le Ciel d'une auréole de gloire. Ce sont les mains du Très-Haut qui l'ont formé [1]. »

Saint Bonaventure s'est plu à retracer, dans un poème à l'honneur de Marie, de gracieuses comparaisons entre la Vierge et l'arc-en-ciel. Il trouve dans ses couleurs l'image de ses vertus. Le rouge est le symbole de sa charité, le bleu de sa pureté, le vert de son humilité. « Vous êtes, lui dit-il, l'arc que nous voyons dans les nuées du ciel et qui nous illumine. Votre splendeur donne à tous les malheureux l'exemple d'une vie sainte. Vous confondez les hérétiques et exterminez leurs erreurs quand vous réunissez dans le Christ les deux natures divine et humaine. O Vierge vénérable, arc invincible, arc fort, arc puissant, arc doux et aimable, qui nous représentez la porte grande ouverte du Ciel, faites qu'après le passage inévitable de la mort temporelle, nous partagions votre bonheur ! »

Mais c'est surtout par sa puissance d'apaiser Dieu et par l'espérance qu'elle met en nos cœurs que Marie

---

[1] *Vide arcum et benedic eum qui fecit illum : valde speciosus est in splendore suo. Gyravit cœlum in circuitu gloriæ suæ. Manus Excelsi aperuerunt illum.* (Eccli., XLIII, 12.)

ressemble à l'arc-en-ciel. Pourquoi, en effet, le météore montré à Noé était-il un signe de paix, une preuve que Dieu ne châtierait plus la terre ? Saint Bonaventure répond : Les fléaux, les catastrophes sont les flèches dont le Tout-Puissant nous frappe. Or, le Seigneur voulait montrer que son arc n'est plus dirigé contre la terre. Bien plus, l'arc est retourné vers le Ciel. C'est l'humanité qui va décocher ses traits contre Dieu : non pas comme ces blasphémateurs insensés qui, dans une aveugle fureur, osèrent parfois lancer des flèches vers le Ciel, comme pour atteindre Dieu lui-même. Leurs outrages, aussi impuissants que leurs traits, ne pouvaient troubler son éternelle tranquillité : leur arc était trop faible. Mais voici un arc puissant, l'arc de l'Immaculée. Elle va décocher des flèches d'amour qui perceront le Cœur du Verbe et le feront tomber au pouvoir de cette virginale chasseresse. « Tu as blessé mon Cœur, ô ma sœur, ô ma fiancée, lui dit-il, dans son transport d'amour, d'un seul de tes cheveux, d'un seul de tes regards. » Oh ! merveille ! un seul de ses cheveux est une corde assez forte pour bander cet arc immense ; son coup d'œil est si sûr que pas un seul trait ne manque de frapper au cœur ! Ah ! c'est que l'arc est fait d'humilité, de virginité et d'amour. Voilà ce qui le rend si souple et si fort que chacun des désirs, chacun des actes de Marie volent comme des flèches victorieuses, vont droit au cœur du Créateur. Désormais défendu contre la Justice divine par une si habile arbalétrière, le monde n'a plus à craindre un déluge qui le fasse périr.

Mais il attend un autre déluge. Le B. Grignon de

Montfort nous parle, en effet, de trois déluges. Le premier fut le déluge d'eau ; le deuxième fut le déluge du sang de Jésus-Christ ; le troisième sera un déluge de feu. Le premier eut lieu sous le règne spécial de la justice et du Père ; le second a fondé le règne de la miséricorde et du Fils ; le troisième sera l'œuvre de l'amour et du Saint-Esprit. Le premier eut lieu deux mille ans après la création et fut suivi d'une rénovation du monde, et comme d'une création nouvelle ; le deuxième eut lieu deux mille ans après le premier et rendit la vie de la grâce à l'humanité ; et voici déjà dix-neuf cents ans que l'Eglise demande le troisième, disant sans cesse : « *Emitte Spiritum tuum et creabuntur, et renovabis faciem terræ.* » Marie, figurée par l'arc-en-ciel, suivit le premier pour en consoler les ruines ; au Calvaire, elle assista et coopéra au second ; mais à Lourdes, elle prévient et annonce le dernier, qu'elle nous obtiendra par ses prières.

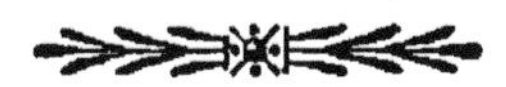

CHAPITRE HUITIÈME

(Suite.)

Pourquoi la Très Sainte Vierge a-t-elle apparu à cette époque de l'année ?

A deuxième Apparition eut lieu le 14 février, dimanche de la Quinquagésime. Bernadette s'était munie d'eau bénite. Elle en aspergea la vision, disant : Si vous venez de la part de Dieu, approchez. Ecoutons son récit : « Elle me répond par un gracieux sourire, elle s'incline vers moi et avance jusqu'au bord du rocher. Je répète : « Si vous venez de la part de Dieu, approchez », et je remarque qu'à ce nom de Dieu sa figure s'illumine d'un nouvel éclat. A la vue de tant de beauté et de majesté, à la vue de ce sourire maternel qui m'attirait, je ne puis me résoudre à lui dire : « Si vous venez de la part du démon, retirez-vous ! » Je me sentais en présence d'une habitante du Ciel. »

Ce jour-là était le dimanche gras ; c'était l'heure où tant de chrétiens s'affublent de déguisements grotesques et se complaisent dans de honteuses mascarades, eux créés à l'image de Dieu, et faits pour contempler éternellement Jésus et Marie. Quel contraste entre les stupides réjouissances du monde, et le spectacle qui ravissait en ce moment la voyante des Roches Massabielles !

Marie répond à Bernadette par son sourire qu'elle vient de la part de Dieu. Or en ce jour l'Eglise nous représente dans son office Dieu disant à Abraham : « Sors de la maison de ton père et va dans le pays que je te montrerai, et je te ferai régner sur un grand peuple ; je te bénirai et glorifierai ton nom, et toutes les nations auront part à tes bénédictions. » Et Abraham parcourut tout ce pays, et s'établit dans la vallée Illustre, *ad convallem Illustrem ;* or il avait avec lui sa femme Sara.

De même aujourd'hui Dieu envoie Marie du Ciel à la terre [1], à la terre de France qu'il lui a spécialement donnée pour royaume. Marie l'a en quelque sorte parcourue en ses diverses Apparitions, mais elle fixe spécialement son séjour dans une vallée qui va devenir bien célèbre, *ad convallem Illustrem.* C'est là que Dieu veut la glorifier, et de là sa gloire et ses faveurs se répandront dans toute la terre. Sara ou Saraï est par son nom, par sa beauté, par sa postérité spirituelle et son union au père des croyants, la figure de la Sainte Vierge. Son nom de *Sara* qui signifie *Domina,* « Princesse, Maîtresse », a le même sens que le mot Marie. *Saraï* ajoute quelque chose de plus ; il veut dire : « ma Princesse, ma Dame » ; c'est le nom propre de Marie pour la France et les Français, « Notre-Dame », notre souveraine. La suite du récit nous parle de l'incomparable beauté de Sara. Avant

---

[1] *O pulcherrima inter mulieres, egredere et abi post vestigia gregum.* (Cant., i, 7.)

d'entrer en Egypte, où le malheur des temps le forçait à se réfugier, Abraham lui dit : « Je vous en prie, dites que vous êtes ma sœur afin qu'il m'arrive du bien à cause de vous et qu'on épargne ma vie en votre faveur. » Et il en arriva ainsi. Ce n'était pas mentir de l'appeler sa sœur, car elle était sa cousine, et par les noms de frères et sœurs on entendait alors tous les proches parents. — Mais combien nous aussi nous tenons à Marie ! Elle est notre Mère en Jésus, mais notre sœur en Adam, et elle est ineffablement plus belle et plus vertueuse que Sara ; et dans notre vallée d'exil, craignant aussi pour notre vie, disons-lui avec confiance : « Dites que vous êtes notre sœur, afin que Dieu, à cause de vous, nous pardonne, et qu'il nous comble de biens en votre faveur [1]. »

La troisième Apparition eut lieu le lendemain du Mercredi des Cendres. Ce jour-là Marie demanda à Bernadette de revenir quinze jours de suite à la grotte et lui promit en échange le Paradis. Ainsi, dès le début, Marie indique la fin qu'elle se propose : nous mener au Ciel. Comme moyen elle demande qu'on soit assidu à la visiter : c'est qu'elle veut nous instruire ; la grotte est comme une chaire où elle va nous enseigner. Le temps du Carême vient de commencer, ce temps où l'Eglise multiplie ses prédications : c'est Marie elle-même qui nous prêche une station quadra-gésimale. C'est elle qui nous adresse ces paroles de l'Apôtre, que l'Eglise lisait ce jour-là dans ses offices : « Mes enfants, je vous exhorte à ne pas recevoir en

---

[1] *Dic ergo, obsecro te, quod soror mea sis, ut bene sit mihi propter te, et vivat anima mea ob gratiam tui.* (Gen., XII, 13.)

vain la grâce de Dieu, car il a dit : Je vous exaucerai
au temps propice, je *viendrai à votre secours* au jour
de salut. Voici maintenant le temps propice, voici les
jours de salut. » Le Carême en effet est un temps de
grâce, où le Saint-Esprit sollicite plus puissamment
les hommes à la conversion : à Lourdes la grâce va
déborder. C'est un temps de prière : et Marie se
montre à nous les mains jointes, le regard au Ciel,
le Rosaire au bras. C'est un temps de mortification :
Marie vient nous y inviter en criant trois fois :
Pénitence ! Dieu avait dit à Adam après sa chute :
« Tu mangeras l'herbe de la terre. » Marie va ordon-
ner à Bernadette d'en manger. Ainsi la Sainte Vierge
vient nous remettre dans la voie du salut, et nous
promet le Ciel ; mais elle ne nous y conduira pas
autrement que par la pénitence.

Le premier dimanche de Carême, le visage de la
Sainte Vierge se couvrit d'un voile de douleur. Son
regard sembla parcourir la terre et se reposa tout
attristé sur Bernadette. L'Enfant se mit à pleurer et
tout angoissée elle dit à l'Apparition : « Qu'avez-
vous, Madame ? Que faut-il faire ? » Marie répondit :
« Priez pour les pécheurs. » — Or ce jour-là l'Église
nous représente Jésus tenté dans le désert. Satan lui
propose dans une triple tentation tous les objets
capables de le séduire, et réclame en échange ses
adorations. Jésus rejette ses sollicitations et enfin le
chasse honteusement. Mais, hélas ! Satan réussit
mieux près des hommes, qu'il tente par la triple
concupiscence. La Vierge les voit en foule se pro-
sterner devant ce misérable tyran qui flatte leurs viles

convoitises. Ils acceptent son empire, et il peut dire avec trop de raison que le monde lui appartient. Quelle douleur pour notre Mère ! aussi elle nous demande d'arracher les âmes à Lucifer : « Priez pour les pécheurs ! » Et comme Jésus dans le désert, Marie vient dire au tentateur : « Retire-toi, Satan, car il est écrit : « Tu adoreras le Seigneur ton Dieu et tu serviras lui seul. » Elle apparaît à Lourdes pour briser sa puissance. Nous pouvons appliquer à la Mère ce que l'Ecriture dit du Fils : *In hoc apparuit* Mater *Dei ut dissolvat opera diaboli* [1] *!* Nous en trouvons la douce espérance dans son sourire. En effet, Bernadette ajoute dans son récit : « Enfin, comme si elle eût vu le fruit des prières faites dans l'Eglise, et les pécheurs touchés de repentir se réconcilier avec Dieu, elle m'apparut dans une sérénité divine, et la béatitude du Ciel respira de nouveau sur ses traits. » Après le spectacle douloureux du péché, elle voyait la conversion du pécheur, et Jésus lui-même nous a dit qu'il y a plus de joie au Ciel pour un pécheur qui revient à Dieu que pour la persévérance de quatre-vingt-dix-neuf justes ! Or précisément ce jour-là l'Eglise commençait dans ses offices la fête d'une grande pécheresse convertie, sainte Marguerite de Cortone.

Le 23 février, nouvelle Apparition. C'était le mardi de la première semaine de Carême, où l'Eglise nous représente Jésus entrant dans Jérusalem, le jour des Rameaux, chassant les vendeurs du Temple et disant :

[1] I Joan., III, 8.

« Ma maison est la maison de la prière. » Puis il guérit tous les aveugles et les boiteux qu'on lui présenta et les enfants criaient : Hosanna au Fils de David ! Et toute la ville était en émoi et se demandait : Quel est donc cet homme ? Et l'on répondait : C'est Jésus, le prophète de Nazareth de Galilée. — Or ce jour-là Marie dit : « Vous irez dire aux prêtres de bâtir ici une chapelle. » — Elle veut une église, une maison de prière, où son Fils sera invoqué, où le Saint Sacrement résidera et fera des cures merveilleuses, d'abord des guérisons spirituelles en rendant aux âmes la foi et la vie de la grâce, puis des miracles sensibles : les paralytiques se lèveront sur son passage et l'on criera : Hosanna au Fils de David ! et les foules l'acclameront comme autrefois les peuples de Galilée !

Le 24 février Bernadette demanda à Marie, de la part du curé de Lourdes, de faire un miracle, par exemple fleurir l'églantier en plein hiver, comme preuve de la réalité de ses apparitions. Tous les libres-penseurs avaient applaudi à cette mise en demeure. C'est ce qu'ils appelaient : demander ses papiers à la Vision. La Vierge ne fit pas le prodige sollicité. Mais elle dit trois fois : Pénitence ! Pénitence ! Pénitence ! — Or ce jour-là, mercredi de la première semaine de Carême, l'Evangile de la messe racontait que les Pharisiens avaient dit à Jésus : « Maître, nous voulons vous voir faire un miracle [1]. »

---

1 *Magister, volumus a te signum videre. Qui respondens ait illis : Generatio mala et adultera signum quærit, et signum non dabitur ei nisi signum Jonæ prophetæ. Viri Ninivitæ condemnabunt eam quia pœnitentiam egerunt in prædicatione Jonæ. Et ecce plus quam Jonas hic.* (Matth., XII, 38.)

Et le Sauveur répondit : « Cette race perverse et adultère demande un miracle ; mais elle n'en aura pas d'autre que celui du prophète Jonas. Les Ninivites se lèveront au Jugement contre cette génération et la condamneront, car ils ont fait pénitence à la voix de Jonas, et il y a ici plus que Jonas. La reine du Midi se lèvera au Jugement pour condamner cette race, car elle est venue des extrémités de la terre pour entendre la sagesse de Salomon, et ici il y a plus que Salomon. » A Lourdes aussi, Marie ne répond à la demande d'un prodige que par les paroles de Jonas. Jonas signifie « colombe. » Et c'est la Colombe immaculée, la Vierge sans souillure, qui vient dire aux pécheurs de faire pénitence. Mais il y a ici plus que l'ancien Jonas : c'est la Mère de Dieu elle-même. Et si nous ne lui obéissons pas, comme les Ninivites obéirent au Prophète, ils nous condamneront au Jugement. Et elle nous condamnera elle-même, la vraie Reine du Midi, la Reine des Pyrénées, la Vierge de Massabielle, qui est venue de si loin, de sa béatitude céleste, non pour entendre Salomon, mais pour nous enseigner à nous-mêmes la vraie sagesse, celle qui procure la paix et le bonheur, Elle la Mère du vrai Salomon ou roi de la Paix, Elle la vraie Sulamite ou la Pacifique, la Reine de Paix. A sa voix cherchons donc la paix dans la pénitence : elle ne vient pas toute seule ; il faut la mériter. La voix de Marie est pleine de douceur comme celle de la colombe. Mais le Prophète nous enseigne à redouter la colère et le glaive de la Colombe et la fureur du Seigneur [1].

1 *Facta est terra eorum in desolationem a facie iræ columbæ et a facie iræ furoris Domini.* (Jerem., XXV, 38.)

Le 25 février la Vierge dit à Bernadette : « Allez boire à la source et vous y laver. » Il n'y avait point d'eau à l'endroit que désignait le doigt de Marie. Sur son geste pourtant l'enfant creusa la terre ; bientôt elle rencontra un peu d'humidité ; quelques gouttes d'eau commencèrent à jaillir. Le lendemain la source coulait limpide et le premier miracle eut lieu : un ouvrier nommé Bourriette recouvra l'usage d'un œil perdu depuis vingt ans. Or, ce jour-là même, vendredi de la première semaine de Carême, l'Eglise faisait l'office de la sainte Lance et du Côté percé du Sauveur d'où s'étaient échappés de l'eau et du sang. Et le soldat romain, qui ouvrit le divin Cœur, fut le premier à en recevoir les effets salutaires ; comme Bourriette il était borgne, et, pressé par la même grâce de confiance et de foi, il porta à son œil perdu quelques gouttes du sang et de l'eau qui coulaient le long de sa hampe, et il fut instantanément guéri. Le même jour l'Evangile de la fin de la messe racontait qu'à Jérusalem il y avait une piscine entourée de cinq portiques, figure des cinq plaies du Sauveur ; et qu'une multitude de malades, d'aveugles, de boiteux et de paralytiques se tenaient au bord : car à certains moments il s'y faisait des miracles et le contact de cette eau guérissait toute infirmité. Et c'est ce jour-là même que commençaient à Lourdes de semblables merveilles. Là aussi la piscine devait être assiégée par des multitudes d'infirmes et le théâtre d'innombrables guérisons.

Les Apparitions continuèrent les six jours suivants. On vit Bernadette prier, baiser la terre, se laver à la source, manger de l'herbe : la Vierge continuait à nous enseigner la mortification et la prière. Et l'Eglise dans ses offices demandait ces jours-là même que les pénitences que nous observons extérieurement portent leurs fruits dans nos cœurs : elle demandait que par ces œuvres de mortification nos péchés soient guéris et des remèdes d'immortalité appliqués à nos âmes: Le 28 février, deuxième dimanche de Carême, pendant que Bernadette contemplait en extase la radieuse Vision, l'Eglise lisait à la messe l'Evangile de la Transfiguration, où Jésus se montre dans sa majesté glorieuse. Les Apôtres s'écrient ravis : « Seigneur, qu'il fait bon ici ! » Et le Père Eternel répond du Ciel : « Celui-ci est mon Fils bien-aimé, écoutez-le [1] ! » A Massabielle, c'est sa Mère chérie qui nous enseigne ; aussi, qu'il y fait bon !

Mais soyons dociles : car voici ce que disait l'Epître : « Je vous en prie, je vous en supplie par le Christ Jésus, observez tout ce que je vous enseigne pour plaire à Dieu et marcher selon sa volonté, afin que vous receviez l'abondance de ses faveurs. La volonté de Dieu est que vous deveniez des Saints, que vous ne vous laissiez pas aller à vos passions comme ceux qui ne connaissent pas Dieu, et que vous vous absteniez de l'impureté et de toute injustice : car le Seigneur punira ces iniquités, je vous en avertis [2]. »

Et pour nous faire mieux comprendre encore la nécessité d'obéir à la douce voix de Marie, l'Eglise lisait ce jour-là même dans les leçons de Matines l'histoire de Jacob et Esaü qui représentent, comme

1 Evangile du 2e Dimanche de Carême : Matth., xvii.— 2 Epître : I Thess., iv.

Abel et Caïn, les justes et les pécheurs. Or Jacob, figure du juste, était un homme de mœurs simples et paisibles, et il demeurait volontiers à la maison près de sa mère Rébecca. Aussi celle-ci l'aimait tendrement. « Mon fils, lui disait-elle, suivez mes conseils[1]. » Et Jacob, se confiant en elle et obéissant à toutes ses instructions, reçut les bénédictions les plus abondantes, qui firent de lui l'ancêtre du Messie et le père du peuple de Dieu. Esaü, au contraire, qui était toujours occupé à ses plaisirs ou à ses affaires, sans penser à sa mère, se vit frustré des grâces qui lui revenaient légitimement.

Ces deux types se trouvaient reproduits à Lourdes. Auprès de la multitude des âmes pieuses et fidèles qui accouraient à la grotte avec émotion, il y avait les indifférents et les impies même. Loin d'être touchés des merveilles qui s'opéraient sous leurs yeux, ils ne cessaient de les tourner en dérision et multipliaient leurs blasphèmes. Et l'Evangile d'un des derniers jours des Apparitions disait : « Je vais m'en aller, et vous me chercherez en vain, et vous mourrez dans votre péché. Et où je vais vous ne pouvez venir. *Vous êtes d'en bas, et moi je suis d'en haut.* Et si vous ne voulez pas croire en moi, vous mourrez dans votre péché. » Et l'Evangile du dernier jour de la quinzaine racontait l'histoire du mauvais riche qui de l'enfer demandait à Abraham d'envoyer le saint pauvre Lazare prêcher la pénitence à ses frères de peur qu'ils ne se damnassent, et voici la réponse d'Abraham : « Même si un mort allait les prêcher, ils ne croiraient

---

1 *Nunc ergo, fili mi, acquiesce consiliis meis.* (Gen., XXVII, 8.)

pas[1]. » Hélas ! Marie est venue du Ciel nous prêcher, et beaucoup refusaient de la croire.

Ainsi finit la quinzaine des Apparitions, le 4 mars. Mais trois Apparitions eurent lieu encore à des intervalles inégaux, le 25 mars, le 7 avril et le 16 juillet. Essayons d'en pénétrer les raisons.

L'Apparition du 25 mars fut la plus importante et la plus solennelle, celle dont toutes les autres n'étaient en quelque sorte que la préparation. Ce jour-là, répondant enfin aux sollicitations de Bernadette, qui lui demandait son nom, la radieuse Apparition levant les yeux au ciel, joignant les mains, prononça ces paroles : « Je suis l'Immaculée Conception. » Ce nom, cette attitude, c'est tout Notre-Dame de Lourdes : c'est l'image et la définition que la Sainte Vierge voulait nous laisser d'elle-même, c'est le résumé de toutes ses leçons. Or le 25 mars était admirablement choisi pour nous révéler Marie sous cette éclatante lumière. En apparaissant à Lourdes, Marie est venue porter remède à tous nos maux : comme nous le comprendrons bien en rapprochant des circonstances de l'Apparition tout ce que la date du 25 mars nous rappelle !

Selon la tradition des Hébreux, le 25 mars fut le jour de la création d'Adam et d'Eve. Hélas ! le même jour les vit aussi commettre le péché originel. Mais avant de chasser nos premiers parents du Paradis terrestre, Dieu promit le Rédempteur et sa Mère, le nouvel Adam et l'Eve digne de ce nom, la véritable Mère des vivants. Il dit qu'une femme écraserait la

---

[1] *Neque si quis ex mortuis resurrexerit, credent.* (Luc., XVI, 31.)

tête du serpent. Pour venger Ève du démon, Marie est annoncée sur le théâtre même de sa défaite. « Je t'ai suscitée sous l'arbre néfaste où ta mère s'est souillée et a perdu son innocence », dit le Seigneur [1]. C'est donc le 25 mars que l'Immaculée Conception a été promise au monde. En venant donc en ce même jour nous dire à Lourdes : « Je suis l'Immaculée Conception », Marie vient nous rappeler notre origine, notre chute, le besoin que nous avons de son secours, mais aussi nous dire que ce secours arrive : Voici la femme promise, voici la victorieuse de Satan !

Le 25 mars fut aussi le jour de l'Incarnation. C'est le jour où Gabriel salua Marie pleine de grâce et nous enseigna de la part de Dieu l'*Ave Maria*. Or, l'appeler « pleine de grâce », c'est lui dire qu'elle est Immaculée. Car la grâce, c'est l'opposé du péché, et la grâce ne peut être absolument pleine que là où le péché est absolument absent. Cela n'a jamais existé qu'en Celle qui fut affranchie de la dette originelle. C'est pourquoi l'Ange lui dit : « Le Seigneur est avec vous », avant même qu'il descendît en son sein : il régnait en son cœur, le péché n'y ayant jamais eu le moindre empire. Et voilà aussi pourquoi la Vierge Immaculée aime tant l'*Ave* qui lui rappelle toutes ses grandeurs. Nous dire : « Je suis l'Immaculée Conception », le 25 mars, c'est nous révéler l'humble reconnaissance qui débordait de son cœur au moment où elle entendait le salut de l'Ange. Il semblerait que, nous parlant d'elle-même, surtout le 25 mars, en ce jour ineffable de l'Incarnation, Marie eût dû nous

---

[1] *Sub arbore malo suscitavi te ; ibi corrupta est mater tua, ibi violata est genitrix tua.* (Cant.; VIII, 5.)

dire : « Je suis la Mère de Dieu. » En disant : « Je suis l'Immaculée Conception », elle veut nous faire entendre qu'elle fait plus de cas de son innocence que de sa Maternité, et attache plus de prix à plaire à Dieu qu'à être sa Mère. Répétons-lui donc mille fois, avec un profond respect et un ardent amour : Vous êtes la Mère de Dieu ! Vous êtes l'Immaculée Conception !

Le 25 mars est encore le jour de l'institution de l'Eucharistie, et par suite le jour de la première communion de Marie. Car, bien que l'Evangile ne le dise pas, comment douter qu'elle ait eu sa part au banquet de la Cène ? C'était pour elle, avant tout autre, que le Saint Sacrement était institué. Si Jésus avait ardemment désiré manger cette Pâque avec ses disciples, combien plus avec sa Mère ! Combien elle aussi l'avait désiré ! Jésus lui avait révélé dès long-temps le pain qu'il devait donner au monde, c'est-à-dire la chair qu'il avait reçue d'elle-même. Qui dira les transports de Marie quand son Fils revint dans le sein d'où il était né ? Marie retrouvait les joies ineffables de sa maternité, et plus encore. Et pendant les longues années qu'elle survivra à Jésus sur la terre, chaque jour elle le recevra de nouveau, toujours elle le portera dans son cœur, sans cesse elle veillera près de son tabernacle. Or, le principe de toutes ces grâces eucharistiques, c'est son Immaculée Conception. C'est elle qui l'a rendue digne de la maternité divine. Or Jésus est toujours son Fils, même au Saint Sacrement.

L'Eucharistie est donc le fruit de l'Immaculée Conception. Mais ce fruit Marie le mange elle-même, et c'est l'Immaculée Conception qui la rend digne de la communion. Oh! quelles délices Jésus prenait à descendre en son cœur, non pas seulement **parce qu'elle était sa Mère**, mais parce qu'elle était ineffablement pure ! Ecoutons-la nous dire dans le Cantique : « Mon bien-aimé est à moi, et moi à lui, parce qu'il se repaît au milieu des lis [1]. » Je suis à lui, parce qu'il aime tant la pureté et l'innocence, qu'il s'élance vers une âme sans souillure comme à un délicieux festin. Je suis à mon bien-aimé, et il est toujours tourné vers moi [2], il pense à moi sans cesse : il est attiré, fasciné par ma pureté. Comme elle l'a fait descendre une première fois du Ciel en mon sein, ainsi elle l'attire de son tabernacle. Et cette pureté parfaite, cette innocence absolue, c'est l'Immaculée Conception ! O Vierge Immaculée, revêtez-moi de votre innocence quand je m'approche de la sainte Table, couvrez mes iniquités du manteau de votre pureté sans tache, de votre Immaculée Conception !

Le 25 mars, c'est encore le jour de notre Rédemption : car, les jours hébreux allant du soir au soir, le même jour a vu la Cène et la mort de Jésus au Calvaire. Or Marie a été rachetée elle-même. Le Précieux Sang, rançon de toutes nos âmes, payait avant tout le privilège de l'Immaculée Conception. Aussi Marie se tenait debout au pied de la Croix pour soutenir Jésus dans son martyre. Quand les pharisiens moqueurs lui criaient : « Descends donc de la Croix ! » la vue de l'Immaculée lui disait : « Ne descendez pas ! » Car le prix du merveilleux privilège était

---

1 *Dilectus meus mihi, et ego illi qui pascitur inter lilia.* (Cant., ii, 16.)

2 *Ego dilecto meo et ad me conversio ejus.* (Cant., vii, 10.)

encore dû au Créateur. Mais, ô merveille ! ce Sang rédempteur venait de Marie elle-même, et elle n'avait pu le donner que parce qu'il était sans souillure. Car comment un sang impur eût-il pu purifier la terre ? L'Immaculée Conception était donc la source du Précieux Sang, et pourtant le Précieux Sang était le prix de l'Immaculée Conception. C'est ici que la sublimité et l'humilité s'unissent. *Fecit mihi magna qui potens est : respexit humilitatem.* La dignité de Marie est ineffable : mais elle est absolument gratuite. Tout vient de l'Immaculée Conception, même Jésus ; mais l'Immaculée Conception elle-même vient de Dieu seul. Ainsi, à Dieu seul l'unique gloire : Marie n'en garde rien pour elle. Mais par là même qu'elle ne la veut pas, elle l'obtient : car Dieu exalte ceux qui s'abaissent. Et sa gloire c'est de glorifier Dieu, c'est d'être une créature assez anéantie, assez petite à ses yeux pour avoir pu, sans s'en élever et sans rien garder pour elle-même, être placée par Dieu au commencement de toutes ses œuvres.

Mais en même temps qu'elle était rachetée, Marie était co-Rédemptrice du genre humain avec son divin Fils. Or ce nouveau privilège, qui était en même temps un office ineffablement douloureux, c'est encore à l'Immaculée Conception qu'il est donné. Comprend-on ce qu'il fallait de haine du péché dans le Cœur de Jésus et de sa Mère, pour accepter un tel martyre ? Or qui a donné à Marie cette intelligence du mal sinon son privilège d'Immaculée ? Le premier effet du péché c'est d'aveugler sur sa malice même : autrement qui oserait pécher ? « Ils ne savent pas ce qu'ils font », dit Jésus de tous les pécheurs. Mais la Vierge

Marie connaît la malice du péché, parce qu'elle est sans péché elle-même. Et c'est pour cela qu'elle estime tant son grand privilège. C'est son Immaculée Conception aussi qui l'a rendue capable d'être co-Rédemptrice : car elle ne l'est devenue qu'en étant victime. Or la victime doit être sans tache pour apaiser la justice de Dieu ; il n'accepterait pas une offrande qui ne fût pas entièrement pure.

Le 25 mars est à un autre titre encore une date mémorable dans l'histoire de Marie : si c'est le jour où elle devint Mère de Dieu à Nazareth, trente-quatre ans plus tard, jour pour jour, elle est devenue au Calvaire notre Mère. Jésus mourant lui a dit en lui montrant saint Jean qui représentait toute la famille humaine : « Voilà votre fils » ; et à nous il disait : « Voilà votre Mère ! » Et cette Mère ne cesse de veiller sur nous du Ciel ; et quand elle nous voit plus malheureux et plus coupables, c'est alors qu'elle prie davantage et vient plus volontiers à notre aide. Or, c'est son Immaculée Conception surtout qui la rend puissante pour nous secourir, car c'est elle qui la rend tout agréable à Dieu et toute terrible à l'enfer ; et ce même bienheureux privilège la rend toute compatissante à nos maux dont elle seule a été préservée par la miséricorde gratuite du Créateur. Que le 25 mars était donc bien choisi par notre bien-aimée Mère pour venir nous dire : « Je suis l'Immaculée Conception ! » Quelle joie pour nous d'entendre cette parole ! Nous sommes pécheurs, nous ; mais Elle est toute sainte. Oh ! que nous en sommes joyeux ! oh ! que nous en sommes fiers ! Quelle Mère est notre Mère ! Que m'importent maintenant les tristesses, les douleurs de la terre ? Marie est heureuse, Marie est ma **Mère** et elle est l'Immaculée Conception !

Ainsi le **25** mars est une grande date pour l'Immaculée Conception et pour nous. C'est le jour de la création et celui de l'Incarnation, c'est le jour du péché et celui de la Rédemption, c'est le jour où Marie nous a été d'abord promise et ensuite donnée comme Réparatrice et comme Mère, c'est le jour où Jésus a commencé sa vie eucharistique et où son Cœur sur la Croix nous a été ouvert : c'était donc bien le jour où Marie devait venir nous rappeler nos misères et nos grandeurs, nos devoirs et nos espérances, et nous dire le rôle nécessaire qu'elle joue dans notre relèvement parce qu'elle est l'Immaculée Conception.

L'avant-dernière Apparition eut lieu le mercredi de Pâques, 7 avril. Découvrirons-nous en cette date quelque raison mystique ?

Nous avons déjà comparé Notre-Dame de Lourdes à la colombe. C'est le Saint-Esprit lui-même qui lui donne ce nom dans le Cantique : « Viens, lui dit-il, mon amie, ma colombe, ma toute belle ; hâte-toi, ma bien-aimée ; viens, ma colombe, dans les trous de la pierre et la caverne du rocher, ma sœur, ma colombe, mon immaculée. » Et c'est bien à Marie seule qu'il s'adresse, car il ajoute : « Ma colombe est unique. » *Una est columba mea, perfecta mea.* Et qu'il est juste de comparer à la colombe l'Epouse de l'Esprit-Saint, la Colombe éternelle ! Comme la colombe aussi, Notre-Dame de Lourdes gémit sur nos péchés et sur nos souffrances. Comme la colombe, elle contemple le

Ciel dont ses yeux ne peuvent se détacher [1]. Comme la colombe de Ninive, Jonas, elle nous crie : Pénitence ! Mais voici une autre figure. Isaïe se demandait : « Quels sont ceux-ci qui volent comme des nuées, et qui se tiennent comme des colombes à leurs fenêtres [2] ? » Les commentateurs appliquent cette parole aux Apôtres qui ont parcouru le monde comme d'un vol rapide pour lui porter la foi. Le Prophète les voit comme des colombes à la fenêtre de leur colombier, contemplant l'espace avant de s'y élancer. — Or, le 7 avril est une date mémorable dans l'histoire de l'apostolat. Le 7 avril 1506, en effet, naquit le plus grand des hommes apostoliques depuis le temps de Jésus-Christ, celui qui a égalé, presque surpassé les travaux, les voyages, les miracles, les succès des fondateurs de l'Eglise. C'est le 7 avril également, trente-quatre ans plus tard, que François Xavier quittait l'Europe et prenait son vol d'une aile puissante pour porter l'Evangile jusqu'aux extrémités du monde. Son supérieur saint Ignace lui avait dit : « Xavier, voici des terres immenses et des royaumes innombrables, un monde entier qui vous est ouvert. Il n'y a qu'un champ si vaste qui soit digne de votre zèle. Allez où la voix de Dieu vous appelle, et embrasez tout du feu qui vous consume ! » Et lui, fort dans son humilité et son obéissance, s'élançait sans crainte vers ces nations barbares, et en dix ans il allait parcourir plus de cent mille lieues, convertir

---

1 *Meditabor ut columba ; attenuati sunt oculi mei suspicientes in excelsum.* (Is., XXXVIII, 14.)

2 *Qui sunt isti qui ut nubes volant, et quasi columbæ ad fenestras suas ?* (Is., LX, 8.)

des centaines de royaumes, baptiser des millions d'idolâtres, parlant toutes les langues, guérissant les malades et ressuscitant les morts.

Eh bien, dans la grotte de Massabielle, Marie ne nous apparaît-elle pas, elle aussi, comme une colombe à sa fenêtre? Ne semble-t-elle pas sortir de l'éternité? Ne semble-t-elle pas prête à prendre son essor? Ne semble-t-elle pas parcourir du regard toute la terre avant de s'élancer vers toutes les plages? Et de fait, son vol ne s'est-il pas étendu au monde entier, et sa présence n'est-elle pas maintenant aussi universelle que celle même de son Fils au Sacrement de nos autels? *Et erit extensio alarum ejus implens latitudinem terræ tuæ, o Emmanuel* [1]. Oui, partout où Jésus-Christ compte des adorateurs fidèles, Notre-Dame de Lourdes a des serviteurs; partout on connaît sa douce image; partout on invoque son nom; partout on raconte ses apparitions; partout on porte son eau et l'on obtient ses miracles. En choisissant donc ce 7 avril pour son avant-dernière Apparition, elle veut nous faire comprendre que de sa grotte de Lourdes elle vient pour porter ou rappeler à tout l'univers l'Evangile, la connaissance de son Fils, la bonne nouvelle du salut. Combien donc il est juste que nous lui appliquions ces paroles que l'on chante au départ des missionnaires : Qu'ils sont beaux sur la montagne les pieds de ceux qui annoncent la paix, qui annoncent le bonheur! Qu'il est juste que les pieds de Marie soient couronnés de fleurs! Qu'il est juste de vénérer ces pieds sacrés, comme l'on baise

____

[1] Is., viii, 8.

ceux des missionnaires, comme les heureux pèlerins qui ont pu contempler à Goa le corps sans corruption de saint François Xavier, ont baisé avec de saints transports ses pieds déjà glorifiés !

Nous trouvons encore un enseignement dans la date de l'avant-dernière Apparition. Elle eut lieu le mercredi de Pâques, 7 avril. Le même jour, vingt ans plus tard, Bernadette rendra le dernier soupir. Or, à l'introït de la messe de ce jour, l'Eglise chante : « Venez, les bénis de mon Père, entrez en possession du royaume qui vous a été préparé dès l'origine du monde. » Marie semble donc nous manifester la réalisation de la promesse qu'elle avait faite à la Voyante : « Je vous promets de vous rendre heureuse, non pas en ce monde mais en l'autre », et elle nous montre par avance à nous-mêmes le Paradis qui nous est offert.

Et pour nous mieux faire réfléchir à cette leçon, l'Evangile du même jour nous raconte l'histoire de l'Apparition du lac de Tibériade. Jésus ressuscité apparut sur le rivage, qui signifie la vie éternelle. Les Apôtres étaient encore dans leur barque, sur la mer, image de la vie présente. Sur l'ordre du Seigneur, ils jettent le filet à droite et font une pêche merveilleuse. Pierre tire sur le rivage le filet rempli de cent cinquante-trois poissons, symbole des élus. Pierre et les Apôtres ont été constitués par Jésus « pêcheurs d'hommes. » Déjà ils ont pêché en compagnie du divin Maître, et pris dans leur barque une multitude de poissons, tellement que leur filet se rompait et laissait échapper une partie de la capture. C'est le symbole de tous ceux qui sont amenés à l'Eglise et à la grâce. Beaucoup n'y persévèrent pas : sous le poids et le nombre des hommes qu'elle reçoit dans son sein, l'Eglise est déchirée par les hérésies et les apostasies, qui laissent beaucoup d'âmes retomber dans l'abîme, d'où les pêcheurs apostoliques les avaient tirés. Mais à la dernière pêche, à celle du dernier jour, le filet ne se rompra plus : il ne contiendra que les gros poissons, les âmes chargées de mérites, inscrites au livre de la vie éternelle : et ce chiffre mystérieux de cent cinquante-trois nous rappelle que Dieu seul connaît le nombre des élus. Voilà donc encore une grave leçon de notre Mère. Tout dans ses Apparitions nous parle de notre immortelle destinée, nous pousse à la mériter. Et quel motif peut plus nous y exciter que son incertitude même ! Marie nous promet le Paradis, il est vrai, mais à une condition : c'est que nous soyons fidèles !

Enfin, la dernière Apparition eut lieu le 16 juillet. Mais nous lui consacrerons plus tard un chapitre spécial.

O Marie, ô douce institutrice, que vos leçons sont pleines de mystères profonds ! Donnez-nous-en l'intelligence, et surtout faites que nous les mettions en pratique !

Pratique. — Dites le Rosaire pour obtenir que les chrétiens méditent souvent les enseignements de Notre-Dame de Lourdes et les comprennent.

CHAPITRE NEUVIÈME

Pourquoi Marie a-t-elle apparu dans la grotte d'un rocher?

'Époux des sacrés Cantiques disait à sa bien-aimée : « Viens, ma bien-aimée, ma toute belle ; viens, ma colombe, dans les trous de la pierre, dans la caverne du rocher. » Marie, la divine Epouse, la Colombe Immaculée, accomplit cette prophétie à la lettre. Mais que signifiait-elle ? Cherchons le symbolisme du rocher.

Il me semble entendre Marie nous répéter cette parole du prophète Isaïe [1] : « Ecoutez-moi, vous qui suivez la justice et qui cherchez le Seigneur : rappelez-vous cette pierre dont vous avez été taillés, et cette caverne profonde dont vous avez été tirés ; souvenez-vous d'Abraham votre père, et de Sara votre mère. » Abraham, « le Père des croyants », et Sara, « la Princesse », sont les figures de Jésus et de Marie. O chrétiens, nous dit donc la Vierge, souvenez-vous du Christ dont vous portez le nom, votre chef et votre père : rappelez-vous la pierre dont vous avez

____
[1] Is., LI, 1, 2.

été taillés ! « La pierre était le Christ », dit saint Paul.

Pourquoi le Christ est-il figuré par la pierre ? Parce que toute l'Eglise, toute la création repose sur lui. « Voici, dit le Seigneur par son Prophète, que je mettrai dans les fondements de Sion une pierre, une pierre éprouvée, angulaire, précieuse, posée sur le fondement [1]. » David disait aussi : « La pierre rejetée par ceux qui bâtissaient est devenue la pierre de l'angle. C'est Dieu qui a fait cette merveille, et elle est admirable à nos yeux. » Et saint Pierre : « Jésus-Christ est la pierre vivante, rejetée il est vrai par les hommes, mais choisie et glorifiée par Dieu. »

Ainsi donc Jésus est vraiment bien nommé une pierre :

Pierre *vivante*, intelligente, la Sagesse éternelle, qui a la vie et qui la donne : car la Jérusalem céleste qui repose sur lui est un temple vivant, dont toutes les pierres sont des âmes intelligentes, faites à l'image de Dieu.

Pierre *éprouvée* : il a été taillé par ses souffrances, sa Passion, sa mort. Il a tout supporté ; en mourant il demandait à souffrir encore.

Pierre *précieuse* : combien sa très sainte Humanité a de prix ! c'est une perle, un diamant d'une valeur infinie.

Pierre *posée sur le fondement* : car sa nature humaine repose elle-même sur la personne du Verbe, le Fils de Dieu, Dieu lui-même. « Je suis le Principe, moi qui vous parle », disait-il aux Juifs.

[1] I Petr., II, 6.

Pierre *choisie par Dieu :* il a prédestiné la sainte Humanité de son Fils, de toute éternité, pour en faire la base de tout son édifice. « Il n'y a pas d'autre fondement, dit saint Paul, que celui qui a été posé. Il n'y a pas de salut en dehors de lui. Quand même un ange du Ciel viendrait pour prêcher un autre Evangile, ne le croyez pas. »

Pierre *honorée et glorifiée par Dieu :* le Christ est élevé au plus haut des Cieux, assis sur le trône même de Dieu, adoré par les Anges. Mais, dit le Prophète : « Je cacherai sa sculpture » ; sur la terre il paraîtra humble, pauvre et souffrant. Ce ne sera qu'au Ciel qu'apparaîtront son éclat et sa beauté.

Pierre *angulaire* qui réunit les deux parties de l'édifice, l'Ancien et le Nouveau Testament. Tous les justes antiques ont attendu sa venue et se sont sanctifiés par leur foi en lui. Les Patriarches, Moïse, et les Prophètes, le figurent, le prédisent et préparent ses voies. Et depuis sa venue, rien ne vit que de sa grâce et de ses exemples : ainsi tout le genre humain se groupe autour de lui comme de son Roi.

Pierre *inébranlable* comme Dieu lui-même ; rien ne pourra la renverser. « J'ai posé ma face comme une très dure pierre », dit-il. Il est plus fort que l'enfer. Et à cette solidité il fait participer son Eglise. C'est pourquoi il donne à celui qui est son vicaire sur cette terre, et sur lequel il la bâtit, le même nom de Pierre, et il promet que les portes de l'enfer ne prévaudront point contre lui.

Voilà ce que Marie vient nous rappeler en apparaissant sur le rocher. Le Christ brave les efforts du temps et des hommes. Voilà dix-neuf siècles que les générations se succèdent et l'Eglise est toujours debout comme le rocher battu par la mer. Beaucoup se sont flattés de la détruire : ce sont eux qui ont passé. Ils ont voulu bâtir une société sans Christ : mais personne ne peut bâtir sur un autre fondement que celui que Dieu a posé. « Cette pierre, avait dit le Prophète, sera une pierre d'achoppement et de scandale pour Israël. » Voilà en effet que Jésus est posé pour le salut ou la ruine de beaucoup : salut de ceux qui l'acceptent et l'adorent, ruine de ceux qui le combattent. « Quiconque se heurtera contre cette pierre se brisera, a dit Notre-Seigneur lui-même ; et tous ceux sur qui elle tombera seront écrasés [1]. »

C'est l'histoire de tous les pécheurs. Tous ceux qui se sont rués sur l'Eglise, les persécuteurs, les tyrans, les impies se sont brisés comme les vagues sur un rocher : Hérode, Néron, Arius, Luther, Voltaire, tant d'autres dont l'histoire raconte les desseins impies et la fin malheureuse, et tant d'autres aussi que notre génération a connus et a vus mourir. *Defuncti sunt qui quærebant animam pueri !*..... L'Enfant Jésus peut-être s'est caché un instant pour échapper à leur rage. L'Eglise a souffert de leurs fureurs. Mais Jésus reparaît et l'Eglise vit et règne, et eux ils sont morts. *Defuncti sunt !* Et ce sera le sort de tous ceux qui les imiteront.

Et tous les pécheurs qui ne veulent pas aimer et servir Jésus-Christ, et accomplir sa loi, sont aussi broyés par sa justice. A la mort ils éprouvent combien il est horrible de tomber aux mains du Dieu

---

[1] Matth., XXI, 44.

vivant. En vain, au jugement dernier, ils voudront se dérober à sa colère ; ils chercheront un refuge dans les cavernes et les grottes des rochers ; ils diront aux montagnes : Cachez-nous ! et aux collines : Tombez sur nous, pour nous soustraire à la vue de l'Agneau, et à sa terrible majesté. Mais il ne sera plus temps.

Ah ! c'est maintenant qu'il faut se cacher dans les cavernes de la pierre et dans les trous du rocher, c'est-à-dire dans les plaies du Christ. C'est la leçon que Marie vient nous donner. C'est là que la colombe fait sa retraite. C'est là aussi que le hérisson, c'est-à-dire le pauvre pécheur, vient se cacher. *Petra refugium herinaciis.* Les plaies du Christ sont un refuge contre la justice de Dieu irrité ; elles sont un asile où le démon ne peut pénétrer. O bonne et sainte retraite ! Qu'il est doux de s'y abriter !

C'est donc à son Fils que Marie nous amène. Ne craignons rien, nous qui l'aimons. Le Christ est pour nous un rempart inexpugnable. Ses promesses sont éternelles. Il nous a annoncé des luttes, des persécutions et nous les souffrons ; mais il nous a promis la victoire définitive et nous la verrons. Les impies ont-ils assez blasphémé le Christ en notre siècle ! sa doctrine, ses miracles, sa divinité, sa résurrection, son existence même, tout a été l'objet de leurs attaques, sur tout ils ont versé leur bave sacrilège. C'était l'écume d'une mer furieuse battant un rocher, une eau amère mais qui ne peut aucunement renverser la pierre.

Mais pour nous cette pierre s'entr'ouvre et laisse couler des eaux vives. Nous y trouvons aussi une nourriture délicieuse. « Il les a nourris, dit l'Ecriture, du miel de la pierre et de l'huile du rocher. » Cette huile ce sont les sacrements, sortis du Christ notre divin Rocher ; ce miel, c'est l'Eucharistie, où lui-même se fait notre aliment. Oh ! merveille ! le rocher se change en nourriture ! Le tentateur disait à Jésus : « Si vous êtes le Fils de Dieu, dites donc que ces pierres deviennent des pains. » Jésus ne le fit pas pour Satan, mais pour nous il l'a réalisé : et nos âmes se nourrissent du Christ, notre Pierre vivante, précieuse, fondamentale, inébranlable, le Christ toujours vivant et invincible qui nous communique son immortalité.

« Considérez donc, nous dit Marie, la pierre dont vous avez été taillés » ; mais elle ajoute : « et la caverne profonde dont vous avez été tirés. » Car ce n'est pas seulement sur un rocher qu'elle nous apparaît, mais dans sa cavité, « dans le creux de la pierre, dans la caverne du rocher. » Si le rocher représente le Christ, évidemment la caverne est le symbole de son côté transpercé. C'est pourquoi Marie, pour expliquer ce symbole, ajoute encore : « Souvenez-vous d'Abraham votre père et de Sara votre mère. » Elle unit le symbole du côté transpercé de Jésus au souvenir de notre génération spirituelle. C'est en effet du côté de Jésus, disent les Pères, que l'Eglise a pris naissance. « Considérez donc, ô mes enfants, nous dit la Sainte Vierge, la caverne profonde dont vous avez été tirés. Rappelez-vous mon Fils mourant au Calvaire pour votre salut et répandant les dernières gouttes de son sang sous le coup de la lance. Voilà ce que votre naissance lui a coûté. Mais n'oubliez pas non plus Sara votre mère, c'est-à-dire moi, qui au pied de la Croix suis devenue votre Mère bien-aimée. Souvenez-vous de mon Cœur immaculé : car lui aussi vous a donné la vie. Il a fallu qu'il consentît à la mort de son Jésus, qu'il acceptât de le perdre pour vous recevoir en échange. Et mon Cœur a tout accepté parce qu'il était selon le Cœur de mon Fils qui voulait vous sauver. Vous êtes donc bien les enfants de mon Cœur, comme du Cœur et de l'amour de mon Fils lui-même. »

C'est donc la dévotion au Sacré-Cœur que Marie vient nous prêcher.

En effet, les Saints ont compris que c'était là ce que signifiait le creux de la pierre où la colombe va se cacher. Ecoutons-les plutôt. Saint Antoine de Padoue écrit : « Le Sauveur ouvrit son côté et son cœur à la colombe, c'est-à-dire à l'âme pieuse, afin qu'elle pût y trouver une retraite. Soyez comme la colombe qui s'établit au plus profond de la pierre. Si Jésus-Christ est la pierre, le creux de la pierre où l'âme doit se réfugier c'est la plaie du côté de Jésus-Christ ; celle-là mène à son Cœur. » Un auteur chartreux dit de même : « O mon âme, entre dans le côté droit de ton Seigneur crucifié ; entre par cette blessure bénie jusqu'au fond du Cœur tout aimant de Jésus percé d'outre en outre par amour. Repose-toi dans le creux du rocher, à l'abri des tempêtes du monde ; entre dans ton Dieu... » Et un autre : « L'âme qui veut monter jusqu'à son Bien-Aimé lorsque les oiseaux de proie fondent sur elle, doit prendre la fuite comme une timide colombe, et se réfugier dans les trous de la pierre, c'est-à-dire dans les plaies de Jésus-Christ, et surtout dans la caverne profonde, *in caverna maceriæ*, à savoir dans la plaie du côté de Jésus, et de son Cœur. »

Ce n'est donc pas seulement dans la plaie du côté de Jésus qu'il faut demeurer. La lance qui frappa le côté droit du Sauveur pénétra jusqu'à la gauche et perça son Cœur. Depuis il est resté ouvert comme une retraite où nous pouvons nous réfugier.

Marie, pour nous y inviter, se retira tout au fond de la grotte. Bernadette la perdit de vue ; mais, s'avançant sur ses genoux sous la voûte, elle l'aperçut de nouveau par l'ouverture inférieure. On sait en effet que la grotte de l'Apparition est à gauche du rocher, mais qu'une seconde ouverture, une sorte de canal allant de droite à gauche, permet de voir le fond de la cavité, et dans sa partie inférieure elle aboutit au-dessus de la source. Quelle figure expressive de la plaie du côté du Sauveur ! La lance frappa de bas en haut et de droite à gauche, et, selon les Prophéties, c'est à droite que coulèrent le sang et l'eau. *Vidi aquam egredientem de templo a latere dextro.*

C'est ce qui explique que la blessure du Sacré-Cœur a été ignorée en quelque sorte des anciens Pères. Ils parlent de l'ouverture du côté ; ils voient l'Eglise en sortir comme Eve du côté d'Adam ; ils disent que la lance nous a ouvert l'entrée du Saint des Saints ; ils invitent l'âme à y chercher toutes les richesses, toutes les délices et un repos assuré. Mais ce n'est que depuis le xie siècle que les Saints commencent à invoquer le Cœur Sacré, et saint Jean vient révéler à Gertrude que Dieu avait réservé cette dévotion pour ranimer l'amour glacé des temps modernes. La Bienheureuse Marguerite-Marie, au xviie siècle, reçut la mission de la répandre dans toute l'Eglise. Mais au xixe siècle c'est la Mère de Dieu elle-même qui vient nous la prêcher en nous montrant à Lourdes que c'est dans ce Cœur adorable qu'elle fait sa demeure et qu'elle nous appelle. « Quand vous voudrez me trouver, disait saint Elzéar d'Arian, cherchez-moi dans le Cœur de Jésus. » Marie y est encore bien davantage et nous excite à l'imiter.

L'Eglise a entendu sa voix. Aussi quel développement a pris depuis 1858 la dévotion au Sacré-Cœur ! Montmartre et toutes ses merveilles sont le fruit des Apparitions de Massabielle. La source de la grotte signifie certainement les grâces qui se répandent du Sacré-Cœur. Mais c'est Marie qui l'a fait couler. Et elle est intarissable parce que le Cœur immaculé et tout maternel de Marie obtient tout de la miséricorde du Cœur de son Fils.

O bonne Mère, donnez-nous entrée près de vous dans la caverne du rocher, dans le Cœur Sacré de Jésus. Mais afin qu'il nous reçoive volontiers, rendez-nous purs comme vous-même, ô blanche Colombe, ô douce Vierge, ô Marie Immaculée !

Pratique. — Récitez le très saint Rosaire en contemplant dans chaque mystère Marie unie au Cœur de son Fils. Offrez-le pour la sainte Eglise et la France, qui n'ont d'espoir que dans le Sacré-Cœur.

CHAPITRE DIXIÈME

Pourquoi la Sainte Vierge
avait-elle des roses sur les pieds?

Ur chacun des pieds de la Vierge brillait une rose qui avait la couleur de l'or. Que signifiaient ces roses?

C'est d'abord un symbole d'espérance. Dans le sacré Cantique nous lisons en effet : « L'hiver est enfin passé, les pluies ont cessé, les fleurs ont paru sur notre terre [1]. » L'éclosion des fleurs annonce que les frimas ont pris fin, que la nature commence à revivre. Notre-Seigneur lui-même a employé cette figure. « Quand vous voyez le figuier se couvrir de bourgeons, disait-il à ses disciples, vous savez que le printemps n'est pas loin. Et vous aussi, ajoutait-il, sachez que votre délivrance approche. » Marie veut nous donner la même consolante assurance. L'hiver, les tempêtes, ce sont les malheurs dont l'Eglise gémit depuis si longtemps. Eh bien, prenez courage, voici déjà que quelques fleurs paraissent sur notre terre : l'hiver est passé, le printemps commence, l'été n'est

---

1 *Jam hiems transiit, imber abiit et recessit, flores apparuerunt in terra nostra.* (Cant., ii, 11.)

pas loin. Réjouissez-vous, car votre délivrance approche !

Mais c'est à juste titre que ces fleurs reposent sur les pieds de la Vierge, car ce sont eux qui nous apportent le salut. Ce sont ces pieds dont Dieu avait annoncé la victoire sur le serpent à qui ils devaient broyer la tête. Or c'est par l'Immaculée Conception que l'oracle s'est accompli, et la définition solennelle de ce dogme béni a été la glorification solennelle des pieds sacrés de Marie. Il est donc juste qu'ils soient ornés de fleurs, comme les victorieux au jour où on leur décerne les honneurs du triomphe. Jamais en effet on n'avait encore vu ainsi couronnés les pieds de Marie. En 1830 elle apparut foulant le serpent de son pied nu : c'est Marie combattant l'enfer. En 1858 on ne voit plus le dragon, et les pieds vainqueurs sont glorifiés : c'est Marie dans l'éclat de son triomphe. Mais cette différence exprime aussi une réalité. La proclamation du dogme a été une nouvelle et immense défaite de Satan. En 1830 Marie lutte pour nous. Satan est sous ses pieds, mais il se tord sous son talon, il cherche à nous mordre encore ; en 1858 il a disparu, il est en fuite. N'y a-t-il pas là le symbole d'une victoire éclatante pour l'Eglise ? Oui, n'en doutons pas : nous verrons bientôt un triomphe immense de Marie, un écrasement total de l'enfer.

Mais pourquoi la victoire de l'Immaculée Conception est-elle attribuée aux pieds de Marie plutôt qu'à ses mains ? Pourquoi n'a-t-elle pas plutôt un glaive, la Vierge terrible au démon comme une armée rangée en bataille ? Parce que sa victoire a consisté dans sa pureté parfaite. Elle a marché sur une terre coupable et souillée sans en contracter aucune tache. Les Anges aussi sont purs, mais ils n'ont pas vécu dans la chair. Marie au contraire est d'une race pécheresse et n'a jamais péché : voilà sa gloire. Et cela par son merveilleux privilège. « Dieu m'a préparé une voie immaculée [1] ! » s'écrie-t-elle. Mais comme elle y a correspondu ! Avec quelle ardeur « elle s'est élancée dans la voie des volontés de Dieu [2] ! » Comme « elle a haï toute voie d'iniquité [3] ! » Aussi elle peut chanter avec une joie pleine d'une humble reconnaissance : « J'ai gardé mes pieds de toute voie mauvaise [4]. » Non seulement elle n'a contracté ni la tache originelle, ni aucune faute mortelle, mais encore aucune de ces légères imperfections que ne peuvent éviter les Saints, et que Jésus comparait à la poussière du chemin quand, lavant les pieds de ses Apôtres à la Cène, il disait que ceux mêmes qui sont purs doivent encore se purifier les pieds.

Marie donc étant toute pure, jusqu'aux pieds que les autres ne peuvent préserver, Satan n'avait aucun droit sur elle : c'est pourquoi il fut absolument vaincu par ce pied virginal et immaculé. Et pour bien marquer sa défaite, Dieu voulut qu'il en fût écrasé. Dans l'ancienne loi Moïse promettait aux Israélites, s'ils étaient fidèles, qu'ils vaincraient tous leurs ennemis et poseraient le pied sur le cou de leurs rois. C'était la marque du plus grand esclavage, l'humiliation la

---

1 *Posuit immaculatam viam meam !* (Ps. xvii, 33.)
2 *Viam mandatorum tuorum cucurri.* (Ps. cxviii, 32.)
3 *Odivi omnem viam iniquitatis.* (Ps. cxviii, 104.)
4 *Ab omni via mala prohibui pedes meos.* (Ps. cxviii, 101.)

plus profonde, le plus entier abaissement. Car, ce qu'il y a de plus humble dans l'homme, c'est le pied ; ce qu'il y a de plus noble, c'est la tête. Si donc le pied du vainqueur domine et foule la tête de son adversaire, le triomphe de l'un est absolu et la défaite de l'autre est complète. Telle sera la victoire définitive du Christ assis sur le trône de Dieu et « faisant de ses ennemis l'escabeau de ses pieds [1]. » Elle est aussi la victoire de Marie broyant la tête du serpent infernal. Oh ! quelle victoire, quel bienfait pour nous ! Oh ! que ses pieds sauveurs méritent des fleurs et des couronnes ! car ils ont brisé jadis la puissance du dragon, et quand ils apparaissent de nouveau, c'est pour Satan l'annonce d'une nouvelle défaite. Réjouissons-nous, voici sur la montagne les pieds redoutables à l'enfer [2]. Réjouis-toi, Juda, célèbre tes fêtes, rends tes vœux au Seigneur. Bélial ne te foulera plus aux pieds, il est anéanti ! Qu'ils sont beaux sur la montagne les pieds de celle qui annonce et apporte la paix, qui nous annonce le bonheur et prêche le salut et dit à Sion : Votre Dieu va régner [3] !

Mais ces fleurs qui ornent les pieds de Marie sont des roses, symbole de la charité. En effet, tous les pas de Marie sur la terre ont été inspirés par l'amour. Elle a aimé Dieu de tout son cœur, et pour son amour elle a accompli toutes ses volontés. Aussi l'adorable Trinité contemplait avec délices chacune de ses dé-

---

1 *Donec ponam inimicos tuos scabellum pedum tuorum.* (Ps. CIX, 2.)
2 *Ecce super montes pedes evangelizantis et annuntiantis pacem.* (Nahum, I, 15.)
3 Is., LII, 7.

marches et les Anges s'écriaient dans leur admiration :
« Qu'ils sont beaux vos pas, ô fille du Prince [1] ! »
Jésus disait à une sainte qui l'implorait pour une
âme : « Je lui donnerai le mérite d'un de mes pas. »
Les pas de Marie n'avaient-ils pas aussi un mérite
incomparable ? Car Dieu lui demanda des démarches
douloureuses. Elle peut dire aussi, elle : « Pour vous
obéir j'ai parcouru une route bien amère [2]. » Qui
donc, sinon son amour, lui donna la force de rester
debout sur le Calvaire ? L'amour, l'amour tout seul.
Oh ! qu'il devait être fort pour la soutenir en ce
moment ! Aussi elle s'écrie dans le Cantique : « Soutenez-moi avec des fleurs, car je languis d'amour ! »
Qu'il est bien juste qu'ils soient ornés de roses,
symbole de l'amour, ces pieds généreux qui n'ont
pas fléchi pendant la Passion et les trois heures
d'agonie sur la Croix [3] ! Ah ! il est vrai qu'elle voyait
à ce moment les pieds de son divin Fils, eux aussi,
ornés de roses, c'est-à-dire des plaies vermeilles qui
les marquaient comme des fleurs sanglantes ; qu'ils
étaient beaux sur la montagne du Calvaire les pieds
de Celui qui apportait et annonçait la paix ! C'était
bien l'amour qui l'avait fait descendre du Ciel et
parcourir la terre en faisant des heureux ; c'est bien
l'amour qui l'avait conduit au Golgotha, et lui aussi
avait le droit de demander des roses et de dire à ses
bourreaux : « Soutenez-moi avec des fleurs, car je

---

[1] *Quam pulchri sunt gressus tui, filia Principis !* (Cant., VII, 1.)
[2] *Propter verba labiorum tuorum ego custodivi vias duras.*
(Ps. XVI, 4.)
[3] *Dilatasti gressus meos subtus me, et non sunt infirmata vestigia
mea.* (II Reg., XXII, 37.)

meurs d'amour. » Et il était resté sur la croix suspendu, soutenu par les roses de ses plaies. Et même après sa mort, la lance du soldat, en ouvrant sa poitrine et en dessinant sur son cœur la plus belle des fleurs, montra bien que la rose est le symbole de l'amour.

Mais il nous faut considérer surtout l'amour que la venue de Marie nous témoigne à nous. « Vous avez visité la terre, et vous l'avez enivrée, vous avez multiplié vos largesses [1] », lui dit l'Ecriture. Comme autrefois, après l'Annonciation, Marie se leva en hâte et porta à Jean-Baptiste les trésors de la grâce, ainsi vient-elle à Lourdes nous apporter les miséricordes du Seigneur. « Si vous venez de la part de Dieu, approchez », lui dit Bernadette à la deuxième Apparition. La Dame sourit, inclina gracieusement la tête et s'avança sur le bord du rocher. Oui, semble-t-elle nous dire, c'est bien de la part de Dieu que je viens à vous. « C'est pour votre salut qu'il m'a envoyée sur la terre [2]. » Bénie soit Celle qui vient au nom du Seigneur ! Non, jamais nous ne comprendrons assez la grâce de cette visite ; jamais nous ne remercierons assez Marie d'être venue et Dieu de l'avoir envoyée.

Elle vient rendre la santé aux malades, la joie aux désolés, la confiance aux désespérés. Son cœur est si bon ! Elle est si Mère ! Elle est la Mère de toutes miséricordes qui jamais ne vit une souffrance sans y compatir. Qu'elle mérite bien les noms si doux que la voix des siècles lui a donnés : Consolatrice des

----

[1] *Visitasti terram et inebriasti eam : multiplicasti locupletare eam.* (Ps. LXIV, 10.)

[2] *Pro salute enim vestra misit me Deus.* (Gen., XLV, 5.)

affligés, Santé des infirmes, Espérance des désespérés !
Voyez à Lourdes les multitudes qui l'entourent :
toutes les misères forment sa cour. Quel étrange
cortège ! Mais il plaît à Marie : elle voit en ceux qui
souffrent l'image de son Fils crucifié. Elle compatit
à leurs maux comme elle compatissait au Calvaire :
mais ici elle peut soulager. A combien elle a rendu la
santé et la joie de vivre ! Les ex-voto le disent. Mais à
tous, même s'ils ne sont pas guéris, elle donne la
paix de l'âme, la résignation, le courage de souffrir.
Le malade retourne à son lit de douleur, joyeux et
consolé. Ces moments passés près de la Reine des
martyrs que toutes les générations appellent Bienheureuse, lui ont révélé le bonheur de la souffrance. Il a
entrevu les récompenses éternelles qui lui sont réservées. Dès lors il est heureux de souffrir. « Si grand
est le bien que j'attends et que mes souffrances
obtiennent, se dit-il, que toute peine m'est délices.
Non, il n'y a pas de proportion entre les souffrances
d'ici-bas et le poids de gloire qu'elles espèrent là-
haut. Bienheureuses douleurs qui me vaudront une
félicité éternelle ! Souffrir passe, avoir souffert ne
passera jamais. »

Or, n'est-ce pas là un bienfait immense, beaucoup
plus grand que la guérison corporelle ? N'est-ce pas
bannir la souffrance de ce monde que de la rendre
aimable ? Car « quand on aime vraiment, on ne
souffre pas, ou bien l'on aime sa souffrance [1]. » Or,
c'est ce que fait Notre-Dame de Lourdes. S'il est impossible de compter les malades qu'elle a guéris, mille

---

[1] *Ubi amatur non laboratur, aut si laboratur labor amatur.*

fois plus l'est-il de connaître ceux qu'elle a consolés. Oui, pour tous ceux qui la prient, Marie enlève la douleur, autant qu'elle peut être enlevée d'un monde coupable ; c'est-à-dire qu'elle enseigne à tous — qu'ils viennent ou non à sa grotte, car partout ses leçons et ses grâces vont nous chercher — elle enseigne, dis-je, que la douleur bien supportée expie le péché et ouvre le Ciel, et qu'il est bon et avantageux de souffrir un peu de temps sur la terre pour être heureux éternellement.

C'est ce que Marie nous enseigne encore en se montrant à nous « comme un beau lis entre les épines [1] » : ces pieds nus, en effet, foulaient des branches d'églantier. Elle nous rappelait ainsi que Dieu annonça à l'homme pécheur que la terre ne porterait pour lui que des épines. En effet, le chemin de la vie est rude et plein d'obstacles qui déchirent nos pieds. Mais, consolons-nous : l'épine produit la rose. C'est-à-dire que nos peines d'ici-bas se transformeront en gloire quand la saison sera venue. Mais, voyez la différence : l'épine est sur la terre et la rose au Ciel ; l'épine est passagère et la fleur éternelle. C'est pour nous le faire sentir davantage que l'églantier qui a porté Marie est mort ; mais les roses étaient attachées à ses pieds, elle les a emportées au Ciel. Jésus aussi a toujours au Paradis le stigmate, les roses de ses plaies ; mais la douleur a passé : elle s'est changée en gloire, et c'est bien en contemplant ses pieds et ses mains percés de clous que nous comprenons que les épines produisent les roses [2]. Mais l'épine est tombée et la rose est éternelle.

[1] *Sicut lilium intes spinas.* (Cant., ii, 2.)
[2] *Christi rubescens sanguine, aculeos mutat rosis !*

En nous montrant les roses de ses pieds, Marie veut encore nous inviter à la suivre. Elle semble nous dire : « Je vous indique la voie la plus excellente [1]. » Cette voie, la meilleure, c'est la charité. La foi est une voie très bonne, la pénitence aussi, l'espérance également. Tout acte fait pour le motif de ces vertus a une grande valeur devant Dieu. Mais l'amour est encore plus parfait. Les autres motifs ont un côté personnel : l'amour véritable agit pour Dieu seul, et c'est la perfection. Agissez donc par pur amour. Mais Dieu veut bien accepter comme fait pour lui ce que nous faisons pour nos frères et transporter sur eux les droits qu'il a à notre amour. Agissez donc par amour pour vos frères et vos œuvres seront parfaites. Celui qui a la charité accomplit la loi tout entière. Aimez-vous les uns les autres, c'est le précepte du Seigneur et il suffit.

Or, à Lourdes, on le comprend et on le pratique. Autour de cette foule de malades, nous voyons une multitude d'infirmiers. Qui les inspire dans leur rude tâche, sinon la charité, sinon l'exemple de Jésus et de sa Mère ? Eh bien, leurs pas sèment des roses sur leurs pieds : au Ciel nous les verrons écloses. Quand saint Étienne, roi de Hongrie, allait, la nuit, pieds nus, sur la neige porter secours aux malheureux, la trace de ses pas conservait une douce chaleur qui répandait dans le cœur de son serviteur, lorsqu'après lui il y posait ses pieds, un délicieux bien-être. Ainsi Jésus et Marie ont les premiers suivi ce sentier de la charité, et ceux qui suivent leurs traces goûtent à les

---

[1] *Excellentiorem viam vobis demonstro.* (I Cor., XII, 31.)

imiter une joie bien suave qui s'appelle l'amour de ses frères. L'amour, ce sentiment le plus doux qu'un cœur puisse savourer, on le trouve dans les œuvres de la charité et du dévouement pour ses semblables. Oh ! ces roses des pieds de Marie, quelle leçon elles donnent à notre société si pleine d'égoïsme où les hommes sont si divisés, où tant de jouissances coudoient tant de misères ! O hommes, aimez-vous les uns les autres, aidez-vous, secourez-vous ; n'êtes-vous pas tous frères ? Que celui qui a deux vêtements partage avec celui qui n'en a point, et que celui qui a du pain en abondance fasse de même : il est si doux de donner !

Mais, pour apprendre la charité, allons à Marie. Jésus a dit : « Je suis la voie [1]. » Mais Marie ajoute : « En moi se trouve la grâce de toute voie salutaire [2]. » Car Jésus veut que nous n'allions à Lui que par sa Mère, comme lui-même, pour descendre vers nous, n'a pas pris un autre chemin. « Ecoutez-moi donc, mes enfants, nous dit Marie en nous montrant les roses de ses pieds : Bienheureux ceux qui gardent mes voies [3]. C'est moi qui vous instruirai dans la voie où vous devez marcher [4]. »

Voilà la plus importante des leçons que nous donnent les roses de Massabielle : c'est de suivre Marie. Qu'elle soit elle-même notre chemin pour aller à Jésus ! Et ici notre Mère semble vouloir sanctionner la doctrine si belle de son cher et dévoué serviteur

---

[1] *Ego sum via.* (Joan., xiv, 25.)
[2] *In me gratia omnis viæ.* (Eccli., xxiv, 25.)
[3] *Beati qui custodiunt vias meas!* (Prov., viii, 32.)
[4] *Instruam te in via hac qua gradieris.* (Ps. xxxi, 8.)

le B. Grignon de Montfort. Dans son Traité de la vraie dévotion à la Sainte Vierge, dont nous parlerons amplement plus loin, il enseigne à n'aller à Jésus que par Marie, et il dit de ce chemin virginal et si plein de douceur qu'il est vraiment un chemin de roses. Et ce Bienheureux s'écrie que quand on lui en offrirait un autre pavé de tous les mérites des Saints, orné de toutes leurs vertus, éclairé de toutes les lumières des Anges, il lui préférerait toujours la voie de l'Immaculée Marie : *Posui Immaculatam viam meam.*

En effet, une dévotion tendre et totale à la Sainte Vierge est un chemin aisé, court, parfait et assuré pour arriver à l'union avec Notre-Seigneur. Aisé, tant cette bonne Mère se rend présente à ses fidèles serviteurs pour les éclairer dans leurs ténèbres, pour les affermir dans leurs dangers et les soutenir dans leurs combats ; — court, parce qu'on ne s'y égare pas, mais on y marche avec joie et promptitude : un homme obéissant et soumis à la divine Marie chantera des victoires signalées sur tous ses ennemis et il avancera à pas de géant vers Jésus-Christ ; — parfait, puisque c'est celui que Dieu a pris pour venir à nous ; — enfin assuré, car le propre de Marie est de nous conduire à Jésus, comme le propre de Jésus est de nous conduire au Père éternel. Plus donc on regarde Marie en ses oraisons, actions et souffrances, plus on trouve Jésus. « Pensez à Marie, invoquez Marie, s'écrie saint Bernard. En la suivant, vous ne vous égarerez pas ; en la priant, vous ne désespérerez pas ; en la regardant, vous ne vous tromperez pas. Si elle vous tient, vous ne tomberez pas ; si elle vous protège, vous n'aurez rien à craindre ; si elle vous guide, vous ne

vous lasserez pas ; si elle vous est propice, vous arri-
verez au bienheureux terme. »

Que de choses nous enseignent donc les belles
fleurs de notre Mère ! Oh ! « qu'ils sont beaux vos
pieds avec des roses pour toute chaussure, ô fille du
Prince, ô fille de Dieu [1] ! » Jésus avait envoyé ses
Apôtres sans souliers, et cependant saint Paul leur
recommande de se chausser pour se préparer à annoncer l'Evangile de paix [2]. Vous accomplissez les deux
préceptes, ô Marie ! Car votre pied virginal n'a rien qui
le protège contre les épines, mais il est tout orné de
roses, symbole de l'amour qui vous entraîne à venir
nous apporter la bonne nouvelle du salut et de la paix.

Mais n'appellerons-nous pas la Vierge elle-même
une rose ? N'est-elle pas le plus bel ornement, la plus
gracieuse parure de notre terre, qu'elle embaume de
ses suaves parfums, qu'elle réjouit de sa ravissante
beauté, qu'elle assainit de ses émotions salutaires ?
N'est-elle pas la rose mystique ? Elle-même s'attribue
ce nom dans les saints Livres et se compare à la rose
de Jéricho. Il est donc juste qu'elle nous apparaisse
sur le buisson d'églantier. Elle ne dédaigne pas cet
arbuste sauvage, car elle dit encore : « Je suis la
fleur des champs » ; non pas la fleur des jardins et
des parcs des riches, mais la fleur champêtre qu'aucun mur ne défend, dont chacun peut approcher pour
jouir de ses charmes. Car elle désire tant qu'on vienne
à elle ! elle sollicite tant nos cœurs ! Aussi, à Massa-

[1] *Quam pulchri sunt gressus tui in calceamentis, filia Principis !*
(Cant., VII, 1.)

[2] *Calceati pedes in præparatione Evangelii pacis.* (Ephes., VI, 15.)

bielle, elle vient tout près de nous. Les rameaux de l'églantier qui la portaient descendaient jusqu'à terre, et les spectateurs des Apparitions pouvaient les toucher. Bernadette, dans ses extases, faisait un mouvement de frayeur quand quelqu'un venait à les ébranler, et elle disait naïvement ensuite qu'elle craignait qu'on ne fît tomber la belle Dame.

Marie est donc bien la fleur que tous peuvent approcher : *Ego sum flos campi.* Elle ajoute : *Et lilium convallium* : « Je suis le lis des vallées. » C'est la même figure. Ce qui est sur les montagnes, sur les sommets escarpés, est difficile à atteindre ; mais la vallée, c'est le séjour de ceux qui ne peuvent monter, des faibles et des débiles. C'est pourquoi la terre est appelée une vallée ; hélas ! vallée de larmes, comparée au Ciel, aux saintes montagnes éternelles ; mais c'est dans cette vallée que Marie est venue. Si elle restait au Ciel, nous ne pourrions pas l'atteindre ; mais sur cette terre, dans notre vallée d'exil, elle est à notre portée. Aussi, elle apparaît non pas sur les cimes des Pyrénées, mais à Lourdes, dans une vallée. Elle est bien le lis de la vallée : *lilium convallium.* Elle est une rose par son amour, mais un lis par sa pureté. Comme on le comprend, ce beau nom, en contemplant sa gracieuse image, toute blanche d'innocence, élevant vers le Ciel comme une corolle son front immaculé !

Mais si elle est un lis, pourquoi vient-elle sur un églantier ! Elle accomplit une parole des saints Livres : « Comme le lis entre les épines, ainsi est ma bien-aimée entre les filles d'Adam [1]. » Les épines ici

---

[1] *Sicut lilium inter spinas, sic amica mea inter filias Adam.* Cant., II, 2.)

représentent la triste postérité d'Adam coupable. Seule, Marie est toute pure, et elle s'élève au milieu de sa race comme une belle tige fleurie au milieu de vulgaires broussailles. Mais, ô merveille ! la rose est unie au lis. Car il était écrit : « De la racine de Jessé une tige s'élèvera, et une fleur naîtra de son pied [1]. » Cette tige, enseignent les Pères, c'est Marie, et la fleur c'est Jésus. Voici, en effet, que notre lis de Massabielle a des roses sur ses pieds. Certes, Jésus est bien une rose charmante. « Mon bien-aimé est blanc et rose », nous dit Marie avec le sacré Cantique. Son ravissant visage d'enfant est vermeil comme un bouton qui commence à s'épanouir. C'est lui le plus beau des enfants des hommes, choisi et aimable entre mille, qui, comme sa Mère et encore plus qu'elle, est la fleur ravissante de l'humanité, le plus parfait exemplaire de cette nature humaine faite à l'image de Dieu, et si belle avant le péché. Mais la terre, corrompue, ne pouvait pas elle-même porter ce fruit divin ; il lui fallait une racine toute pure, et c'est pour cela que notre rose naît du lis. Oui, Jésus est bien la fleur de Marie : « Jésus, fleur d'une Vierge-Mère [2] », chante l'Eglise. Il est bien aussi son fruit ; mais elle nous dit elle-même : « Mes fleurs sont des fruits [3] », car elle est Mère et Vierge.

Cependant, chose surprenante ! les roses des pieds de la Vierge étaient d'or. Ce n'est pas leur couleur ordinaire, et nous nous représentons l'Enfant Jésus

---

[1] *Egredietur virga de radice Jesse et flos de radice ejus ascendet.* (Is., xi, 1.)
[2] *Jesu, flos Matris Virginis.* (Hymne du S. Nom de Jésus.)
[3] *Flores mei fructus.* (Eccli., xxiv, 23.)

avec la fraîcheur des fleurs du printemps et non avec l'éclat de l'or. Mais il nous répond avec le Cantique : « Ne vous étonnez pas si je suis bruni : le soleil m'a décoloré », le soleil de l'éternité, l'éclat de la divinité. Ce sont des roses nées sur la terre, mais devenues célestes ; la gloire les a transformées. Jésus ressuscité n'est plus le Jésus de la crèche. Enfant, son visage était blanc et rouge ; au ciel « il resplendit comme le soleil [1]. »

Mais demandons-nous encore pourquoi la Vierge avait deux roses, si la rose représente son Fils. L'Ecriture nous répond : « Un homme et un autre homme sont nés d'elle [2] » : le premier c'est Jésus ; le second c'est le pécheur dont au Calvaire Marie est devenue la Mère. Si l'homme est le frère de Jésus, il faut qu'il soit né de sa Mère : c'est une seconde rose qui sort du pied virginal. Et pourquoi l'homme ne serait-il pas une rose si Jésus en est une, car il nous est en tout semblable ? Jésus dit : « Je suis la fleur des champs [3]. » Et David dit de l'homme : « L'homme fleurira comme la fleur des champs [4]. » Un enfant n'est-il pas un gracieux bouton de rose comme Jésus lui-même ? ou plutôt Jésus l'est comme nous, car c'est lui qui a pris notre nature, qui s'est fait notre frère : « Il nous est apparu dans la substance de notre chair et nous le voyons semblable à nous », dit l'Eglise dans l'oraison de l'Epiphanie. Mais c'est pour nous rendre semblables à lui-même dans la gloire. « Il transformera notre corps misérable, le rendant

1 *Resplenduit facies ejus sicut sol.* (Matth., XVII, 2.) — 2 *Homo et homo natus est in ea.* — 3 *Ego flos campi.* — 4 *Homo tamquam flos agri sic efflorebit.* (Ps. CII, 15.)

conforme à son corps glorieux », ajoute la liturgie au jour de la Transfiguration. Et c'est pourquoi la seconde rose de Marie est d'or comme la première. Car les roses, on le sait, sont éphémères, et c'est un motif de plus de comparer l'homme à une fleur qui s'épanouit le matin et se flétrit le soir. Mais au Ciel les élus jouissent d'une jeunesse éternelle, d'une vie sans déclin : la rose fragile prend l'éclat et la solidité de l'or. Et ainsi avec Jésus et comme lui nous serons au Ciel des roses d'or et nous couronnerons Marie. Car il sera vrai éternellement qu'elle est la Mère de tous ceux qui monteront de la terre au Ciel, de Jésus et de tous ses frères. Toutes ces roses naîtront du lis, c'est-à-dire de l'Immaculée Conception, fondement de l'Incarnation et de tout l'ordre de la grâce. Elles resteront sur ses pieds pour montrer qu'elles sont nées sur la terre que foulent les pieds, et dont Marie est sortie elle-même. Le lis est né de la racine d'Adam, l'homme fait de terre, et de son pied une fleur s'est élevée.

Mais quoi ! l'Immaculée Conception n'aura-t-elle pas une couronne sur la tête ? Si : l'Ecriture le dit expressément, mais une couronne d'étoiles et non de roses. Ce sont les Anges. Ils ne viennent pas de la terre, ils ne naissent pas de la tige du lis : Marie n'est pas leur Mère ; ils ne la touchent pas comme nous. Mais cependant ils la couronnent ; ils forment à son front une glorieuse auréole, car eux aussi ils doivent leur éternel bonheur à l'Immaculée Conception. Ils l'ont connue quand elle n'existait encore que dans la pensée divine, et leur épreuve a été d'adorer son Fils et de la reconnaître pour leur Reine. Et leur obéissance n'est due qu'à la grâce et aux mérites prévus du Christ et à l'intercession de sa Mère. Tout donc au Ciel exalte et glorifie l'Immaculée Conception : les roses ses pieds, sa vie humaine, sa qualité de notre Sœur et de notre Mère ; les étoiles son front, sa vie dans le Verbe, et les divines prédilections qui l'ont choisie éternellement pour être la Souveraine des Anges et des hommes et la Mère du Verbe. Voilà la femme que vit saint Jean : la lune, c'est-à-dire l'Eglise, est sous ses pieds, sa tête atteint les cieux, et son vêtement c'est Dieu lui-même. Telle nous la verrons au Paradis. Mais à Lourdes, comme ce ne sont pas les Anges qu'elle vient enseigner mais les hommes, elle nous montre seulement les roses de ses pieds. Méritons d'être une de ces roses : approchons-nous de Marie, tenons-nous à ses pieds, baisons-les, attachons-nous à elle par un amour que rien ne puisse briser. Elle nous emportera au Ciel.

Tirez-nous donc après vous, ô Vierge immaculée : nous courrons à l'odeur des roses de vos pieds. Nous courrons dans les voies de la charité, dans l'imitation de vos vertus, sur les traces de Jésus à qui vous nous conduisez. Menez-nous par vos sentiers au but auquel nous tendons, à l'éternel séjour où vous habitez !

Pratique. — Récitez dévotement le saint Rosaire en contemplant dans chaque mystère le Cœur immaculé de Marie et la charité dont il brûlait pour Dieu et pour les hommes. Offrez-le à toutes les intentions de Notre-Dame de Lourdes.

CHAPITRE ONZIÈME

Pourquoi la Sainte Vierge avait-elle un vêtement blanc ?

A Vierge était vêtue de blanc. Ses vêtements, d'une étoffe inconnue à la terre, étaient plus éclatants que la neige, et leur simplicité relevait encore leur magnificence. » (H. LASSERRE.)

C'était le symbole de la pureté parfaite de l'Immaculée Conception. *Vestimentum tuum candidum quasi nix,* lui dit l'Eglise ; et avec l'Epoux elle ajoute : « Vous êtes toute belle, ô ma bien-aimée, et il n'y a pas de souillure en vous, ô mon amie, ô ma parfaite, ô mon Immaculée ! » Elle-même chante avec transport : « Je me réjouirai dans le Seigneur, et mon âme exulte en Dieu mon Sauveur, parce qu'il m'a revêtue des vêtements du salut et de la justice. » Elle nous apparaît comme le reflet de la splendeur de Dieu, et le miroir sans tache de sa Majesté.

Voilà pour Marie la grâce des grâces, le fondement de toutes ses grandeurs, le principe de sa gloire, la condition de sa divine Maternité, la cause de sa souveraine victoire sur Satan et de son immense allégresse. Plus que toutes ses félicités, ce qui la ravit, ce qui la comble de joie c'est le privilège qui l'en a rendue digne : c'est de n'avoir jamais déplu à Dieu, jamais offensé son regard, jamais été séparée de son Cœur. Dieu est la pureté infinie, la sainteté même ; il est l'éblouissante candeur. Le moindre défaut, la plus petite tache blesse son regard ; il ne peut habiter un corps soumis au péché, ni une âme impure. C'est pourquoi, voulant se faire homme, il s'est préparé une Mère digne de lui, et il l'a faite immaculée. Car comment eût-il voulu naître d'une mère pécheresse ? Comment eût-il emprunté sa chair adorable à une chair coupable, et le sang, rachat du monde et rançon de nos crimes, à une source impure et souillée ? Son amour d'ailleurs pour sa Mère l'obligeait à la préserver. Les hommes cherchent à donner à leurs ancêtres toutes les grandeurs, mais pour eux c'est mensonge et vanité. Dieu, au contraire, crée lui-même celle qui lui donnera la vie : comment ne l'aurait-il pas faite digne de sa destinée ? Il l'a fait naître du sang des rois ; mais la grandeur la plus vraie aux yeux de l'infinie Sainteté, c'est l'innocence. Le seul mal, c'est le péché ; la seule véritable beauté, c'est une âme sans souillure.

Marie est donc Immaculée. La loi du péché ne s'applique pas à elle. « Pour tous, mais non pour vous, ô Marie, cette loi est faite [1] ! » Comment en a-t-elle été exemptée ? Ah ! c'est que Marie était conçue dans les desseins de Dieu avant Adam et avant le péché. « Les abîmes du péché n'étaient pas encore,

[1] *Non enim pro te sed pro omnibus hæc lex constituta est.* (Esther, xv, 13.)

et déjà j'étais conçue », nous dit-elle. Car Dieu a tout fait pour Jésus et pour sa Mère, le Roi et la Reine de l'Univers. Le Christ, le Fils de Dieu, est le **Premier-né** des créatures, le premier dans le plan divin. Mais sa Mère l'accompagne dans sa prédestination éternelle. L'un et l'autre sont donc voulus avant toute autre créature, avant toute possibilité de chute. Voilà le vrai Adam et la vraie Eve, dont les autres, « l'homme fait de terre » et la « Mère de tous les vivants », n'étaient que les figures. Que si, dans l'ordre des temps, ils sont venus plus tard, c'était afin de naître de la famille humaine, pour que tous fussent frères et sœurs de Jésus. Dieu laissa à Adam et Eve le soin de la génération temporelle, pour donner à Jésus et Marie la postérité spirituelle. Jésus et Marie sont le Père et la Mère de tous les élus.

Pourtant Marie est née de la race d'Adam. Comment donc la souillure originelle l'épargnera-t-elle ? Comment sa Conception sera-t-elle préservée du fleuve de corruption qui coule dans les générations humaines ? Jésus lui fait un rempart de son sang non encore versé. Il la rachète par avance, non d'une rédemption qui efface le péché, mais d'une rédemption plus noble qui l'en préserve. Grâce absolument unique : toute créature humaine, sauf Marie, a subi le joug du péché, a été souillée, odieuse au Seigneur ; Marie seule est toute belle. Grâce entièrement gratuite, qu'aucun mérite, aucune vertu n'avait pu obtenir, puisqu'elle précède tout, et est reçue dès le premier moment de l'existence. Grâce fondement de toutes ses grâces, car elle les a méritées par sa pureté parfaite.

Eh bien, en nous apparaissant dans sa blancheur

immaculée, que veut Marie, sinon nous dire de nous purifier ? Hélas ! quel contraste entre son innocence et nos péchés ! Devant sa blanche image, devant cette grotte où elle s'est montrée, que de pécheurs ont senti le besoin de la pénitence ! Oui, bien des âmes coupables se sont senties terrassées par une honte salutaire. En présence de la Sainte Vierge elles n'ont pas pu rester souillées ; elles ont couru faire l'aveu de leurs misères. L'Immaculée Conception les avait converties et sauvées.

Oui, pensons-y : si nous voulons au Ciel voir notre Mère, il faut lui ressembler. Elle est l'image de cette Jérusalem céleste dont saint Paul nous dit que Jésus a versé son sang pour la purifier, afin de se donner en elle une épouse sans ride et sans tache, sans aucune souillure. Chacune des âmes qui verra Dieu éternellement sera aussi une épouse toute radieuse et toute belle. Hélas ! et nous avons péché ! Mais Jésus nous offre le bain de son sang. Là notre âme a été plongée au saint baptême ; elle s'y baigne encore par les sacrements. Et à ce divin contact toute souillure s'efface. « Quand vous seriez rouge comme l'écarlate, nous dit-il, je vous ferai blanc comme la neige, et si vous êtes comme le vermillon vous deviendrez comme une blanche laine [1]. » Bienheureux ceux qui se lavent ainsi dans le sang de l'Agneau ! Bienheureux ceux qui ont gardé le blanc vêtement de leur baptême ou l'ont purifié dans la pénitence. « Celui qui vaincra, dit Jésus, je le revêtirai d'une blanche robe et jamais son nom ne sera effacé du livre de

---

[1] Is., i, 18.

vie : je confesserai son nom devant mon Père et devant les Anges ; c'est-à-dire je le reconnaîtrai pour l'un des miens. Il se tiendra devant le trône de Dieu, le servant nuit et jour [1] ! »

Etre pur : tout est là. Car rien de souillé ne peut entrer au Ciel. « Dehors les chiens, les empoisonneurs, les impudiques, les homicides, les adorateurs d'idoles, dehors tous ceux qui aiment ou font le mensonge [2] ! » Aucun pécheur ne subsistera devant le Seigneur. On dit bien que les Cieux ne sont pas purs à ses yeux et qu'il a trouvé des taches dans ses Anges : mais ces anges-là sont devenus à l'instant des démons, et il les a chassés des Cieux que leur présence souillait. Devant Dieu, pureté infinie, il ne peut subsister que la pureté parfaite. Oui, il faut que nous devenions purs comme Marie. Il y a des degrés dans la gloire, dans la sainteté. Mais la pureté n'en a point au Ciel : elle est totale. Soyez plus ou moins saints, montez plus ou moins haut : mais la moindre tache ne peut pas trouver place même dans le dernier des Saints.

Ah ! quelle leçon de détachement cela nous donne ! Qu'il faut peu de chose pour nous salir ! Tout amour désordonné, toute affection terrestre, toute créature aimée pour elle-même nous souille. C'est une poix qui s'attache à notre âme, et celui qui la touche, dit l'Ecriture, en est maculé [3]. Dieu est jaloux, il veut seul posséder notre cœur. L'âme qui oublie son Créateur pour aimer la créature, devient laide, obscure, pleine de taches. Le Prophète trace l'histoire

____

[1] *Qui vicerit, sic vestietur vestimentis albis.* (Apoc., III, 5.) — [2] Apoc., XXII, 15. — [3] Eccli., XIII, 1.

lamentable d'une âme qui s'est ainsi souillée. « Ses cheveux, dit-il, étaient plus blancs que la neige, plus resplendissants que le lait, plus dorés que l'ivoire antique, plus beaux que le saphir ; et maintenant son visage est devenu plus noir que le charbon et on ne la reconnaît plus sur les places publiques [1]. » Voilà le ravage que font dans l'âme les passions.

Ah ! si nous voyions la laideur du péché, même véniel, les taches qu'il imprime, la lèpre dont il couvre notre âme, nous en aurions horreur. Pourtant cette belle âme, faite à l'image de Dieu, reste, quant à sa substance et à sa nature, aussi parfaite que quand Dieu l'a créée. Mais ses inclinations désordonnées l'enlaidissent, la souillent, et la rendent incapable de parvenir à l'union parfaite avec Dieu. Et chaque nouvelle passion, chaque nouveau péché ajoute à sa laideur : il n'y a pas de bornes à la possibilité de se dégrader. Ah ! quel spectacle étrange et lamentable de voir chaque inclination mauvaise apposer à l'âme l'empreinte de son cachet, y graver sa souillure et sa laideur propres, chacune selon son espèce et son degré d'intensité ! Mais que dire de l'âme qui tombe dans le péché mortel ! C'est l'abomination de la désolation dans le temple ; c'est Dieu chassé de son sanctuaire ; c'est le démon y faisant ses volontés.

Purifiez-vous donc, nous dit la Vierge par sa blancheur immaculée. Si l'amour des créatures souille, l'amour de Dieu sanctifie. Un acte de contrition parfaite et l'âme est purifiée. « Lavez-vous, dit le Seigneur, soyez purs, bannissez vos pensées mauvaises, cessez

---

1 Thren., IV, 7.

de mal faire, apprenez à bien faire [1]. » « Heureux celui qui veille et qui conserve la blancheur de son vêtement [2] ! » Il a la robe nuptiale, il sera admis aux noces éternelles.

O Vierge Immaculée, vous êtes toute belle et en vous il n'y a pas la moindre tache. Pour nous, hélas ! nous sommes pécheurs et souillés. Obtenez-nous de laver notre âme dans le sang de l'Agneau divin, et puis revêtez-nous de votre Conception Immaculée, afin que nous soyons dignes d'être admis au festin du Ciel.

Pratique. — Dites un Rosaire en méditant sur la pureté sans tache de Marie et la considérant dans tous les mystères à travers le prisme de son Immaculée Conception. Offrez-le pour la conversion des pécheurs.

Is., i, 16. — [2] Apoc., xvi, 15.

CHAPITRE DOUZIÈME

Pourquoi la Sainte Vierge avait-elle une ceinture bleue ?

NE ceinture bleue comme l'azur des cieux pendait en deux longues bandes qui touchaient presque le bas de sa robe. Un voile blanc, fixé autour de la tête, enveloppait les épaules et tombait en arrière jusqu'aux pieds. Elle n'avait ni bague, ni collier, ni diadème, ni bijoux de femme. » (H. Lasserre.)

La ceinture est le symbole de la chasteté ; le bleu indique la chasteté parfaite, c'est-à-dire la virginité. Certes, il était bien convenable que la Vierge des vierges portât l'emblème de son glorieux privilège. Si l'Immaculée Conception est le fondement de la Maternité divine, la Virginité en est la condition : Marie la stipule expressément, et d'ailleurs elle était nécessaire. Quel est donc le prix de cette Virginité parfaite ? Quoi ! être la Mère de Dieu pour Marie ne vient qu'au troisième rang ! Etre Immaculée et être Vierge lui semblent préférables ! Ah ! elle comprend que ce ne sont pas les dignités ni les honneurs qui sont le trésor de l'âme. Et elle aimait mieux être sainte que d'être Reine, même du Ciel et de la terre ; elle préférait plaire à Dieu que d'être sa Mère. Mais précisément parce qu'elle cherchait à lui plaire, elle lui plut tellement qu'il descendit en son sein : et parce qu'elle voulait rester vierge, elle put appeler son Fils celui qui n'a que Dieu pour Père. Ces trois ineffables grandeurs : l'Immaculée Conception, la Virginité sans tache et la Maternité divine sont les trois trésors de Marie, une trinité de perfections qui composent cette merveille unique que nous appelons notre Mère.

Pourquoi le bleu signifie-t-il la virginité, tandis que le blanc est le symbole de l'innocence ? Il y a ici un grand mystère. La Trinité sainte est figurée par trois couleurs : le blanc, le bleu et le rouge, — les trois couleurs de la France. — Dans plusieurs révélations où Dieu donna à l'Ordre des Trinitaires leur vêtement aux couleurs symboliques, ces trois couleurs étaient ainsi attribuées : le blanc au Père, source de toute lumière en qui nulle ombre ne peut exister ; le rouge au Saint-Esprit qui est l'amour, le feu dévorant ; et le bleu au Fils qui s'est fait homme pour notre rançon. En son humanité sainte, il a été meurtri, accablé de coups, sa chair est devenue livide, il a connu la douleur. Le bleu est une couleur sombre et qui serait triste si elle n'était si pure : c'est la couleur de la pénitence, mais de la pénitence innocente. Le violet est le symbole du pécheur repentant.

Or chacun prend les couleurs de celui qu'il aime. La vierge, qui prend Jésus-Christ pour Epoux, se pare du bleu comme de sa couleur la plus chère. Le bleu rappelle l'azur du ciel. La vierge oublie la terre, son regard pénètre dans les splendeurs célestes ; parce qu'elle a renoncé à connaître les joies humaines, elle s'enivre de la contemplation du Verbe. Comme le Christ, elle renonce aux plaisirs qui lui sont proposés sur la terre pour embrasser la croix. Aux yeux du monde, son choix paraît triste et sévère ; cependant la vierge est honorée, on sent le parfum de son innocence et de sa simplicité. Mais c'est au Ciel surtout qu'elle sera glorifiée. Au Ciel les vierges suivront l'Agneau partout, jusque dans l'ineffable vision de sa génération éternelle. Elles y verront de divins secrets qui raviront leur âme d'une joie inexprimable ; elles les traduiront en des chants d'amour que personne ne pourra chanter avec elles. Marie dirigera ce chœur, elle conduira au Roi ses suivantes ; elles seront les plus proches du trône de l'Agneau, et Jésus sera leur couronne, Jésus le Fils d'une Vierge. Il s'avance entre les lis. Quelle joie, quel ravissement dans la patrie céleste quand Jésus, entouré de ses épouses, passera au milieu des élus pour les servir [1] ! Tous entendront le cantique qu'elles lui chantent ; mais ces accents, nul ne pourra les dire s'il ne fait partie lui-même du chœur des Vierges.

Or Marie, par sa ceinture bleue, invite à la virginité. Ce n'est pas un commandement, c'est un conseil, et tous n'y sont pas appelés. Aussi, tandis que la robe tout entière de Marie est blanche, le bleu n'est qu'une petite partie de son vêtement, car Marie est la figure de la Jérusalem céleste, où tous doivent être purs et blancs, mais où un petit nombre seulement

---

[1] *Transiens ministrabit illis.* (Luc., XII, 37.)

a le privilège de la virginité. Ces vierges entourent Marie comme sa ceinture glorieuse. C'est elle qui leva l'étendard de la virginité : c'est pourquoi la symbolique Apparition n'a rien de bleu jusqu'à la ceinture ; car l'Ancien Testament n'a pas connu la gloire de la virginité ; mais les deux longues bandes qui en descendent jusqu'aux pieds représentent les vierges qui, depuis Marie et saint Jean, ont toujours fleuri dans l'Eglise, et se succéderont jusqu'à la fin du monde.

Le voile, au contraire, représente le mariage. Noces, en latin *nuptiæ*, vient de *nubere*, voiler. Or, le mariage étant la loi commune de l'humanité depuis son origine, le voile de Marie, ou de la sainte Eglise, va de la tête jusqu'à terre. Pourtant on le voit peu, il reste en arrière : pour nous dire que le mariage n'est que pour la vie de la terre. Au Ciel il n'y aura plus d'époux, tous seront comme les Anges de Dieu. Mais, ici-bas, que nous avons besoin de contempler le voile de Marie ! Quelle leçon de modestie, si nécessaire à notre siècle corrompu ! Ici il faut se taire, mais la vue de Marie parle assez.

Marie n'a ni bagues, ni diamants, ni aucun ornement pour plaire. Sa beauté n'a pas besoin d'être rehaussée, encore moins d'être remplacée par un éclat trompeur. C'est Dieu qui lui a donné sa splendeur, parce que toute sa grâce lui vient de sa vertu et non d'un vain désir de paraître, et c'est pourquoi le Seigneur lui confère tant de beauté que tous les yeux sont ravis de son incomparable visage. « Il n'y a pas sur la terre femme si belle [1]. »

---

[1] *Non est talis mulier super terram in aspectu, in pulchritudine.* (Judith, xi, 19.)

Oh ! malheureux ceux qui, pour une passion éphémère, renoncent à contempler Marie pour l'éternité ! Ils se laissent séduire par de vulgaires beautés, parce qu'ils ne savent pas contempler les charmes ravissants de la Vierge Immaculée. On raconte d'un pieux personnage, fort dévot à Marie, qu'il laissa un jour sa piété s'affaiblir : il omit ses hommages accoutumés à la Reine du Ciel ; il en vint presque à l'oublier. La Mère de Dieu en eut pitié : elle lui apparut sous la forme d'une femme âgée et chargée de rides, et lui dit : « Voilà comment j'ai vieilli dans ton amour. » Ah ! que dans nos cœurs Marie soit toujours radieuse de jeunesse et de beauté, comme elle l'est pour les Anges, comme elle apparut à Bernadette ! Imitons saint Anselme. Dans sa jeunesse, conversant avec les compagnons de ses études qui tous se vantaient de folles amours, il assura à son tour que celle qu'il aimait était la plus belle de toutes et la plus charmante. C'était Marie qu'il voulait dire. Or il lui vint ensuite un remords d'avoir parlé d'elle d'une façon si profane. Mais, la nuit suivante, la Sainte Vierge lui apparut et l'assura qu'au contraire ses paroles lui avaient été agréables et qu'il était lui-même son bien-aimé.

Oui, Marie est toute belle, et sans crainte nous pouvons l'admirer, car elle est notre Mère, et sa vue n'inspire que la chasteté. Le Saint-Esprit, son divin Epoux, est lui-même ravi de sa beauté : « Que vous êtes belle, ô ma bien-aimée ! que vous êtes belle ! Vos yeux sont comme ceux des colombes, vos joues ressemblent à la grenade et vos lèvres à un ruban d'écarlate. Vous avez blessé mon cœur, ma sœur, mon épouse, vous avez blessé mon cœur par un seul de vos regards, par un seul cheveu de votre cou ! »

Et en énumérant tous ces charmes, l'Esprit-Saint ajoute qu'il tait ceux qui sont au dedans [1] ; et il dit encore que c'est dans son âme et dans son cœur immaculé qu'éclate sa beauté véritable [2]. Le cœur de Marie ! Oh ! qui sera digne de le contempler ? qui aura le privilège d'y faire sa demeure ? Dieu a fait un Paradis terrestre pour Adam ; il a fait un Ciel pour les élus. Mais il s'est fait un Paradis et un Ciel pour lui-même, et c'est le cœur de sa Mère. Voilà le vrai Paradis de Dieu, dont le Paradis terrestre n'était que la figure. Bien beau pourtant était le jardin de délices, où fut placé Adam. L'air y était délicieux, le jour éclatant ; les gazons verts y reposaient doucement la vue, les fleurs les plus variées y répandaient un parfum suave, les arbres y présentaient leurs fruits savoureux, une source abondante jaillissait de la terre, et, se divisant en quatre branches, portait la fraîcheur et la fécondité de toutes parts. Au milieu, l'arbre de vie donnait l'aliment d'immortalité, et l'arbre de la science du bien et du mal fournissait à l'homme le moyen facile de prouver à Dieu sa fidélité. Mais le nouvel Adam a été formé de la terre vierge d'un nouveau Paradis qui surpasse l'ancien, autant que l'homme-Dieu surpasse l'homme terrestre. La lumière qui l'éclaire, c'est le Verbe fait chair ; l'air qu'on y respire, c'est sa douce humanité et sa conversation si pleine de charme ; les fleurs, ce sont les

---

[1] *Absque eo quod intrinsecus latet.* (Cant., IV, 1.)
[2] *Omnis gloria filiæ Regis ab intus.* (Ps. XLIV, 14.)

grâces ineffables dont Marie est ornée ; les fruits, ce sont ses mérites incomparables. Le fleuve qui les fait croître, c'est la sainte humilité, qui donne naissance aux quatre vertus cardinales : la tempérance, la justice, la force et la prudence, car toutes sont filles de l'humilité. La verdure qu'entretient cette eau, c'est la sainte espérance, l'abandon, la confiance en Dieu d'un cœur qui ne voit que lui et appuie son néant sur sa toute-puissance. L'arbre de vie, né de cette terre, c'est le corps sacré du Sauveur, qui nourrit les hommes du fruit eucharistique. Il y a aussi là un arbre de la science du bien et du mal : c'est le libre arbitre. Mais aucun serpent n'en approcha jamais : aussi, il ne connaît le mal que pour le haïr et s'en éloigner. Oh ! délicieux Paradis où Dieu habite ! Heureux celui qui pourra y entrer par un grand et merveilleux privilège ! Daigne le séraphin chargé de.le garder, le glorieux saint Joseph, nous y faire pénétrer !

Mais, qui en sera digne sur cette terre ? « O ma sœur, mon épouse, vous êtes un jardin fermé, une fontaine scellée », lui dit le Seigneur. Vénérons, aimons et taisons-nous : un jour nous la verrons. Pour le moment, Marie veut nous apprendre à n'aimer qu'Elle avec Jésus. Eux seuls méritent notre amour. Malheur à ceux et à celles qui cherchent à leur ravir les cœurs !

Notre-Dame de Lourdes veut encore donner l'exemple de la modestie et de la simplicité. Elle vient condamner le luxe effréné de notre époque. Regardez la Vierge de Massabielle : voilà les modes du Ciel, les modes de notre Reine. Qu'elle est simple dans sa beauté ! Qu'elle est ravissante dans sa simplicité ! Une ceinture bleue, un voile : voilà sa parure, et pour tous bijoux, un chapelet et des roses sur ses pieds.

Maintenant, écoutez ce que dit le Prophète aux femmes qui aiment à plaire : « Parce que les filles de Sion ont marché la tête haute, le regard provoquant, le maintien séducteur, voici que le Seigneur découvrira leurs têtes. En ce jour-là, il leur ôtera leurs chaussures et leurs diadèmes, leurs colliers, leurs bracelets et leurs bandeaux, leurs rubans, leurs chaînettes, leurs ceintures, leurs cassettes et leurs pendants d'oreilles, leurs bagues, leurs pierreries, leurs robes et leurs écharpes, leurs diamants et leurs dentelles, leurs miroirs et leur satin. Et leur parfum se changera en puanteur, leurs ceintures d'or en corde, leurs cheveux frisés en une calvitie honteuse, et leurs vêtements en cilice. Et les beaux jeunes hommes tomberont sous le glaive et périront dans le combat. Et les portes de Sion seront dans le deuil et les larmes, et elle restera veuve et désolée. » Et tout cela, dit le Seigneur, à cause du luxe des filles de Sion et des péchés qu'elles ont fait commettre ! Oui, le châtiment du plaisir, c'est la souffrance ; la réparation du luxe et de la luxure, c'est la guerre et ses horreurs. Hélas ! la France l'a déjà éprouvé !

Oh ! que la vue de Notre-Dame de Lourdes nous inspire l'amour de la chasteté ! La corruption des mœurs, voilà la plus grande plaie de la France, la source de tous nos malheurs. C'est la cause de ce que Marie n'ose plus nous regarder ; elle lie en quelque sorte les mains de sa puissance, elle l'empêche de nous sauver. Notre-Seigneur a révélé à sainte Catherine de Sienne que le péché impur est si odieux à la nature angélique que les démons eux-mêmes, tout damnés qu'ils sont, ne peuvent le supporter. Ils y excitent les hommes pour les perdre : mais au moment où le mal se commet, ils s'enfuient pour ne pas le voir. Que si l'impudicité révolte Satan lui-même, que fait-elle aux Anges, et combien la Reine des Anges doit-elle la détester ? Aussi, quiconque la commet, déshonore la Sainte Vierge, sa Mère : de même qu'un enfant qui commet un crime déshonore ses parents. Marie exclut en quelque sorte ce péché de sa miséricorde, non pas absolument, — car comment le pécheur pourrait-il alors se sauver ? — mais au moins de sa miséricorde spéciale. En promettant aux confrères du scapulaire de les délivrer du Purgatoire le samedi après leur mort, elle met comme condition qu'ils auront été chastes.

Hélas ! et on appelle ce péché légèreté, mœurs faciles, comme pour diminuer l'horreur qu'il doit causer ! Et des chrétiens ne craignent pas d'avoir dans leurs salons des tableaux, des statues, des portraits même qui font rougir, sans se soucier du mal qu'ils peuvent faire aux âmes de leurs enfants, de leurs amis ou de leurs serviteurs. O honte ! oubli de toute pudeur ! Pourquoi donc ceux que ces choses indignent ne se liguent-ils pas pour les proscrire, pour les mettre à l'index de toute société qui se respecte, et pour s'abstenir de fréquenter ou de faire gagner les commerçants qui, par leurs scandaleux étalages, les favorisent ? Que la leçon de Marie, toute pure, soit comprise, de peur que celle de Sodome et de Gomorrhe ne vienne à lui succéder !

O ma Souveraine, ô ma Mère, je m'offre tout à vous, et pour vous prouver mon dévoûment je vous consacre aujourd'hui mes yeux, mes oreilles, ma bouche, mon cœur, tout moi-même. Puisque je vous appartiens, ô ma Mère, gardez-moi comme votre bien et votre propriété.

Pratique. — Récitez pieusement le saint Rosaire en l'honneur de la Virginité de Marie, pour lui demander qu'elle multiplie le nombre des Vierges qui suivent l'Agneau, et qu'elle purifie les mœurs.

CHAPITRE TREIZIÈME

Pourquoi Marie regarde-t-elle le Ciel ?

UAND nous prions devant les images de Marie, nous aimons la voir tendre les mains vers nous, nous regarder avec bonté. C'est ainsi qu'elle se montre sur la Médaille miraculeuse : de ses mains abaissées sortent des rayons, symbole des grâces répandues sur la terre, et ses yeux semblent nous chercher.

Pourtant, à Lourdes il n'en est pas ainsi. L'image sous laquelle Marie y veut être honorée a les yeux élevés au Ciel, et les mains jointes dans une fervente prière. Elle ne semble pas nous entendre : c'est de Dieu qu'elle s'occupe. Ce regard c'est celui de l'Immaculée dès le premier instant de son existence : ne voyant que Dieu, ne désirant que lui, ne cherchant qu'à lui plaire. C'est ce regard qui a pénétré le cœur de l'Éternel et lui a ravi son Verbe. Oh ! que de leçons ce regard nous donne ! Il nous dit d'abord : « Aimez ce qui est en haut, cherchez ce qui est au Ciel, non ce qui est sur la terre [1]. » Marie nous rappelle

---

[1] *Quæ sursum sunt quærite, quæ sursum sunt sapite, non quæ super terram.* (Colos., III, 1.)

qu'il y a autre chose que ce monde où nous sommes. Là-haut, au delà des espaces, il est une Patrie qui nous attend. Là, Dieu se révèle aux Saints et aux Anges ; là, Jésus ressuscité est dans son repos. C'est là qu'Elle-même habite, et son regard nous dit que, même quand elle vient vers nous, son cœur et son esprit sont au Ciel.

Quelle leçon pour tant de pauvres hommes qui ne croient pas à une autre vie ! Ils ne connaissent pas Dieu. Comme l'animal sans raison, ils ne voient que la nourriture qu'ils mangent, la terre qui les porte, la volupté qui les séduit. La beauté des Cieux et l'armée des astres ne leur révèlent pas une Puissance infinie ; l'harmonie des lois de la nature ne leur dit pas une souveraine Sagesse ; une Providence maternelle n'apparaît pas à leurs yeux dans la conservation du monde. Ils ne sentent pas dans leur âme le besoin de l'Infini ; leur cœur ne soupire pas après un bonheur sans mesure. Non : le néant leur semble un suffisant destin. La fosse où leur corps pourrira, ou même le four où, dans leur impatience de s'anéantir, ils se feront consumer, leur paraît une fin acceptable. Et s'ils ont un esprit cultivé, ils aimeront mieux le mettre à la torture pour inventer des philosophies absurdes plutôt que d'admettre un Dieu et un Paradis. Ils mettront plus de zèle à s'avilir que n'en mettaient les empereurs romains à se diviniser. Et ce qu'il y a de pis, c'est qu'ils enseignent au peuple ces théories funestes, dont la conclusion logique est celle-ci : « Le temps de notre vie est court et triste ; l'homme, après sa mort, n'a plus à attendre de bonheur, et on ne voit personne qui soit revenu des enfers. Nous sommes nés par hasard, et après la mort nous serons comme si nous n'avions jamais été. Notre souffle n'est qu'une fumée, et ce qu'on appelle notre âme n'est qu'une étincelle qui fait battre notre cœur : lorsqu'elle sera éteinte, notre corps retournera en cendres. Notre âme se dissipera comme le vent ; notre vie disparaîtra comme la nuée, et s'évanouira comme le brouillard aux rayons du soleil. Venez donc, jouissons des biens véritables, hâtons-nous d'user des créatures pendant notre trop courte jeunesse. Enivrons-nous de vins exquis, parfumons-nous de nard ; couronnons-nous de roses avant qu'elles ne se flétrissent. Qu'il n'y ait point un champ où notre luxure ne se vautre. Livrons-nous à toutes les voluptés : car c'est là notre part et notre lot. Opprimons le pauvre et l'innocent, ne respectons ni la veuve, ni les cheveux blancs. Notre loi de justice c'est notre force. Persécutons le juste parce qu'il condamne nos œuvres et décrie notre conduite. Sa seule vue nous est odieuse parce qu'il ne vit pas comme nous. Il s'abstient de nos voies comme d'une chose impure ; il préfère ce qui viendra à la fin. Nous verrons bien ce qu'il en sera et si Dieu prendra sa défense, et le délivrera de nos mains... [1] »

« Voilà ce que pensent les impies, et ils s'égarent, aveuglés par leur propre malice. Ils ignorent les mystères de Dieu ; ils n'espèrent point ses récompenses, ils ne comprennent point la dignité de l'âme sainte. Car Dieu a créé l'homme immortel et l'a fait à son image. »

[1] Sap., ii.

« Mais les justes sont dans la main de Dieu et la mort ne les atteindra point. Aux yeux des impies ils semblent mourir ; leur départ de ce monde paraît un malheur, un anéantissement. Mais leurs âmes sont dans le bonheur. Leur affliction a été légère et leur récompense est immense : Dieu les a éprouvés et les a trouvés dignes de lui. Il les a éprouvés comme l'or dans la fournaise, et on verra leur gloire quand le temps en sera venu. Ils brilleront alors, ils jugeront les nations, ils domineront les peuples. Alors ils s'élèveront avec force contre ceux qui les affligeaient sur la terre et qui volaient le fruit de leurs travaux. A cette vue les impies seront saisis d'une horrible frayeur. Ils se diront alors avec douleur : Voilà donc ceux que nous méprisions et que nous accablions d'outrages ! Insensés que nous étions ! Leur vie nous paraissait une folie et leur mort misérable. Et maintenant les voici au nombre des Saints et des Enfants de Dieu. Nous nous sommes donc trompés ! nous nous sommes égarés loin de la vérité, et la lumière n'a pas lui pour notre intelligence ! Nous nous sommes lassés dans les voies de l'iniquité, nous avons marché dans un chemin difficile, et nous avons ignoré la voie du Seigneur. De quoi nous ont servi notre orgueil et nos richesses ? Tout cela a fui comme une ombre, comme le sillage d'un navire, qui s'efface après qu'il est passé, comme l'oiseau qui vole sans laisser aucune trace, ou comme la flèche qui fend l'air aussitôt refermé. Ainsi nous sommes morts presque aussitôt que nés et nous n'avons fait aucune bonne œuvre : notre malice nous a consumés... Voilà ce qu'on dit en enfer. Mais les justes vivront éternellement ; ils recevront de Dieu un royaume admirable et un diadème éclatant de gloire ! »

Et voilà ce que nous enseigne le regard de la Vierge. Elle contemple l'Éternité. Elle nous apprend que notre vie de la terre n'est qu'un exil, un voyage. Dieu ne nous a mis sur la terre que pour mériter le Ciel. La destinée qu'il nous offre est trop sublime pour n'être pas conquise ; la qualité d'enfant de Dieu est trop belle pour être imposée. Si le Seigneur avait voulu nous faire saints sans nous-mêmes, il nous eût créés immédiatement dans le Ciel. Mais non, l'homme est un être corporel ; il fait partie du monde visible ; il en est le prêtre et le roi. Mais il est libre de devenir un Dieu ou d'y renoncer. Or son épreuve est de mettre la qualité d'enfant de Dieu au-dessus de celle de roi de la terre. Les créatures visibles sont la tentation qu'il doit essuyer. L'Église fait souvent à Dieu cette prière : « Apprenez-nous à passer au milieu des biens temporels, sans perdre ceux de l'éternité. » Eh bien, Marie nous apprend le secret d'être exaucés. C'est de contempler sans cesse le Ciel. En haut les cœurs ! *Sursum corda !* C'est ce que saint Paul disait aux premiers fidèles : « Nous ne contemplons pas les choses visibles, mais les invisibles : car ce qui se voit est passager, et ce qui ne se voit pas est éternel. » Mais combien de chrétiens, dont la foi est entière, ont pourtant grand besoin de la douce leçon de Marie ! On espère le Ciel, mais que l'on fait peu pour y arriver ! On sait que le temps est court pour s'enrichir, et on le laisse passer. « La vie est brève, dit saint Paul. Il est temps que ceux qui usent du monde sachent s'en détacher ; que ceux qui sont mariés soient comme sans épouse, que ceux qui pleurent se consolent, et ceux qui rient commencent à trembler, et ceux qui achètent oublient ce qu'ils possèdent : car la figure de ce monde passe [1] ! »

Et pour nous faire mieux comprendre encore cette leçon, Marie ordonne à Bernadette de baiser la terre. Elle veut nous faire sentir le contraste entre notre destinée et notre origine. En même temps qu'elle nous excite à aspirer au Ciel, elle nous rappelle d'où nous sommes tirés. Elle semble nous dire comme Dieu à Adam coupable : « Souviens-toi que tu es poussière et que tu retourneras en poussière. » Embrassons donc la terre notre mère, baisons le sein qui nous a portés. Car Dieu nous a formés du limon de la terre, il a nommé le premier homme Adam, qui veut dire « fait de terre », précisément pour nous mettre sans cesse sous les yeux la bassesse de notre condition : nous sommes cette terre même que nous foulons aux pieds. Il veut nous rappeler aussi que nous restons de simples créatures qui appartiennent à leur Créateur, comme le vase à celui qui l'a façonné. Souvent en effet, dans l'Écriture, le Seigneur se compare au potier. Notre corps n'est qu'un vase destiné à contenir notre âme : vase grossier, vase fragile. Un jour il sera brisé, et les débris retourneront dans la terre d'où on l'a tiré. Voilà ce qui nous attend ici-bas : bientôt la terre s'entr'ouvrira pour nous recevoir, et nous redeviendrons ce qu'elle est. Et cette terre nous l'aimons, nous nous y attachons,

1 I Cor., VII, 29.

nous voudrions n'avoir pas d'autre destinée : du moins la conduite de la plupart des hommes semble le dire.

Marie veut leur faire comprendre leur folie. La punition infligée au serpent par Dieu fut précisément de ramper sur cette terre, de la manger, d'être de tous les animaux le plus collé à cet élément : c'est en cela que consiste sa malédiction. « Tu seras maudit entre tous les êtres vivants et les bêtes de la terre : tu ramperas sur le ventre et tu mangeras la terre tous les jours de ta vie [1]. » Eh bien, c'est ce que font volontairement les pécheurs. Et pour nous le faire entendre, Marie ordonne à Bernadette de se courber à terre, de la baiser ; on la voit marcher sur ses genoux, creuser le sol de ses ongles, boire de l'eau bourbeuse, manger de l'herbe comme l'animal sans intelligence. Les assistants ne peuvent que la croire folle. Mais non ! Elle fait par pénitence ce que font les mondains par plaisir. Ce sont eux les fous, les insensés qui se transforment en bêtes. Eux, faits à l'image de Dieu, ils n'ont pas compris leur grandeur, ils ont envié le sort des brutes et se sont faits leurs semblables. Tant leur a paru heureux le sort des animaux et leurs jouissances désirables, qu'ils se sont dits leurs frères et leurs fils, qu'ils ont inscrit dans leur généalogie le singe et l'huître pour s'autoriser à vivre comme eux. Manger, dormir, ne rien faire, jouir des voluptés sans règle et sans frein, voilà leur rêve ; et comme une chose les gênait pour cela, la conscience, ils ont nié Dieu afin de supprimer la morale ;

---

1 Gen., III, 14.

ils ont étouffé le remords, ils ont fait des lois pour
tout permettre ; ils rêvent une société basée sur ce
principe, que l'homme n'est qu'un animal civilisé,
un animal domestique, c'est-à-dire esclave du plus
despotique, du plus tyrannique des maîtres, l'Etat.

Oh ! la belle société qu'ils nous préparent, où toute
l'activité humaine ne sera occupée qu'à user du
monde et de toutes ses jouissances, à le parcourir
dans tous les sens, enviant à l'animal ses moyens de
locomotion ! Ah ! que nous serions heureux si nous
pouvions voler comme l'hirondelle, nager comme le
poisson, courir comme le cerf rapide, découvrir tous
les trésors que récèlent la terre et l'océan ! L'électricité
et la vapeur nous prêtent bien leurs forces puissantes,
dont l'homme est, hélas ! bien souvent lui-même
victime. Malgré tout, l'animal nous dépasse. Il n'y a
que deux choses où l'homme réussisse à l'égaler : la
volupté et l'absence de raison qui en est la suite.
Oui, à ce point de vue, l'homme s'est parfaitement
dégradé. Il a perdu cette belle lumière de l'intelligence
qui lui faisait connaître son Créateur ; l'homme ani-
malisé ignore s'il y a un Dieu. Comme la bête il
mange ce qu'il trouve sans s'élever à Celui qui le
donne, il vit sans penser à celui qui l'a fait, il meurt
sans craindre celui qui va le juger. Il est vraiment
changé en bête, comme Nabuchodonosor. Il serait
juste qu'il fût comme lui chassé de la société des
hommes, et qu'il allât vivre en compagnie des bêtes
puisque moralement il s'est mis à leur niveau et vit
comme elles.

Regardez et comprenez la leçon : Bernadette courbée
jusqu'à terre, la baisant, la creusant, mangeant

l'herbe, buvant de l'eau boueuse, voilà le portrait de l'homme qui a perdu la foi. Maintenant, levez les yeux vers la grotte et voyez l'homme tel que Dieu le désire, tel que la Religion le fait : voyez la gracieuse Apparition, si pure, si belle, si glorieuse. Voilà l'homme, roi de la création. Il la domine, il en use, mais elle lui est un échelon pour s'élever vers le Créateur. Il la touche des pieds seulement, mais il n'y rampe pas, son âme n'y est pas collée. Il porte son noble front élevé vers le Ciel, où sa conversation est déjà. Les païens eux-mêmes le comprenaient et le disaient en beaux vers [1].

O hommes, reconnaissez votre dignité en contemplant votre Mère. Entendez-la vous dire avec le Prophète : « Je vous donnerai l'intelligence et vous enseignerai la voie où vous devez marcher ; ne devenez pas semblables au cheval et au mulet, qui n'ont pas d'intelligence. Réjouissez-vous dans le Seigneur, justes, tressaillez d'allégresse ; vous tous dont le cœur est droit, soyez fiers de votre grandeur. »

Mais la Vierge Immaculée fait plus que regarder le Ciel : elle adore. Car ce qu'elle contemple, c'est Dieu. Or, Dieu, il faut l'adorer. Adorer est le premier devoir de l'homme. Adorer, c'est reconnaître Dieu comme l'Etre Suprême, Infini, Eternel ; c'est lui faire hommage de tout nous-même ; c'est dépendre totalement de sa volonté. Adorer, c'est contempler ses per-

---

[1]
Pronaque cum spectant animalia cætera terram,
Os homini sublime dedit, cœlumque tueri
Jussit et erectos ad sidera tollere vultus.

(Ovide, Mét., I, 81.)

fections souveraines, c'est admirer sa divine Beauté, c'est consacrer toute son âme à le chanter. Jamais pure créature n'a adoré comme notre divine Mère. Car aucune n'a connu si bien les grandeurs et les droits de Dieu, aucune ne s'y est soumise avec tant d'humilité. Bénie soit-elle d'être venue adorer sur notre terre, et réparer par ses hommages le crime de ceux qui ne veulent pas adorer ! Car, hélas ! il y a des hommes qui savent l'existence de Dieu et lui refusent leurs hommages. « Ni Dieu, ni maître ! disent-ils. Nous ne servirons pas ! » Les insensés ! Qui leur a donné cette devise ? C'est l'Ange malheureux, qui dans le Ciel a refusé, lui aussi, d'adorer et a poussé le cri de révolte : *Non serviam !* Et des millions d'Anges et d'hommes l'ont répété ! Mais leur premier châtiment est de tomber sous sa domination, à lui. En criant : « Plus de maître ! » ils ne font qu'en changer. Au lieu du maître si beau, si bon, si doux, si aimable, leur Créateur et leur Père, ils se donnent pour maître le tyran cruel et infâme qui vient de les tromper. C'est l'histoire ordinaire des révolutions. Les meneurs ne crient contre l'autorité que pour s'en emparer. Et il arrive cette monstruosité, que des hommes qui refusent le culte à Dieu, en rendent un à Lucifer. En échange, celui-ci leur réserve dans son royaume les premières places, les plus près de lui, c'est-à-dire au plus profond du gouffre, dans les abîmes des douleurs, et c'est là qu'ils pourront à l'aise l'adorer ou plutôt le maudire éternellement, quand à la fin du monde, le temps de l'épreuve étant passé, Satan sera enchaîné au fond des enfers, et le puits à jamais fermé.

Ah ! que plutôt maintenant ils regardent la douce Vierge ! Un si charmant modèle pourrait-il nous tromper ? Ou qu'ils regardent Notre-Seigneur lui-même quand Lucifer osa lui demander de l'adorer. Quelle foudroyante réponse fit disparaître le tentateur ! « Retire-toi, Satan ; il est écrit : « Tu adoreras le Seigneur ton Dieu et tu ne serviras que lui seul [1]. »

L'attitude de Marie donne une troisième leçon fort utile. Elle a les mains jointes et semble prier. Elle enseigne ici ceux qui croient en Dieu et ne veulent pas le déshonorer, mais qui ne savent pas encore l'invoquer. Ce sont les déistes. Leur Dieu n'est pas celui de l'Evangile. C'est un être parfait sans doute, mais qu'ils ne connaissent guère ; un être mystérieux, perdu dans les hauteurs et peu soucieux de notre terre. Dès lors, qu'avons-nous à lui dire et que peut-il donner ? Sait-il que nous vivons, entend-il nos prières ? Hélas ! pauvres philosophes ! quelle opinion de la divinité ! Les païens et les idolâtres l'honorent mieux à leur manière : au moins ils croient Dieu assez intelligent pour comprendre leurs désirs, assez bon pour exaucer, assez riche pour donner. Mais voici la réponse que vous fait le Roi-Prophète : « Comprenez, ô les plus ignorants des hommes ; insensés, une bonne fois entendez. Celui qui a planté l'oreille n'entend-il pas lui-même ? Celui qui a fait l'œil ne voit-il pas clair [2] ? »

Oui, Dieu nous voit et nous entend, et il faut l'in-

[1] Matth., iv, 10.
[2] Ps. xciii, 9.

voquer parce qu'il est notre Père. Il sait nos besoins, sans doute, mais il veut que nous l'implorions, afin que nous sentions que c'est lui qui donne. C'est lui qui nous a dit : « Demandez et vous recevrez, cherchez et vous trouverez, frappez et il vous sera ouvert. » C'est lui qui nous a enseigné à dire : « Donnez-nous aujourd'hui notre pain de chaque jour. » Et il nous a appris à ne pas douter de sa Providence, qui donne à l'oiseau le grain qu'il n'a pas semé, et au lis des champs la parure qu'il n'a pas tissée.

Mais ce n'est pas seulement aux déistes, c'est à nous tous que cette leçon s'adresse. A tous Marie rappelle le devoir, le besoin, le bonheur de la prière. Oh ! combien souffrent sur la terre et ne pensent pas à leur Père des Cieux qui les aime et veut les sauver, qui permet leur détresse pour les forcer à l'invoquer ! Mais, avant tout, demandons-lui instamment les grâces spirituelles ; demandons une place dans le Paradis. Il nous la donnera, et en même temps toutes les autres choses nécessaires. « Cherchez avant tout le royaume de Dieu et sa justice, et le reste par surcroît vous sera donné. »

D'ailleurs, si nous voulons voir la réalisation de cette divine promesse et le fruit de la prière, considérons les grâces qui se font à Lourdes.

Ah ! ne regrettons pas que Marie regarde le Ciel au lieu de regarder la terre, et que ses mains soient jointes plutôt qu'étendues vers nous. Elle fait plus pour notre bien en parlant à Dieu, car c'est pour nous qu'elle lui parle. Et en effet, sa prière nous obtient tout. Quelle leçon ! Elle nous rappelle ce mot du Psaume : « J'ai tenu mes yeux élevés vers les montagnes d'où me viendra le secours [1] », c'est-à-dire vers le Très-Haut : car toute grâce, tout bien vient de Dieu. C'est dans son cœur qu'on les puise. La prière est l'ambassadrice qui va les chercher ; elle a toujours accès dans le cabinet du Roi, rien ne l'arrête, et elle ne se retire pas sans avoir obtenu ce qu'elle souhaitait. « La prière monte, dit saint Augustin, et la miséricorde descend. » Quelle justification des Ordres contemplatifs ! Ils ne servent à rien, dit-on ; que ne consacrent-ils leur temps à soigner les malades ou à travailler utilement ! Mais la Vierge fait-elle moins de grâces à Lourdes où elle a les yeux et les mains vers le Ciel, que dans ses autres sanctuaires où elle les abaisse vers nous ? Tout au contraire : c'est là qu'elle répand le plus de bienfaits. Et ce ne sont pas seulement des grâces spirituelles, mais des guérisons. Elle fait du bien aux corps et aux âmes. De même les hommes de prière attirent sur les nations, sur les familles, sur ceux qui souffrent, les bénédictions même temporelles : « car, dit saint Paul, la piété a tous les avantages : elle a reçu les promesses du temps et celles de l'éternité. »

Prions donc : voilà la leçon que nous donne Marie. Elle-même ne fait pas autre chose, elle ne fait rien de plus. Sa toute-puissance ne lui vient que de sa supplication : *Omnipotentia supplex.* Après tout, Dieu seul est riche, et nous ne sommes que des mendiants, et la Mère de Dieu elle-même n'a rien à distribuer que ce qu'il lui donne.

---

[1] *Levavi oculos meos in montes unde veniet auxilium mihi.* (Ps. cxx, 1.)

O Toute-Puissante, ô Mère de Dieu, ô notre Mère, souvenez-vous de prier pour nous au Ciel ! Demandez pour nous les vrais biens, les biens de l'âme, les biens du Paradis, et les secours nécessaires ici-bas pour parvenir à notre éternelle destinée.

Pratique. — Récitez un Rosaire à toutes les intentions pour lesquelles Marie priait à Massabielle et pour demander une foi vive.

CHAPITRE QUATORZIÈME

Pourquoi Marie
fait-elle le signe de la Croix ?

UAND Bernadette fut entrée, plusieurs années après l'Apparition, chez les Sœurs de la Charité à Nevers, souvent de pieux fidèles demandaient à voir la privilégiée de Marie. Pour les satisfaire, sans troubler l'humilité de la Voyante, on les postait non loin du bénitier quand la communauté entrait à la chapelle, en leur disant : « Sans peine vous la reconnaîtrez. » Et aucun ne pouvait manquer, en voyant le signe de croix de Bernadette, de se dire, profondément ému : Voilà celle qui a vu la Sainte Vierge ! Et en effet, Marie elle-même avait appris à la Voyante à se signer. Le signe de croix fait par Marie : que cela devait être sublime ! Quoi d'étonnant que Bernadette en eût conservé un reflet ? Voilà encore une des leçons de notre Mère. Elle nous apprend à faire souvent le signe de la croix et à le bien faire. Méditons ce grand enseignement.

Ce fut la première chose que fit l'Apparition. Quand le regard de Bernadette rencontra pour la première fois la merveilleuse Dame, elle tomba à genoux, éblouie, terrassée. Instinctivement elle saisit son chapelet et veut s'en servir. La Dame prend le sien, de son côté. D'un geste grave et doux elle fait sur elle-même le signe sacré, et l'enfant l'imite. Marie commence par là les leçons qu'elle vient nous donner. N'est-ce pas pour nous rappeler que c'est son désir que nous commencions tout par le signe sacré ? C'est la pratique de l'Eglise : ainsi fait le prêtre à l'autel, et dans tous les offices. Ainsi faisaient les premiers chrétiens. Tertullien nous dit qu'ils s'armaient du signe de la croix en se levant, avant les repas, avant chaque action importante. Oh ! si cette dévotion rentrait dans nos habitudes, que de biens en résulteraient, que de protection sur nous, sur nos demeures, sur nos actions, sur nos paroles, sur nos pensées ! Car le signe de la croix est terrible au démon ; il le met en fuite. Il lui rappelle Jésus crucifié, et par sa mort rachetant les hommes et renversant son empire. C'est une barrière, un rempart que l'âme chrétienne dresse entre Satan et elle, et qu'il ne peut franchir. De son côté, Dieu voit ce signe : il lui rappelle que celui qui le fait est racheté par le sang de son divin Fils. Si cet homme a péché, le Seigneur voit entre ses fautes et l'infinie Justice la rançon qui les a payées. Alors il retient sa colère, il suspend les châtiments temporels, les accidents, les maux qu'il allait peut-être envoyer. A la place, il donne sa grâce : grâce de lumière qui affermit le chrétien dans sa foi, dans sa bonne volonté ; grâce de ferveur qui touche le cœur ; grâce de force pour pratiquer un devoir pénible, ou sacrifier un dangereux plaisir. On ne peut, disent les Saints, voir l'image du Crucifix sans en retirer quelque utilité. Il en est de même de l'action de se signer. Enfin le signe de la croix apaise les peines du Purgatoire, car il est enrichi d'indulgences. Ainsi on peut dire de ce signe sacré qu'il glorifie Dieu, réjouit le Ciel, terrifie l'Enfer, console le Purgatoire et obtient des grâces à la terre.

Mais il faut le bien faire, comme le faisait Marie, et en en comprenant le mystère. Et d'abord, on le fait au nom de la très sainte Trinité. C'est un acte de foi parfaite : au nom, au singulier, pour exprimer que nous n'adorons qu'un Dieu unique. Pourtant nous nommons trois Personnes, le Père, le Fils et le Saint-Esprit ; mais un même nom convient aux trois : ce nom c'est Dieu, c'est notre Père, c'est notre Créateur. C'est au nom de ce Dieu, c'est-à-dire par sa volonté et pour sa gloire, que Jésus-Christ s'est fait homme et a été crucifié. C'est par sa puissance et par sa grâce que nous existons et que nous serons sauvés. Il est donc bien juste que toutes nos actions soient faites aussi pour son amour et pour son service, en son nom adoré.

Et en prononçant ces paroles nous traçons sur notre corps une croix. C'est pour nous unir à Jésus crucifié. Jésus en effet, et Jésus crucifié, est notre seule voie pour aller à la sainte Trinité et pour en recevoir des grâces. Nous ne pouvons donc rien faire pour la gloire et au nom du Père, du Fils, et du Saint-Esprit, que par la deuxième Personne qui nous a réconciliés avec le Créateur, qui a rétabli avec lui nos relations rompues par le péché. Et comme c'est par sa mort seulement qu'il nous a rachetés, la croix est tout notre salut, toute notre espérance, notre seul titre à obtenir les dons de Dieu. C'est pour nous attacher à elle avec plus de force que nous la gravons en quelque sorte sur notre propre personne : nous semblons vouloir imprimer sur nous le divin Crucifié.

« Ah ! s'écrie saint Bonaventure, que n'ai-je été la croix du Sauveur ! Ses mains se seraient appuyées sur mes mains, ses pieds sur mes pieds ; les mêmes clous nous auraient transpercés. J'aurais crié à Joseph : Ne m'enlève pas mon Jésus, mais ensevelis-moi avec lui dans le tombeau, car il ne m'est plus possible de m'en séparer. » Saint Paul affirme, de son côté, « qu'il est cloué à la même croix que Jésus-Christ [1]. » Mais qui plus que Marie a été unie à Jésus crucifié ? « O ma Souveraine, lui dit saint Bonaventure, où étiez-vous pendant la Passion ? Etait-ce seulement auprès de la croix ? Non assurément, mais sur la croix avec votre Fils. Là vous étiez crucifiée avec lui ; il l'était dans son corps, et vous l'étiez dans votre cœur ; ses plaies étaient répandues par tout son corps et elles étaient réunies dans votre cœur. Là, ô Reine, votre cœur fut percé de la lance, là il fut couronné d'épines, abreuvé d'opprobres, rassasié de fiel et de vinaigre. Votre cœur est tout absorbé dans la Passion de votre Fils. O prodige ! vous êtes tout entière dans les blessures de Jésus, et Jésus crucifié est tout entier dans le plus intime de votre cœur. » Marie était donc toute unie à la croix de son Fils. Elle la mettait constamment

[1] *Christo confixus sum cruci.* (Galat., II, 19.)

devant le regard de son âme, elle la portait dans son cœur, elle en traçait souvent le signe sur elle-même. Elle ne la fuyait pas comme un souvenir plein d'horreur. Ainsi le signe de la croix nous rappelle toutes les douleurs de Jésus et tout le martyre de Marie. Il nous dit ce que nous leur avons coûté ; il nous rappelle quel grand mal est le péché, et quel prix Dieu fait de notre amour et de notre âme, puisque pour les conquérir il n'a pas reculé devant de si grands supplices.

En même temps, le signe de la croix nous rappelle que nous avons été baptisés. En ce jour-là l'Eglise elle-même la première traça sur nous le signe sacré. Oui, quand elle nous a faits chrétiens, au nom de la sainte Trinité, elle imprima la croix sur notre front, et dans notre âme un caractère indélébile qui nous fit enfants de Dieu : caractère mystérieux que le péché ne saurait enlever, que les flammes mêmes de l'enfer, bien loin de le détruire, ne peuvent que faire rayonner. Eternellement le chrétien portera ce signe des disciples du Crucifié pour sa gloire ou pour sa honte. Dès maintenant les Anges et les démons le voient sur tous les fronts baptisés. Quelle différence à leurs yeux entre ceux qui ont ou n'ont pas ce signe ! Ah ! si nous le voyions comme eux, avec quelle fierté nous chanterions à la face des païens, des juifs et des athées : « Je suis chrétien, voilà ma gloire, mon espérance et mon soutien, mon chant d'amour et de victoire ! » Il la comprenait bien saint Louis qui mettait sa qualité de chrétien bien au-dessus de son titre de roi de France. Etre chrétien, c'est être enfant de Dieu par adoption, comme Jésus l'est par nature, frère de ce Jésus par là même et avec lui héritier du Ciel. Nous entrons dans la famille ineffable de la Divinité. Dieu, nous pouvons l'appeler notre Père, Marie notre Mère, Jésus notre aîné, tous les Saints du Ciel et ceux de la terre nos frères, les Anges des compagnons de notre gloire future, le Ciel notre maison paternelle, notre propriété. Les Juifs, les infidèles, au contraire, ce sont des étrangers, des gens qui ne verront jamais ni Dieu, ni sa gloire, à moins que, par leur conversion ou par leur bonne foi et leur bonne volonté contenant un désir implicite du baptême, ils n'obtiennent miséricorde. Quant aux chrétiens qui vivent dans le péché mortel, dans l'impiété et le blasphème, ce sont des fils de la famille, mais qui ont mal tourné, des enfants dont on n'ose plus parler, une douleur poignante pour le Père et la Mère, une honte pour leurs frères : toujours aimés cependant, toujours désirés. S'ils reviennent, ils seront reçus comme l'Enfant prodigue ; sinon, hélas ! ils seront à jamais exclus du divin héritage.

Voilà ce que nous rappelle Marie par le signe de croix. Mais en même temps c'est le respect humain qu'elle condamne. Le signe de croix est une profession extérieure et publique de notre foi. Marie nous invite à le faire pour affirmer que nous sommes baptisés. Quoi ! ce signe fait trembler Satan, et c'est nous qui tremblerions de le faire ? Qu'importe ce que pensent de nous les hommes, puisque c'est nous qui devons les juger ? Oui, les juger : « Ne savez-vous pas, dit saint Paul, que les Saints jugeront ce monde ? Ne savez-vous pas que nous jugerons même les Anges ? » Grande leçon pour les chrétiens de nos jours ! Combien n'osent affirmer leur foi et en rougissent ! Ils ont honte de Jésus-Christ. Comme saint Pierre ils disent, au moins par leur conduite : « Je ne connais pas cet homme. Je ne suis pas de ses disciples. » Et ainsi on vit comme les gentils ; les pratiques chrétiennes disparaissent, la foi diminue : qu'en restera-t-il dans quelques générations ? Or, Jésus a dit : « Si quelqu'un rougit de moi, je rougirai de lui devant mon Père ; mais celui qui m'aura confessé devant les hommes, je le confesserai pour mon disciple. » Que m'importe donc l'opinion du siècle ? Un seul jugement m'intéresse, c'est celui de Dieu. C'est pourquoi j'agis sous son regard, au nom du Père, du Fils et du Saint-Esprit, et de Jésus crucifié.

O France, rappelle-toi que c'est en ce nom que tu as été faite chrétienne au baptistère de Reims. Souviens-toi du Christ qui t'aime. Ne rougis pas de ton titre de sa Fille aînée ! Fils des Croisés, ne reculez pas devant les fils de Voltaire ! Armez-vous du signe de la croix, comme autrefois vos ancêtres pour délivrer le Calvaire. La croix est abattue dans nos villes, dans nos écoles. N'ayez pas peur. C'est au Ciel qu'elle a brillé avec sa devise infaillible : « *In hoc signo vinces. En ce signe vous vaincrez !* » C'est Marie qui vous la présente, tracée par sa main sur elle-même. Cette croix-là ne sera pas renversée, mais au contraire elle brisera la puissance de l'Enfer. Oh ! comment remercier notre Mère d'être venue elle-même nous armer de la croix et se mettre à notre tête dans les combats contre l'Enfer !

O invincible Marie, terrible à l'Enfer comme une armée, marquez-nous du signe de la croix et mettez dans nos cœurs un courage indomptable, afin que nous soyons vainqueurs de nos ennemis acharnés !

Pratique. — Récitez aujourd'hui votre Rosaire pour obtenir à tous les chrétiens le don de force et de générosité.

CHAPITRE QUINZIÈME

Pourquoi Notre-Dame de Lourdes a-t-elle un Chapelet ?

ARIE avait au bras un Chapelet. C'est pour nous dire qu'elle aime cette dévotion et nous invite à la pratiquer. Bernadette le comprit, et, après avoir fait le signe de la croix avec l'Apparition, elle commença à réciter les dizaines. Or, à mesure qu'elle priait, la Dame, elle aussi, égrenait son Rosaire : cependant ses lèvres demeuraient immobiles. Marie, évidemment, ne se loue pas elle-même, mais elle écoute nos *Ave* ; elle veut nous faire comprendre qu'elle les compte et en garde un souvenir fidèle. Pourquoi cela ? Parce qu'elle en reçoit une joie immense, en se rappelant les grandes choses que Dieu a opérées en elle, et que nos louanges lui redisent. Mais surtout parce que cet hommage que nous lui offrons, elle ne le garde pas pour elle-même ; elle le renvoie à Dieu tout entier ; or, elle nous remercie, elle nous est reconnaissante d'unir notre faible voix au chant d'action de grâces qui monte sans cesse de son cœur vers l'Eternel. Le *Magnificat* est son perpétuel cantique. Son âme l'entonna à l'heure de l'Imma-

culée Conception. C'est l'expression de la plus profonde humilité recevant les dons les plus sublimes,
reconnaissant en elle-même, avec une joie immense,
les grandes œuvres de Dieu, sans croire y avoir d'autre
titre que son néant et sa bassesse. Par là même Dieu
en est totalement glorifié : toutes ses œuvres lui
reviennent comme à leur auteur. C'est un encens très
pur qui se consume sans même laisser de cendres sur
l'autel d'or du Cœur Immaculé. Donc, quand on loue
Marie, cette louange n'est pas pour elle, mais elle
remonte à Dieu seul en passant par ses lèvres. Car
nos louanges l'obligent à chanter, tant elle a peur de
paraître garder ce qui n'est pas à elle ! Ainsi quand
Elisabeth la proclama bénie entre les femmes, elle
répondit par le *Magnificat*. Il en sera toujours de
même. Elle dit à Dieu *Magnificat* autant de fois que
nous lui disons *Ave*. Voilà pourquoi elle égrenait son
Rosaire avec Bernadette. Voilà pourquoi elle aime
tant nous le voir réciter. C'est nous qui le disons,
mais du Ciel elle répond. Notre prière bien froide et
bien faible, c'est la petite étincelle qui met le feu à un
brasier d'amour qu'elle offre pour nous à la Trinité
sainte comme un cantique d'adoration et de reconnaissance. Comprenons-nous maintenant d'où vient la
puissance du Rosaire ?

Marie nous excite encore à dire le Rosaire parce
qu'elle veut nous sauver. Elle vient à nous avec ses
plus puissantes armes. Pensez au tremblement des
démons quand Marie fait le signe de la croix. Eh
bien, le Rosaire ne leur est pas moins redoutable.
Satan ne peut supporter l'*Ave Maria*. En entendant
saluer la Sainte Vierge, il se souvient qu'au Ciel il a

refusé d'adorer son Fils et de la vénérer elle-même, et que ce fut la cause de sa ruine. Le nom de Marie, l'humble exaltée, lui rappelle qu'il est l'orgueilleux tombé. Nous la proclamons bénie entre toutes les femmes ; mais lui, Dieu, l'a déclaré maudit entre tous les êtres. Nous l'appelons pleine de grâce ; lui, autrefois si beau, n'a plus en partage que la confusion et le désespoir. Nous exaltons la Mère de Dieu, lui est le père du péché qui sera son éternelle honte, comme Jésus est l'honneur et la gloire de Marie. Nous bénissons le sein de la Vierge ; lui est condamné à ramper sur le sien. Enfin, le nom sacré de Jésus le met en fureur : car lui, le plus superbe des démons, est contraint d'adorer jusqu'au nom de son vainqueur, selon ce qui est écrit : « Qu'au Nom de Jésus tout genou fléchisse dans les enfers. »

Voilà comment l'*Ave Maria*, et le Chapelet par conséquent, est terrible à Satan et le met en fuite. Parcourons l'histoire, et nous en verrons des exemples illustres.

Au XIIᵉ siècle, l'hérésie des Albigeois désolait le Midi de la France et menaçait de détruire l'ordre social non moins que la foi. Marie apparaît à saint Dominique, son serviteur fidèle ; elle lui enseigne la dévotion du Rosaire : « Sachez-le, mon fils, lui dit-elle, la Salutation angélique est le moyen dont la Trinité s'est servie pour régénérer le monde ; cette prière est le fondement de la nouvelle alliance. Voulez-vous gagner à Dieu ces cœurs endurcis ? prêchez-la selon la forme que je vous enseigne. Si cette rosée céleste ne tombe pas sur cette terre ingrate, elle demeurera à jamais inféconde. » Ainsi, Marie elle-même nous l'apprend, le Rosaire est le réservoir d'où la rosée céleste de la grâce descend sur les âmes. Cette rosée tomba. A la parole de Dominique, les chrétiens récitèrent l'*Ave Maria,* selon la formule enseignée par Marie, c'est-à-dire par quinze dizaines en l'honneur de ses principaux mystères : « Les fidèles embrasés par ces méditations et ces prières, écrit le pape saint Pie V, furent changés tout à coup en d'autres hommes, les ténèbres de l'hérésie disparurent et la lumière de la foi triompha partout. » La secte entière s'évanouit sans laisser de trace après la célèbre victoire de Muret où fut anéantie sa puissance matérielle et publique. En ce jour-là, cent mille hérétiques furent mis en déroute et complètement vaincus par douze cents combattants, dont aucun ne périt. D'après le vieux chroniqueur Guillaume de Puylaurens, « aux coups terribles dont ils frappaient les mécréants de leurs masses et de leurs haches d'armes, on aurait cru entendre une troupe de bûcherons abattant une forêt. »

Au XVIe siècle, ce sont les Turcs qui menacent l'Europe et le Christianisme d'une ruine totale. Le pape saint Pie V pousse le cri d'alarme ; il appelle au combat les princes catholiques, et l'Eglise entière à la prière. Tandis que la flotte chrétienne s'avance vers l'ennemi, une armée de suppliants implore Marie, par la répétition des *Ave* du Rosaire. La Souveraine ainsi suppliée ne reste pas sourde à tant de voix. La bataille de Lépante se donne, et la flotte chrétienne, sans presque aucune perte, anéantit les forces ennemies. L'Europe était sauvée de la barbarie. Et, en souvenir de cette insigne délivrance, l'Eglise institua la fête de Notre-Dame de la Victoire ou du Saint Rosaire.

La France, elle aussi, ressentit la protection de sa Reine. Le protestantisme mettait en péril la foi de notre patrie. Des guerres horribles l'avaient ensanglantée pendant de longues années. Mais l'institution de la fête du Rosaire ranima la foi et le courage des vrais Français et mit un terme aux progrès de l'hérésie. La prise de La Rochelle par Louis XIII fut le coup de mort de la puissance politique des Huguenots, et elle fut regardée et proclamée comme un miracle du Rosaire. En reconnaissance, le Roi consacra son royaume à Marie et lui éleva l'église de Notre-Dame des Victoires, où elle devait faire un jour éclater si magnifiquement les miséricordes et la puissance de son Cœur maternel.

Au XVIIIᵉ siècle, les Turcs attaquent de nouveau l'Europe : l'Eglise se tourne encore vers la Sainte Vierge. Et leurs armées innombrables viennent se briser contre les murs de Vienne, rempart du monde catholique, ou plutôt contre le Très Saint Rosaire. Deux grandes victoires, à Temesvar en 1716 et à Belgrade en 1717, et l'échec des flottes musulmanes contre Corcyre furent encore des triomphes du Rosaire après de solennelles supplications à Marie.

Et ce qui frappe dans ces événements, c'est la grandeur du désastre des ennemis. C'était un écrasement dont l'Enfer ne s'est jamais relevé. Le manichéisme, le mahométisme, et en France le protestantisme ont véritablement été broyés par Marie. C'était bien l'accomplissement de la prophétie : *Ipsa conteret caput tuum.* Non pas : elle te comprimera la tête, mais : « elle t'écrasera. »

Aussi les Papes n'ont cessé d'exalter, de propager, d'enrichir de magnifiques indulgences, de célébrer par leurs louanges la dévotion du Très Saint Rosaire. Urbain IV affirme que chaque jour le Rosaire procure de grands avantages au peuple chrétien. Sixte IV dit que cette dévotion est particulièrement propre à détourner les dangers qui menacent le monde. Léon X déclare qu'elle a été instituée contre les hérésiarques et les hérésies. Pie V assure que par elle les ténèbres de l'hérésie se dissipent et la lumière de la foi brille de tout son éclat. Grégoire XIII à son tour déclare que le Rosaire a été institué pour apaiser la colère de Dieu et implorer le secours de Marie.

Ainsi il est certain, il est indéniable que toutes les fois que l'Eglise a demandé secours à la Très Sainte Vierge par le Rosaire, elle en a reçu une assistance miraculeuse, et il n'est pas douteux qu'il en sera de même à jamais.

Or, par la miséricorde de Dieu et de Marie, nulle époque plus que la nôtre n'a vu s'épanouir la dévotion au Rosaire.

Au xviiie siècle, sous l'empire du jansénisme, le Rosaire était tombé en discrédit dans l'Eglise de France : on n'en comprenait plus les beautés, on n'y voyait qu'une répétition fastidieuse où les ignorants seuls pouvaient se plaire. Hélas ! que de maux survinrent à la France pour avoir délaissé l'*Ave !* Mais quand Dieu voulut faire miséricorde après les désastres de la Révolution, il poussa la France vers sa

Mère. Ce fut à Lyon, à Fourvière, que naquit, en 1825, la dévotion du Rosaire Vivant, pieuse association dont les membres récitaient seulement par jour une dizaine d'*Ave*, se distribuant entre eux les mystères à honorer. Ainsi le Rosaire était dit et médité en entier chaque jour, grâce à quinze associés. Cette organisation se répandit avec une prodigieuse rapidité, et elle ramena dans les mœurs l'habitude du Chapelet. Car, une fois le goût pris à la prière, combien ne se contentaient plus d'une dizaine et d'un mystère, mais offraient à Marie la couronne entière !

Les révélations de 1830, de 1836, de 1846 ne furent-elles pas la réponse de la Mère Immaculée ? Enfin voici Lourdes, et Marie se présente avec son Rosaire.

Oui, voici qu'à Lourdes c'est Marie elle-même qui nous prêche le Rosaire. Comme aux jours des Albigeois, elle vient nous apprendre à le réciter. L'Eglise a compris, et elle élève la voix. Léon XIII, le grand Pape de Notre-Dame de Lourdes, jette le monde entier aux pieds de la Très Sainte Vierge et du Très Saint Sacrement exposé, et met dans toutes les mains et sur toutes les lèvres le Rosaire. Lui-même dans quinze Encycliques, monument immortel de son amour pour Marie, il explique, exalte, recommande à tous cette dévotion salutaire. Les évêques par toute la terre lui font écho. Partout les fidèles reçoivent avec une allégresse extrême cette invitation de leurs pasteurs. Partout le Rosaire se dit avec ferveur.

Et depuis vingt ans l'Eglise n'a pas cessé. Voilà ce qui, au milieu des craintes et des désolations de l'heure présente, nous donne une invincible et inébranlable confiance.

Béni soit Dieu qui ne nous a pas enlevé notre prière et sa miséricorde ! Bénie soit Marie qui, voulant nous sauver, nous a tendu son Rosaire ! Que de grâces nous sont venues par sa récitation ! Sans doute, la rage de l'Enfer n'a pas désarmé et ne désarmera jamais ; mais il n'a pas fait tout le mal qu'il croyait faire. Toujours persécutée, l'Eglise est toujours triomphante ! Jésus lui prodigue ses grâces avec d'autant plus d'abondance que ses dangers sont plus grands. La vie surnaturelle coule à flots en tous ceux qui veulent y participer. La foi est plus vive, plus intense, la piété plus ardente, la charité chrétienne plus active et plus généreuse que jamais. Comment ne pas s'étonner que nos ennemis n'aient pu encore renverser Lourdes, Montmartre, nos églises, nos œuvres, quand on pense aux forces et aux ressources dont ils disposent ? C'est Marie qui arrête leur fureur et nous entoure de son Rosaire.

Cependant la victoire est loin d'être complète. La fureur de l'enfer s'accroît chaque jour, et nous menace des pires excès. Plus que jamais disons le Rosaire. Ne nous étonnons pas de n'avoir pas été délivrés entièrement : la faute n'en est pas au Rosaire, mais à nous-mêmes. Avons-nous recouru à Marie avec une confiance inébranlable et filiale, absolument certaine d'être exaucée ? Peut-être non ! Ah ! comment avons-nous pu douter de l'amour et de la puissance de notre Mère ? Et si nous-mêmes l'avons bien récité, beaucoup, hélas ! n'ont pas été fidèles à le faire. Ce qui par-dessus tout retarde l'efficacité de ces prières universelles c'est le peu de part que les hommes y prennent. Sous Pie V les hommes disaient le Rosaire :

chaque soldat de Lépante avait le sien et le récitait avant la bataille ; tous aussi avaient communié. Aujourd'hui, hélas ! beaucoup sans doute combattent le bon combat, par la parole, par la plume, par les œuvres sociales, mais ils ne disent pas assez le Rosaire ! Ils le laissent aux femmes trop souvent ; pour eux, ils comptent sur leurs propres efforts, sur les moyens humains, le zèle, le courage, l'activité. Tout cela est bon avec la prière. Sans elle, c'est peu de chose. Que fait pour Dieu un homme qui peut-être est son ennemi par le péché mortel ? Que peut un journaliste qui soutient sa doctrine, non par la prière mais avec son épée ?

Ah ! prêchons le Rosaire. « Les hommes d'armes batailleront, disait Jeanne d'Arc, et Dieu donnera la victoire. » Crions aux hommes : Bataillez et dites le Rosaire, et Marie nous sauvera ! La Très Sainte Vierge disait à saint Dominique : « Prêchez mon Rosaire qui est un bouclier contre les traits de l'ennemi, le rempart de l'Eglise de Dieu, et le livre de vie ! » Après Lépante le Sénat de Venise fit cette déclaration : « Ce ne sont ni nos généraux, ni nos bataillons, ni nos armes qui ont donné la victoire : elle doit être attribuée à Notre-Dame du Rosaire. » Nous avons entendu Léon XIII, depuis dix-neuf ans, nous donner les mêmes assurances. Mais il n'était que le continuateur de tous les Souverains Pontifes et, parmi eux, de son glorieux prédécesseur. « Je fonde sur le Rosaire mes plus chères espérances pour le triomphe de la sainte Eglise », disait Pie IX. Et dans mainte occasion il le répétait. « Courage, mes enfants, disait-il aux pèlerins de Belgique. Je vous invite à combattre les maux de l'Eglise et de la société, non point avec l'épée, mais avec votre Chapelet. » Et à d'autres : « Vous direz aux vôtres que le Pape leur donne un conseil : c'est de réciter le soir en famille le Rosaire ! »

Oui, encore une fois, il est certain, absolument certain que le Rosaire est tout-puissant ; il est certain que Marie est prête à nous sauver par le Très Saint Rosaire. Elle attend seulement que le nombre d'*Ave* que Dieu demande soit atteint, et alors nous verrons la Franc-Maçonnerie et toutes ses œuvres s'évanouir comme se sont évanouies l'arianisme et les autres hérésies anciennes. Encore une fois Marie aura vaincu Satan. Hâtons-nous donc. A la prière ! à la prière !

Immaculée Vierge Marie, Notre-Dame de Lourdes, Reine du Très Saint Rosaire, sauvez-nous : il **est** temps.

Pratique. — Récitez le très saint Rosaire pour remercier Marie de toutes les grâces qu'Elle nous a faites par cette dévotion, et pour demander qu'elle soit comprise et pratiquée par tous les fidèles.

CHAPITRE SEIZIÈME

Pourquoi le Chapelet de Marie avait-il les grains blancs et la chaîne d'or ?

ous vous ferons une chaîne d'or parsemée d'argent » [1], disait l'Époux du Cantique à sa bien-aimée. Cette parole s'applique au Chapelet de la Vierge : la chaîne en était d'or et les grains blancs. Rien n'est superflu dans les circonstances de l'Apparition. Puisque Marie a permis que Bernadette nous ait donné ce détail, il doit contenir une leçon.

Le blanc est la couleur du Paradis, de la joie, de la gloire. Les grains d'un blanc éclatant signifiaient la gloire et la joie que nos *Ave* procurent à la Très Sainte Vierge. L'or de la chaîne signifie l'amour que par là nous lui témoignons. Notre-Seigneur lui-même a daigné donner cette explication au B. Alain de la Roche, très dévot serviteur de Marie, qui fut, au xve siècle, un nouveau Dominique et un ardent propagateur du Rosaire. Jésus lui dit : « Le Rosaire est une couronne de gloire formée du diamant et de l'or

---

1 *Murenulas aureas faciemus tibi vermiculatas argento.* (Cant., I, 10.)

de la charité. Oui, on couronne ma Mère chaque fois que l'on récite la Salutation angélique. » Une couronne, une couronne de blanches roses : voilà le nom gracieux du Rosaire : *corona, rosarium*. Chaque *Ave Maria* est un diamant, une perle, une fleur de cette couronne, mais tels qu'en produit le Ciel : c'est-à-dire un éclat nouveau ajouté à la gloire de Marie, un rayonnement de sa beauté, une louange que le Ciel entend et qui attire sur elle, avec plus de complaisance, les regards de Dieu, des Anges et des élus. Essayons de le comprendre.

Ave ! Ce mot exprime tout le culte que le Ciel et la terre rendent à Marie. C'est le sentiment le plus sublime qu'une créature puisse inspirer, le plus voisin de l'adoration. Marie, disent les Pères, touchait à la Divinité : « *Fines Divinitatis propinquius attigit* » ; elle était aussi près de Dieu qu'il est possible, puisqu'elle était sa Mère. L'hommage, la vénération qu'elle mérite doivent donc être aussi voisins que possible du culte de latrie. L'Eglise a donné un nom à ce culte de Marie, l' « hyperdulie », pour bien marquer qu'elle place la Sainte Vierge au-dessus de tous les Saints et de tous les Anges.

Tombons à genoux devant notre Reine, et d'un cœur brûlant d'amour, mais pénétrés du respect le plus profond, disons-lui avec l'Ange : *Ave Maria !* Je vous vénère, ô Marie ! je vous salue, je vous reconnais comme la plus sublime des créatures et je m'en réjouis. Chef-d'œuvre de Dieu, Fille bien-aimée du Père, Mère de Dieu le Fils, Epouse du Saint-Esprit, vous êtes ce grand signe qui a paru au Ciel, la femme revêtue du soleil et couronnée d'étoiles, et ayant la lune sous vos pieds. Vous êtes notre Souveraine. L'Eglise se prosterne devant vous, les plus sublimes esprits du Ciel vous honorent. Jésus seul est au-dessus de vous ; mais vous êtes perdue en lui et revêtue de sa gloire. Satan vous a refusé ses hommages, mais moi, avec les Saints, je vous offre les miens : j'accepte vos droits, votre domination entière. Jouissez, ô Mère de Dieu, de vos prérogatives ineffables, trônez sur les Séraphins, montez jusqu'à la droite du Fils de Dieu, et partagez sa puissance. Souvenez-vous pourtant, dans vos splendeurs, que vous êtes notre sœur et fille de notre race : *Soror nostra es : crescas in mille millia* [1] !

Maria ! Ce nom, à lui seul, est une louange parfaite. C'est Dieu même qui le donna à sa bien-aimée : avec quelle joie elle s'entend donc nommer ! Marie, en hébreu, veut dire « exaltée », *exaltata*. Marie est la créature exaltée par excellence, la plus sublime, après le Christ, des œuvres de Dieu. Elle-même l'avoue dans les saintes Lettres : « Je suis exaltée, comme le cèdre du Liban, comme le palmier de Cadès. » Elle dépasse les Saints et les couvre de sa puissance, comme le cèdre étend ses branches. Elle s'élève au-dessus des Séraphins comme le palmier dans le désert. Et pourquoi est-elle exaltée ? Elle nous le dit en son Cantique : Dieu exalte les humbles ! Celui qui s'humilie sera exalté. Or, comme Marie a été la plus humble des créatures, il s'ensuit qu'elle est la plus grande. Et elle accepte cette exaltation,

---

[1] Gen., XXIV, 60.

parce qu'elle exalte Dieu lui-même. « Mon âme glorifie le Seigneur ! Je vous exalterai, Seigneur, parce que vous m'avez élevée. *Magnificat anima mea Dominum ! Exaltabo te quoniam suscepisti me !* »

Gratia plena ! Vous êtes pleine de grâce, vous êtes toutes grâces ; en vous il n'y a que grâce, puisque jamais il n'y eut de péché. En vous il n'y a que les dons de Dieu, sans aucun mélange des misères humaines. Rien de ce qu'il a versé en votre âme n'a été corrompu, rien de ce qu'il a offert n'a été refusé, rien de ce qu'il a donné n'est resté stérile. Et que Dieu vous a donné ! Car il vous choisissait pour être le canal de tous les biens donnés à la terre. Il a déposé en vous l'Auteur même de la grâce, sa Source intarissable, la Grâce incréée, éternelle, et la Grâce substantielle et créée. Et de cette plénitude, vous débordez. Vous êtes le cou du corps mystique de l'Eglise qui nous rattachez à notre Chef. Tout vient par vous ; mais, en nous comblant, vous ne perdez pas votre richesse. Vous ne vous appauvrissez pas en donnant, ô divine Trésorière. Car ce trésor est le Dieu vivant, et vous êtes sa Mère, et vous êtes en Lui et il est en vous. Vous êtes donc pleine de grâce, et c'est pourquoi vous êtes toute gracieuse, toute charmante aux yeux de Dieu, et vous trouvez grâce en sa présence et l'obtenez en notre faveur.

Dominus tecum ! Le Seigneur est avec vous ! Après avoir salué l'Immaculée Conception et la plénitude de grâce de Marie, nous vénérons ici sa Maternité divine. Le Seigneur est avec vous. L'Ange le lui dit déjà ; car, selon les Pères, Marie avait conçu le Verbe dans son âme avant de le concevoir dans ses entrailles,

Marie l'attirait à elle depuis le premier moment de son existence. Il est étrange que le Fils de Dieu ait pu résister tant d'années à un désir si ardent. La convenance le voulait, donc aussi la Sagesse éternelle. Mais aussitôt que l'heure marquée par les décrets divins eût sonné, le Verbe bondit comme un géant, dit l'Écriture, comme un fiancé impatient : en un instant, il vient du plus haut des Cieux jusqu'à son chef-d'œuvre de la terre que rien ne saurait dépasser, sa Mère.

Benedicta tu in mulieribus! Vous êtes bénie entre toutes les femmes. Bénie entre toutes les vierges, puisque seule vous êtes Mère ; bénie entre toutes les mères, puisque seule vous êtes Vierge ; bénie de la bénédiction de la fécondité, mais sans aucune des humiliations et des larmes dont les autres l'achètent. Bénie soyez-vous d'avoir relevé votre sexe de la malédiction qui pesait sur lui depuis la chute d'Ève, et de l'avoir si intimement associé à l'œuvre de notre Rédemption !

Et béni soit le fruit de vos entrailles, en qui toutes les nations de la terre seront à jamais bénies et en qui vous l'êtes vous-même, car toutes les mères lui crient : Bienheureuses les entrailles qui vous ont porté et le sein qui vous a allaité ! Quel Fils ! Quelle Mère !

Voilà les louanges que nous donnons à Marie quand nous récitons l'*Ave*. Nous lui rappelons toutes ses grandeurs : son Immaculée Conception, sa Maternité divine, sa Virginité. Comment donc n'aimerait-elle pas le Rosaire qui lui rend tant de gloire ! Aussi dit-elle au B. Alain de la Roche : « Après l'assistance à

la Messe, le Rosaire est la dévotion qui m'est le plus
agréable. »

Mais si les grains sont de perles, la chaîne est d'or.
Cela signifie que le Rosaire nous lie indissolublement
à Marie. Il n'y a pas d'exercice qui nous fasse autant
connaître et aimer notre Mère. Tout chrétien fidèle au
Rosaire sentira bientôt son cœur plein d'amour et
d'une confiance filiale envers la douce Vierge. Pourquoi cela ? Grâce à la méditation des mystères. C'est
la vie entière de Marie qui par le Rosaire se déroule
devant nous. Nous la vénérons non pas seulement au
Ciel, mais dans toutes les circonstances de sa vie.
Nous contemplons ses actions, sa beauté, sa modestie ;
nous entendons sa voix, nous méditons ses paroles ;
nous pénétrons jusque dans son Cœur immaculé ;
nous partageons ses joies et ses douleurs ; nous pleu-
rons avec elle au Calvaire et nous la suivons au Ciel.
Comment l'habitude de vivre ainsi avec notre Mère
ne nous ferait-elle pas l'aimer ? Quelle joie profonde
ses vrais enfants y goûtent ! « Réciter mon chapelet,
prier ma Mère, disait saint François de Sales, c'est
ma plus douce occupation et la joie la plus pure de
mon cœur. »

Oui, le Rosaire, comme le disait Jésus lui-même,
est bien une couronne de diamant et d'or, de gloire
et d'amour. C'est une délicieuse guirlande, disait le
B. Grignon de Montfort, qui relie nos cœurs au cœur
de Marie. Mais cette couronne, cette guirlande d'amour
est forte comme la mort : *fortis ut mors dilectio.*
Jamais un vrai dévot au Rosaire ne sera séparé de sa
divine Mère. Car Marie est toute bonne. Comment

n'exaucerait-elle pas les demandes si instantes, si persévérantes de ses enfants ? Nous la saluons pleine de grâce, bénie entre toutes les femmes, nous qui ne sommes que de pauvres pécheurs : comment son cœur de mère n'aurait-il pas pitié de nous ? Elle est si riche ! pourquoi refuserait-elle ses bienfaits à notre misère ? Elle est si bonne ! oublierait-elle que nous sommes ses enfants ? Elle est si humble ! dédaignerait-elle de nous écouter ? Oh ! non : elle nous aime, elle nous entend, elle nous exauce. A chaque *Ave* elle accorde une grâce nouvelle ; et quand une âme est fidèle à les multiplier, il se forme entre Marie et elle un lien que rien ne peut briser. Ecoutons plutôt les magnifiques promesses qu'elle daigna faire, en 1453, au B. Alain de la Roche :

1. Quiconque récitera pieusement le Rosaire et persévérera dans cette dévotion, verra toutes ses prières exaucées.

2. Je promets ma très spéciale protection et des grâces de choix aux dévots du Rosaire.

3. L'âme qui me témoignera sa confiance par la récitation du Rosaire ne périra pas.

4. Aucun de ceux qui réciteront avec piété le Rosaire en méditant les mystères ne fera une fin malheureuse. Pécheur, il se convertira ; juste, il persévérera jusqu'à la fin dans la grâce.

5. Je veux que tous ceux qui disent dévotement le Rosaire trouvent dans leur vie, et à leur mort, réconfort et lumière et participent aux mérites des Bienheureux.

6. Les vrais dévots du Rosaire ne mourront pas sans les secours de l'Eglise.

7. Je délivrerai du Purgatoire les dévots du Rosaire.

8. Ceux qui auront vraiment aimé et pratiqué cette dévotion jouiront dans le Ciel d'une gloire particulière.

9. Tout ce qu'on me demandera en récitant le Rosaire, on l'obtiendra.

10. J'ai obtenu de mon Fils que tous les associés du Rosaire aient comme frères dans la vie et dans la mort les Bienheureux qui sont en Paradis.

11. J'assisterai dans toutes leurs nécessités ceux qui propageront la dévotion du Rosaire.

12. Les dévots du Rosaire sont tous mes fils bien-aimés et les frères de Jésus-Christ.

13. La dévotion au Rosaire est une marque évidente de prédestination.

14. Le Rosaire fera germer les vertus, attirera les miséricordes divines, remplacera dans les cœurs les affections périssables par le saint amour de Dieu, et sanctifiera une multitude d'âmes.

15. Le Rosaire sera un bouclier impénétrable, ruinera les hérésies, affranchira les âmes du joug du péché et des instincts mauvais.

Telles sont les quinze grandes promesses faites par la Très Sainte Vierge à ses dévots serviteurs. N'avions-nous pas raison d'affirmer que c'est une chaîne d'or qui nous attache à Marie ?

Chrétiens, aimez le Saint Rosaire. Si humble soit le vôtre, sachez qu'aux yeux de Marie il est de diamant et d'or.

N'avez-vous pas lu que les anciens s'imaginaient à tort qu'il existait certaines pierres mystérieuses dont le contact changeait tout en or, et qui ainsi procuraient à leur heureux possesseur des fortunes incalculables ? Seulement personne ne trouva jamais cette prétendue merveille. Eh bien, il en existe une beaucoup plus magnifique, je la vois en vos mains : c'est votre Rosaire, vos perles enfilées d'or. Avec lui vous ouvrez le Ciel, vous en faites tomber toutes grâces : grâces de la vie et de l'éternité, grâces temporelles et spirituelles. Si vous souhaitez quelque chose, demandez-le à Marie votre Mère. Elle peut tout et veut vous exaucer. Rien ne rompra cette chaîne qui vous lie à elle ; ni le démon, ni les hommes, ni la mort.

Et ce n'est pas seulement à Marie, c'est à Jésus, c'est à Dieu que nous lie le Rosaire. En méditant sur les mystères de Marie, nous rencontrons Jésus, nous contemplons sa vie mortelle, ses vertus, ses souffrances, ses exemples, son amour. Or, Jésus est tout pour nous. Marie ne nous attire que pour nous conduire à son Fils. Comme elle y réussit bien par le Rosaire ! De plus, à l'*Ave* nous joignons le *Pater*. Or, c'est la prière qu'il a lui-même composée. Elle demande tout pour Dieu et pour nous. Pour Dieu, l'honneur de son nom, son règne sur la terre, l'accomplissement de toutes ses volontés ; pour nous, les biens dont notre corps et notre âme ont besoin, le pardon de nos fautes, la préservation des maux présents, futurs et passés. Enfin le *Credo* que nous y récitons nous rappelle tous nos mystères et ranime chaque jour notre foi. Qu'il est doux, bon et saint, notre Rosaire ! Merveilleuse invention de la divine Sagesse, pour nous apprendre à méditer en même temps qu'à prier !

Ecoutons ce qu'en disait une des âmes qui ont le mieux compris ses richesses, Mlle Pauline Jaricot, la fondatrice du Rosaire Vivant et de la Propagation de la Foi :

« Je peux dire de la dévotion du Rosaire ce que les Livres saints disent de la Sagesse : « Tous les biens me sont venus avec elle. » Entre autres grâces, cette dévotion m'a fait comprendre que l'humilité du cœur et la prière, unies aux mérites de Jésus-Christ et offertes par sa Mère Immaculée, sont les seules garanties de la paix. La méditation des mystères du Saint Rosaire a dégoûté mon esprit de tous les vains raisonnements de la sagesse humaine. Elle m'a convaincue de cette vérité que le salut de la France, comme celui de l'univers, est uniquement dans la connaissance, dans le souvenir des mystères de la vie et de la mort d'un Dieu fait homme et victime par amour pour l'homme.

« De plus, par la vertu du Rosaire, mon faible cœur a osé unir sa voix à celle du Sauveur qui, dans les larmes, la pauvreté et la souffrance, n'a cessé, durant sa vie mortelle, de faire retentir les demandes du *Pater*. Par la méditation douce et continue de ces mystères, j'ai compris la gloire que rendait au Père éternel la moindre action du Verbe incarné, et par suite la réparation surabondante qu'une seule goutte du sang de Jésus-Christ, une seule de ses larmes, un seul de ses soupirs, a dû offrir à la Justice, pour effacer et réparer les péchés du monde.

« Aussi ai-je espéré avec une intime, une entière certitude que je serais exaucée; et dans le sentiment de ma confiance absolue envers le Tout-Puissant

Rédempteur, j'ai oublié ma propre indignité pour tout demander, tout espérer, tout attendre, avec la conviction que le chrétien, quel qu'il soit, a droit de se prévaloir humblement des mérites de son Chef, et que rien ne peut lui être refusé quand il parle à la suprême Justice à travers les plaies de Jésus-Christ par la voix de Marie. »

O Vierge Immaculée, soyez bénie de nous avoir donné le Saint Rosaire. Daignez nous en faire comprendre les beautés. Faites que nous soyons fidèles à le réciter souvent et même chaque jour. O Marie, envoyez à la sainte Eglise de grands prédicateurs, de grands apôtres du Rosaire, et des âmes qui ne cessent de le dire, et nous serons sauvés.

Pratique. — Se faire inscrire dans la Confrérie du Très Saint Rosaire si l'on n'y est déjà enrôlé. Récitez-le aujourd'hui avec ferveur pour demander l'extension universelle de cette confrérie et son érection dans toutes les villes et tous les villages, afin qu'aucun fidèle n'ait de peine à s'y associer.

CHAPITRE DIX-SEPTIÈME

Pourquoi Marie a-t-elle fait couler une source du rocher ?

UTREFOIS, dans le désert, les Hébreux crièrent à Dieu pour avoir de l'eau. Et Dieu ordonna à Moïse de frapper de sa verge le rocher d'Horeb, et il en sortit une source abondante et délicieuse où le peuple se désaltéra. Or, dit saint Paul, « cette eau du rocher figurait un breuvage spirituel qui coulait de la pierre spirituelle qui les accompagnait. Et cette pierre était le Christ. » Il ajoute : « Tous burent, et pourtant il n'y en eut pas beaucoup d'entre eux qui furent agréables à Dieu [1]. »

Nous avons dit que le rocher de Lourdes représentait Notre-Seigneur comme celui d'Horeb. La source miraculeuse représente sa grâce, abondante et délicieuse, et qui pourtant, hélas ! ne parvient pas à sanctifier tous les hommes. Etudions ici les leçons de notre Mère.

Le 25 février, Bernadette, sur l'ordre de l'Appari-

____
[1] I Cor., x.

tion, creusa la terre de ses mains au pied du rocher. Bientôt la cavité s'emplit d'une eau troublée. La Sainte Vierge ordonna à l'enfant d'en boire. Trois fois l'enfant porta à ses lèvres, dans le creux de sa main, ce breuvage boueux sans avoir la force d'obéir. Enfin, encouragée par le regard maternel, elle surmonta sa répugnance. Dès ce jour, la source ne cessa de grossir : au bout de quelque temps, elle coulait limpide et abondante. Depuis quarante-cinq ans, elle jaillit sans jamais diminuer, et donne assez d'eau pour baigner tous les malades et contenter tous les désirs des milliers de pèlerins qui viennent à Massabielle.

Quelle leçon nous donne en cela Marie ? Pour frapper nos esprits, elle agit comme Dieu faisait dans l'Ancien Testament, ordonnant parfois à ses prophètes des actes singuliers ou même répugnants pour leur montrer par ce symbole les dérèglements des pécheurs.

Or, il est dit dans l'Écriture : « Mon peuple a fait deux crimes : il m'a abandonné moi la fontaine d'eau vive, pour se creuser des citernes, des citernes crevassées qui ne peuvent conserver les eaux [1]. »

Le Seigneur compare son peuple à des hommes altérés qui cherchent à soulager leur soif. Tout homme, en effet, a soif de bonheur. Dieu ne lui reproche pas ce désir : bien loin de là, c'est lui qui l'a allumé au cœur de sa créature. Il ne lui reproche donc pas d'avoir cherché le bonheur : il lui reproche de ne l'avoir pas trouvé, faute de le chercher où il est. Le bonheur ! mais c'est la vie de Dieu, et toute son œuvre dans le monde est de le communiquer à

[1] Jer., ii, 13.

ses créatures : il ne nous a faits que pour cela. Et
tellement il a désiré nous le donner qu'il s'est fait
homme et a souffert la mort pour nous le rendre
après le péché. Il a pleuré pour nous rendre le sourire ; il a souffert l'angoisse et la tristesse pour que
nous retrouvions la joie. Aussi il ne nous parle que
de bonheur. Son premier sermon aux hommes n'est
que pour leur apprendre le chemin du bonheur :
Beati….. Beati…..

Et voici le sujet de sa plainte : c'est que ce bonheur qu'il apporte à la terre, les hommes l'ont refusé,
pour chercher à grand'peine un bonheur méprisable
et passager : « Mon peuple a fait deux grands crimes ;
il m'a abandonné, moi la fontaine d'eau vive, pour se
creuser des citernes percées. » Il se compare lui-
même à une source d'eau vive, parce qu'il est le
Verbe de Dieu, sa parole, son Fils ; il jaillit sans
cesse par sa génération éternelle de l'abîme de la
Divinité, à tout instant engendré, à chaque instant
aussi jeune que de toute éternité ; et il répand à flots
l'existence, la vie, la lumière, la grâce dans le monde.
Toute vie naturelle et surnaturelle émane de sa puissance et de son amour. On trouve tous les biens en
Jésus-Christ. Tous les biens terrestres d'abord, car
c'est lui qui donne la santé, la richesse, toutes les
prospérités ; puis, les biens beaucoup plus sublimes
de l'âme : la grâce, les joies spirituelles, les vertus, et
ensuite la gloire éternelle. Or, tout homme peut y
puiser. Il nous invite : « Si quelqu'un a soif, qu'il
vienne à moi et boive. A celui qui a soif, je donnerai
pour rien l'eau de la vie. Celui qui vient à moi n'aura
plus soif. Celui qui croit en moi, un fleuve coulera

dans son sein. Ah ! si vous connaissiez le don de Dieu et Celui qui vous parle, vous lui demanderiez à boire et il vous donnerait l'eau qui rejaillit jusque dans la vie éternelle. Vous puiserez avec joie aux sources du Sauveur ! » Et le Prophète voyait en esprit un fleuve sortir du côté droit du Temple et tous ceux à qui cette eau parvenait étaient sauvés.

Voilà ce qu'est Jésus : une source d'eau limpide, jaillissante, intarissable, rassasiant tous les désirs, et enfin éternelle : on la boit ici-bas et on la retrouve encore plus délicieuse dans l'éternité : *fons aquæ salientis in vitam æternam.*

Eh bien, nous dit-il, cette source, mon peuple, c'est-à-dire la France, l'a abandonnée ! Abandonnée ! Elle la connaissait donc, elle l'avait goûtée : et elle l'abandonne pour trouver une eau meilleure. Et, au lieu d'une source, elle n'a que des citernes qu'elle creuse à grand'peine ; au lieu de l'eau pure et jaillissante, de l'eau stagnante et bourbeuse, c'est-à-dire : elle abandonne mon amour, mon service si plein de suavité, pour chercher un bonheur grossier, les voluptés mondaines, les pompes de Satan. Là elle boit une eau empoisonnée qui corrompt ses mœurs, détruit sa foi, ruine sa fortune. Et cela à grands frais, avec mille labeurs et mille souffrances. Et, pour comble, ces citernes sont percées, effondrées ; elles laissent couler l'eau et il ne reste au fond qu'une boue infecte ; c'est-à-dire que le vain plaisir que l'on cherche loin de Jésus-Christ, on ne peut même pas le garder. On veut le placer dans un corps fragile : la mort vient qui le brise. Que demeure-t-il de tant de voluptés ? Le plaisir est passé, il ne reste que la honte, le remords et la souillure, et les châtiments éternels qu'on a mérités. Quel échange ! quelle folie ! « Cieux, soyez dans la stupéfaction ; portes des cieux, soyez dans la tristesse, car mon peuple a fait deux grands maux : il m'a abandonné, moi la source d'eau vive, pour se creuser des citernes, des citernes percées qui ne peuvent rien garder. »

O France, continue Jésus par la bouche de son prophète, « je me souviens du temps où j'eus pitié de ta jeunesse, je me souviens de nos premières amours. Tu étais le Saint de Dieu, les prémices de ses conquêtes ; tous ceux qui t'affligeaient étaient châtiés du Seigneur. Quel mal ai-je donc fait à vos pères pour qu'ils se soient éloignés de moi, pour marcher après la vanité ? Eh bien, discutons ensemble, examinez. Allez jusque dans les pays sauvages, envoyez chez les Chinois et chez les Nègres : considérez attentivement et voyez si jamais on a vu chose pareille, si un de ces peuples a changé ses dieux ; et pourtant leurs dieux ne sont pas le Dieu véritable. Mais mon peuple, lui qui a la gloire de connaître le vrai Dieu, l'a changé pour des idoles. Cieux, étonnez-vous ; portes des cieux, tremblez ! Mon peuple a fait ces deux crimes : il m'a abandonné, moi la fontaine d'eau vive, pour se creuser des citernes, des citernes percées, qui ne peuvent rien garder [1]. »

Mais non seulement s'éloigner de Jésus-Christ, c'est renoncer au bonheur, c'est encore se souiller. L'âme qui a préféré la créature à Dieu devient sale et hideuse devant la pureté infinie. « Comment dis-tu :

_____

1 Jerem., ii, 2-13.

Je ne suis pas souillée ? » ajoute encore le Prophète. « Ta malice t'accuse et ton éloignement de moi est ta condamnation. Reconnais donc et vois qu'il t'est mauvais et amer d'avoir abandonné le Seigneur ton Dieu et d'avoir perdu ma crainte, dit le Seigneur Dieu des armées. Depuis un siècle, tu as brisé mon joug et rejeté ma loi et tu as dit : Je ne servirai pas. Je t'avais plantée comme une vigne choisie, comme une semence parfaite : comment donc es-tu devenue une vigne détestable et qui n'est plus à moi ? Quand tu te laverais avec du nitre, et y ajouterais l'herbe borith, tu es souillée de tes iniquités devant moi [1]. »

Et Marie, pour faire comprendre la leçon, y joint le symbole. Sur son ordre, l'enfant se lave à la source, c'est-à-dire se couvre le visage, figure de l'âme, d'une eau bourbeuse qui la souille, loin de la purifier. Puis la Vierge lui ordonne de manger de l'herbe qui croît à côté : c'était l'herbe appelée dorine, de la famille des saxifragées. (LASSERRE.) C'est pour nous faire sentir l'impuissance de nos moyens à purifier les âmes et la société. « Quand tu te laverais avec du nitre, et y ajouterais l'herbe borith, tu es souillée de tes iniquités ! » Le borith est une herbe qui a la propriété de nettoyer. Mais l'herbe est aussi la figure de l'homme, car, dit l'Ecriture, « toute chair n'est que de l'herbe. » Marie veut donc nous dire qu'aucun secours humain ne peut nous purifier.

Mais, après nous avoir fait sentir notre misère, la Sainte Vierge nous montre le remède : « Allez boire à la source et vous y laver. » En effet, l'eau devenant

---

[1] Jer., II, 19-22.

plus abondante, la source coula claire et limpide :
pour bien nous montrer que là où le péché avait
abondé, surabonde la miséricorde. Cette source jaillissante signifie en effet la grâce inépuisable de Jésus-
Christ, elle signifie son sang qui coula de son côté
pour purifier le monde : aussi la source coule du côté
droit de la grotte, selon la prophétie : « J'ai vu de
l'eau sortir du Temple du côté droit, et tous ceux à
qui cette eau est parvenue ont été sauvés. » Et, en
effet, elle est le symbole des grâces spirituelles et
temporelles qui ne cessent de se répandre à Lourdes
sur tous ceux qui viennent les chercher.

Voilà donc ce que nous dit Marie : « Mes enfants,
vous avez soif de bonheur ; n'allez pas aux citernes
d'eau stagnante et corrompue, où vous trouverez à
peine quelques gouttes d'eau impure qui vous souille-
ront sans vous désaltérer. Allez à la source délicieuse,
intarissable, éternelle, qui rassasie pleinement et
cependant laisse toujours de nouveaux désirs : allez
à Jésus-Christ. C'est lui la source d'eau vive. Mais
vous êtes pécheurs : eh bien, Jésus seul peut vous
purifier. Allez vous baigner dans son sang et en
même temps vous y abreuver : allez boire à la source
et vous y laver ! »

O Marie, ô Vierge toute pure, purifiez nos âmes
dans le sang de votre Fils bien-aimé !

Pratique. — Dites le très saint Rosaire en pensant au
précieux Sang de Jésus et pour la conversion des
pécheurs.

CHAPITRE DIX-HUITIÈME

Pourquoi la Sainte Vierge
fait-elle tant de miracles à Lourdes ?

ous avons dit que l'Apparition de Lourdes est une révélation nouvelle du Ciel à la terre. Or le miracle est la preuve la plus frappante, et en quelque sorte le témoignage nécessaire de la vérité d'une révélation, de son origine divine. Cela est tellement vrai, tellement senti par tous les esprits raisonnables, que les ennemis mêmes de la Religion ont été pris à Lourdes en flagrant délit de croyance à l'efficacité des miracles, pour établir la foi au surnaturel. Quand Bernadette vint de la part de la Très Sainte Vierge exposer au curé de Lourdes les désirs de la Reine du Ciel, le vénérable prêtre lui répondit qu'il ne pouvait croire à son message s'il n'était appuyé de quelque miracle. Or on était en plein hiver, et le bon curé demanda pour signe que l'églantier de la grotte fleurît subitement. La nouvelle fut bientôt connue dans la ville ; les journaux s'en emparèrent, les journaux impies qui depuis le commencement se moquaient si joyeusement ment des prétendues visions et de la superstition populaire. Ils exaltèrent la prudence du curé de Lourdes, disant agréablement qu'il avait demandé ses papiers à la Visiteuse céleste. Et comme l'églantier ne fleurit pas, ils en tirèrent cette sage conclusion que l'Apparition était mensongère, puisqu'elle ne s'appuyait sur aucun prodige. D'où la contradictoire suit nécessairement : que s'il y avait eu des miracles, l'Apparition eût été divine.

Il semble que la Sainte Vierge ait refusé le miracle demandé, juste le temps nécessaire pour les laisser s'enferrer sur cette conclusion, et poser eux-mêmes la première prémisse d'un raisonnement très simple dont elle se chargeait de poser ensuite la deuxième. Voici le syllogisme. Première prémisse posée par la libre-pensée : Le miracle prouve l'action divine. Deuxième prémisse posée par la Sainte Vierge : A Lourdes il s'opère des miracles. Conclusion tirée par la raison : A Lourdes Dieu s'est véritablement manifesté à la terre.

Ainsi donc, à la question placée en tête du chapitre : *Pourquoi la Sainte Vierge a-t-elle fait des miracles à Lourdes ?* il faut répondre : Pour satisfaire à la demande du curé de Lourdes et de la libre-pensée elle-même, c'est-à-dire pour prouver indubitablement la réalité des Apparitions, et par suite confirmer tout le récit de Bernadette et tout ce qu'elle nous a transmis des désirs et des leçons de notre Mère.

Le curé de Lourdes avait demandé un miracle. Mais sa demande était humaine. L'homme est si timide dans ses ambitions ! Pour croire il se contentait d'un tout petit miracle : l'apparition hâtive d'une fleur qui pousse tous les ans ! Il a peu demandé et il a obtenu en définitive beaucoup plus qu'il n'espérait. Quelle leçon Marie nous donne par ce seul fait ! Nous avons si peu de foi ! nous croyons si peu à cette grande promesse de Dieu : « Demandez et vous recevrez : tout ce que vous demanderez avec confiance vous sera accordé. » Pourtant, Dieu exauce toujours ; mais parfois il diffère, et d'autres fois il accorde autre chose que ce que l'on demandait ; mais il accorde toujours, et toujours plus qu'on n'a osé espérer : jamais moins. Ici, comme nous le voyons ! Si Marie avait fait fleurir le rosier, M. Peyramale aurait cru sans doute, mais le monde aurait-il cru ? Les impies auraient dit assurément que l'églantier était déjà en fleurs, sans qu'on l'ait remarqué ; que dans la grotte la température était plus douce, et éminemment favorable à hâter la floraison. On aurait dit cela dans le moment. Et plus tard, quand la fleur eût passé avec la saison, on aurait nié absolument qu'elle eût jamais existé. On eût prouvé plutôt que cette sorte d'épines n'a jamais de fleurs ou même qu'il n'y avait jamais eu d'églantier à Massabielle.

Bref, un si petit miracle n'eût pas longtemps arrêté la libre-pensée. Elle eût affirmé péremptoirement qu'une croyance est bien faible qui ne s'appuie que sur des pétales de roses.

Maintenant voyons Marie agir : elle va parler par sa toute-puissance. Les miracles qu'elle va faire ne sont pas des jeux charmants ; ce sont des œuvres immenses qui vont remuer le monde. A Jésus aussi on demandait un prodige, et rien qu'un, pour croire à sa Divinité : « Nous voulons, lui disaient les Juifs, voir un prodige de vous dans le ciel. » Jésus ne le fit pas. Mais il en fit des milliers sur la terre. Pourquoi employer sa puissance à amuser ses ennemis, quand il peut la consacrer à soulager ceux qui souffrent ? Les Prophètes avaient-ils dit qu'il prouverait sa mission en faisant des éclipses ? Non, mais voici les miracles qu'ils annoncent : « Les aveugles voient, les sourds entendent, les boiteux marchent, les lépreux sont guéris... » Et quand saint Jean-Baptiste fait demander à Jésus-Christ : « Etes-vous celui qui doit venir, ou devons-nous en attendre un autre ? » pour toute réponse il guérit des aveugles, des sourds, des paralytiques, et il dit aux disciples de Jean : « Allez dire à votre maître ce que vous avez vu et ce que vous avez entendu. » La preuve est décisive.

Eh bien, Marie agit comme lui. A Lourdes, on peut dire littéralement la même chose qu'autrefois en Judée : Les aveugles y recouvrent la vue, les sourds entendent de nouveau la parole humaine, les paralytiques, les malades les plus impotents se lèvent de leurs grabats, les boiteux jetant leurs béquilles sautent et bondissent, les mourants reviennent à la vie.

Ah ! ce n'est ni dans le Ciel, ni sur un rocher aride que Marie va montrer sa puissance. Son cœur de Mère voit tant de souffrances sur la terre ! Faire fleurir une épine ! Oui, elle va le faire ; mais cette épine aride c'est pour elle la pauvre humanité. Elle, la belle et ravissante fleur des champs et le lis des vallées, elle voit tant d'âmes flétries, tant de corps infirmes, tant de pauvres membres desséchés : c'est là qu'elle va faire affluer la sève miraculeuse et rendre la vie. Les âmes et les corps vont refleurir à sa voix bénie : la grâce et la santé vont couler à flots de cette grotte.

Combien de pauvres malades s'écrieront dans la joie de leur cœur avec le Prophète : *Et refloruit caro mea* : « ma chair a refleuri ! » On demande à Marie des fleurs : mais elle nous répond : « Mes fleurs à moi ce sont des fruits d'honneur et de vertu », des conversions, de dignes fruits de pénitence, des âmes rendues à la vie : *flores mei fructus honoris et honestatis.*

Voilà la réponse de Marie à la demande du curé de Lourdes. Pourtant elle a bien aussi des roses, mais ce n'est pas la terre qui les produit ; elle les apporte du Paradis, elles ornent ses pieds, pour nous montrer que c'est l'amour qui la conduit. Sans doute, ce n'est pas seulement à Lourdes, ni dans notre temps que Marie guérit et console. Dans tous les siècles et dans tous ses sanctuaires on a trouvé près d'elle grâces et secours. Quand elle n'aurait pas d'autres raisons que d'écouter la tendresse de son cœur, Marie ferait des miracles, et elle en a toujours fait. Mais à Lourdes elle a de plus à confirmer son Apparition et ses enseignements : c'est pourquoi c'est là surtout que sa puissance éclate. De même Jésus tout brûlant d'amour pour nous n'a cessé et ne cessera jamais de faire du bien aux pauvres hommes ses frères : toutefois, c'est au moment où il a prêché son Evangile qu'il a multiplié ses miracles, afin de prouver sa Divinité et sa mission. Ainsi les miracles de Marie et de Jésus ont deux grands buts : soulager l'humanité, et lui prouver que Dieu existe et s'occupe d'elle.

Vous demandez un miracle, ô esprits forts de Lourdes, parce que vous pensez bien qu'il n'en fera pas. Un peu de patience. La science peut venir : non pas seulement la botanique pour constater s'il y a des roses à l'églantier ; mais une science plus utile : la médecine. Pour témoins voici toute une population : celle de Lourdes, ville suffisante sans doute pour en fournir d'assez nombreux et assez prudents. Voici en effet un ouvrier carrier que tout Lourdes connaît et auquel tous s'intéressent. Il a perdu la vue d'un œil il y a trente ans dans un accident qui a ému toute la ville. Chacun sait qu'il ne peut guérir. Marie l'a choisi pour son premier témoin. Elle lui inspire de se baigner les yeux dans l'eau de la source merveilleuse. Il est guéri instantanément. Voilà le premier miracle de Lourdes. Personne n'a pu nier que Bourriette n'eût un œil absolument perdu ; et tous ceux qui l'ont voulu ont pu constater que cet œil a été absolument guéri en un moment.

Et ce miracle a été suivi d'une multitude d'autres encore plus magnifiques.

En notre siècle d'impiété et de naturalisme on avait vu se lever une nouvelle manière de combattre notre sainte Religion. Les impies disaient avec tout le charme de leur langage séduisant : La Religion chrétienne repose sur les miracles attribués au Christ son auteur. Or le miracle est une chose absurde et impossible. Donc la religion du Christ est fausse, et le Christ lui-même, dont la prétendue divinité repose entièrement sur ces soi-disant miracles, n'est pas Dieu, si même il a jamais existé.

L'argument était très vrai si l'on pouvait établir

la deuxième prémisse, mais la prouver n'était pas chose très facile. Le miracle n'a jamais eu lieu parce qu'il est impossible ! On pouvait répondre : Pourtant il existe. Les miracles du Christ ont eu un peuple entier pour témoin, et sans doute tous n'étaient pas des insensés. On ajoutait : D'ailleurs les miracles du Christ ne sont pas les seuls. Ses disciples en ont fait beaucoup plus que lui, et même de plus grands. Depuis dix-neuf siècles, jamais les miracles n'ont cessé de se produire dans l'Eglise catholique ; leur nombre est incalculable. Jamais Rome ne canonise un saint, qu'elle n'ait constaté juridiquement, avec une sévérité presque désespérante, plusieurs miracles éclatants accomplis par son intercession. Quelques saints en ont fait tellement que leur nombre ne se peut dire. Ainsi, saint François Xavier a ressuscité cinquante-deux morts au moins, et un évêque déposa à son procès de béatification qu'il avait opéré dans son seul diocèse plus de huit cents miracles. — Les impies n'avaient rien à répondre ; mais ils n'en continuaient pas moins leurs blasphèmes, comme toujours ils le feront. Mais pour empêcher leur venin de souiller l'intelligence populaire, voici que Marie manifeste son action. En plein XIXe siècle, le miracle, nié comme une chose impossible, devient presque une institution. Si quelqu'un veut en voir, qu'il aille à Lourdes : il en trouvera, pour ainsi dire, à jours fixes.

Ce qui frappe dans les miracles de Lourdes c'est d'abord leur nombre. Depuis quarante-cinq ans, on ne saurait le calculer même approximativement. D'autant plus que ce n'est pas à Lourdes seulement

qu'il s'en opère, mais par toute la terre, partout où
Notre-Dame de Lourdes est invoquée. C'est ensuite
leur grandeur et leur variété. Toutes les maladies ou
à peu près y ont trouvé leur guérison : par conséquent pas un mal auquel l'homme est sujet, auquel
Marie ne porte remède, fût-ce les maladies les plus
affreuses, les plus invétérées, les plus incurables.
En troisième lieu, ce qu'il y a d'unique à Lourdes,
c'est leur constatation. La science s'était moquée du
miracle comme d'une chose impossible. Eh bien,
c'est elle-même qui va en juger. A Lourdes il y a
un bureau médical devant lequel paraissent les
malades qui se disent guéris. Tout médecin, de toute
nation, de toute opinion, peut y venir librement.
On ne craint aucune lumière : on la cherche, au
contraire. Des milliers de savants y sont venus ; les
sommités médicales, les maîtres y ont vu des merveilles qui surpassaient leur savoir. Ils ont dû s'in-
cliner devant l'évidence et reconnaître l'œuvre d'une
puissance supérieure à l'homme et à la nature.

Or, quelle est cette puissance ? Les moyens em-
ployés pour obtenir ces guérisons vont répondre. Les
malades viennent pour invoquer la Vierge Marie,
Mère de Notre-Seigneur Jésus-Christ. C'est à elle
qu'ils demandent la santé. Ils boivent de l'eau de
la source, ils s'y baignent quelques instants : voilà
le remède unique, le même pour toutes les maladies.
Comment expliquer que de l'eau froide, dans laquelle
l'analyse chimique n'a trouvé aucune propriété
curative, puisse instantanément guérir des maladies
absolument différentes : rendre la vue à un aveugle,
le mouvement au paralytique, allonger la jambe d'un

boiteux, faire disparaître un cancer sans qu'il laisse de trace ?

A l'usage de cette eau se joint une prière ardente et confiante. Non seulement le malade et ses parents, mais la foule des pèlerins demandent avec ferveur une guérison, et la guérison arrive. Et souvent même elle se produit sans l'eau, par la prière seule ; quelquefois pendant le trajet en chemin de fer à l'aller ou au retour ; d'autres guérisons ont lieu en tout pays à l'invocation de la Vierge de Lourdes. C'est donc bien elle qui répond : elle seule, sa puissance, sa bonté maternelle. L'eau de sa source est son moyen ordinaire, mais elle n'est pas nécessaire à ses faveurs.

Mais voici plus : un autre agent de guérison à Lourdes c'est le Très Saint Sacrement. Beaucoup de malades ont été guéris subitement sur son passage, en l'acclamant, en recevant sa bénédiction. Ils ont reçu la grâce qu'ils demandaient, à l'instant même où ils la demandaient, et la lui demandaient à lui-même directement : c'est-à-dire à Jésus-Christ, Fils de Dieu et Fils de Marie, présent, comme l'enseigne l'Eglise, au Très Saint Sacrement. Certes ici la science ne verra aucune proportion, aucune explication naturelle possible, entre ces miracles et les moyens qui les obtiennent.

Encore une fois, quelle est donc la puissance qui les produit ? Evidemment, c'est la puissance invoquée par les miraculés. Or ils invoquent la Sainte Vierge Marie, et par son intercession Jésus-Christ son Fils, et Dieu, le Créateur Tout-Puissant. Et Dieu, Jésus et Marie répondent par leurs prodiges.

La conclusion qui s'impose à tout homme de bon

sens et de bonne foi est celle-ci : Dieu, Jésus et Marie existent et ils nous entendent. Et de plus, comme ces prodiges n'ont lieu que dans la seule Eglise catholique, apostolique et romaine, qu'ils ne sont faits qu'à sa prière à elle, qu'en sa faveur à elle, ou, si quelquefois c'est en faveur de personnes étrangères à sa croyance, c'est du moins quand elles invoquent la Vierge des catholiques, ou à la prière fervente de catholiques, il s'ensuit que la sainte Eglise romaine est la seule vraie Eglise de Dieu, la seule Religion. Et c'est là précisément la leçon que Marie veut donner à la terre. Elle vient lui faire une nouvelle révélation, qui assurément n'ajoute rien à la croyance de l'Eglise, qui n'augmente pas d'un degré notre croyance à nous, parce qu'elle était complète, absolue, inébranlable : mais qui, aux yeux de tous les incrédules, indifférents, ou membres d'une autre religion quelconque, est une démonstration facile, claire, évidente, palpable, présente, inattaquable et suffisante, que la Religion catholique romaine est la seule vraie Religion.

Et en effet nous pouvons dire à Marie ce qu'un Juif disait autrefois à Jésus lui-même : « Nous savons que vous venez au nom de Dieu, car personne ne pourrait faire les miracles que vous faites si Dieu n'était avec lui. » C'était le langage du bon sens. Mais tous ne le tenaient pas. Beaucoup de Juifs fermaient les yeux à la lumière, et Jésus le leur reprochait énergiquement. « Si vous ne croyez pas à mes paroles, leur disait-il, croyez à mes œuvres. J'ai un témoignage plus grand même que celui de Jean-Baptiste, ce sont mes œuvres. Les œuvres que je fais rendent témoignage de moi et de la divinité de ma mission. » Comment cela ? Parce que je les fais au nom de mon Père, au nom de Dieu. « C'est lui-même qui agit par moi. Si je ne fais pas les œuvres de mon Père, ne croyez pas en moi. Mais si je les fais, croyez en ces œuvres, si vous ne voulez pas croire à mes paroles, et reconnaissez que Dieu est en moi. » Quelle clarté divine ! Quelle évidence !

Mais telle était la haine des Juifs pour Jésus qu'ils aimèrent mieux blasphémer Dieu et sa puissance que de reconnaître le Christ pour son envoyé. Et Jésus dit alors cette parole terrible : « Si je n'étais pas venu sur la terre, ils n'auraient pas péché ; mais maintenant leur crime est sans excuse. Si je n'avais pas fait devant eux des miracles que personne autre ne fait, ils ne seraient pas coupables : mais ils les ont vus et ils me haïssent, moi et mon Père, selon cette parole de l'Ecriture : « Ils m'ont haï sans raison ! »

Oui, sans raison ! ou plutôt contre toute raison. Ah ! les impies crient bien haut contre l'obscurantisme de l'Eglise qui croit en des êtres invisibles, en un monde autre que celui que nous habitons ; ils ne parlent que des lumières de la raison. Assurément, ils n'en font guère usage de ces lumières : pour nous au contraire, nous en profitons pleinement. C'est la raison en effet, la raison toute seule, qui nous permet d'avoir la foi. Les bêtes n'ont pas la foi parce qu'elles n'ont pas la raison. Pourtant il est aussi vrai pour elles que pour nous qu'il y a un Dieu, et qu'il est leur Créateur. Mais elles l'ignorent ; elles n'ont pas la foi et ne peuvent l'avoir, parce qu'elles n'ont pas d'intelligence. Les incrédules se mettent à leur niveau rabaissé. Le chrétien au contraire est un être intelligent et qui sait se servir de sa raison, et c'est pourquoi il croit.

Peut-on donc raisonnablement croire ce qu'on ne voit pas ? Assurément. La vue est-elle le seul sens ? On croit ce qu'on entend, ce qu'on sent, ce qu'on touche, aussi bien que ce que l'on voit. Eh bien, Dieu ne se fait pas voir, mais il fait sentir, toucher sa présence. Il se fait sentir par ses œuvres, par ses bienfaits, par ses châtiments. Toute la nature proclame le Créateur. Mais il manifeste surtout sa puissance par les miracles. Il a daigné parler à l'homme. Il a envoyé des Prophètes, des Anges et surtout son Fils Jésus-Christ, et il leur a donné pour témoignage de leur mission, la grande voix des miracles. Tout ce qu'ils nous ont dit de sa part il l'a confirmé par les œuvres qu'ils opéraient en son nom. N'y a-t-il pas là de quoi fonder une croyance raisonnable ?

Quand Christophe Colomb comprit par son génie l'existence d'un autre continent au delà des mers, on pouvait le regarder comme un rêveur, jouet de l'illusion. Mais ceux qui virent revenir ses vaisseaux chargés des richesses du nouveau monde, pouvaient-ils croire raisonnablement à l'existence de l'Amérique ? La folie n'eût-elle pas été plutôt d'en douter ? Et si aujourd'hui quelqu'un refusait de croire à l'Amérique sous prétexte que la mer s'étend jusqu'à l'horizon, que lui répondrait-on ? Rien sans doute, parce qu'on ne le jugerait pas doué de raison. Ou bien, par compassion on lui dirait : « Mon ami, si vous n'avez pas reçu d'éducation, si vous n'avez lu ni livres, ni journaux, ni récits de voyage ; si vous n'entendez jamais parler du monde ni de la politique, ni des affaires humaines, on conçoit que vous ne connaissiez pas l'Amérique : mais au moins ne niez pas ce que vous affirment les gens intelligents. Tenez, il y a si bien une Amérique que voici des lettres qui en arrivent, voici un télégraphe par lequel je lui parle et elle me répond. Je sais ce qui s'y passe, je converse avec ceux qui y sont; je la connais presque comme si j'y avais été moi-même ; je connais même des gens qui l'ont habitée longtemps. »

Beaucoup plus fous que ce rustre nous paraissent ceux qui nient Dieu et le Ciel, à nous qui connaissons si bien le monde surnaturel, qui vivons en contact avec lui perpétuellement, qui lui parlons et entendons ses réponses. A ces incrédules nous disons : « Vous vous prétendez philosophes, mais au fond vous n'êtes que des ignorants. Avez-vous lu quelques-uns des millions de livres qui ont été écrits sur ces choses que vous traitez de chimères ? Si vous ne vous occupez que de boire, manger, travailler, vous enrichir, vous amuser et autres besognes matérielles, ou bien si vous étudiez seulement les sciences physiques et naturelles, il n'est pas étonnant que vous n'ayez aucune notion des réalités divines. Cela n'empêche point qu'elles existent. Et pour preuve voici les miracles, voici ce qu'obtient la prière; bien plus, voici quelqu'un qui revient du Ciel, c'est la Sainte Vierge Marie, morte il y a dix-neuf cents ans. Elle revient avec la puissance de faire des milliers de guérisons. Croirez-vous au moins qu'elle existe ? »

Mais ce n'est pas seulement aux impies, aux athées, aux déistes que la Vierge Immaculée répond. C'est à tous ceux qui n'appartiennent pas à la Religion catholique : protestants, schismatiques, juifs, mahométans, bouddhistes, idolâtres, païens de toute espèce. Tous les cultes passés ou présents s'arrêtent devant ce simple fait qu'ils n'ont jamais réalisé, et qui chez les catholiques est si fréquent : le miracle. Oui, trouvez-moi une religion quelconque qui puisse autoriser sa foi d'un seul miracle véritable, et je l'embrasse à l'instant. Mais cela ne s'est jamais vu et ne se verra jamais que dans notre sainte Religion catholique. Car il n'y a pas plusieurs dieux : donc il n'y a pas plusieurs religions. Or, comme la Religion catholique seule possède le don des miracles, elle est la Religion unique.

Je m'explique. Un seul miracle exige la puissance formelle de Dieu ; donc, si ce miracle appuie une Religion, Dieu la confirme : or il ne peut confirmer l'erreur.

Mais, dira-t-on, les autres religions ont eu autrefois des miracles.

Je mets de côté le Judaïsme avant la venue du Christ : car alors il était la vraie et unique Religion, il était l'Eglise : aussi il a eu dans ce temps-là des miracles. Mais depuis dix-neuf siècles il n'en a plus. Le Judaïsme donc écarté, il est certain qu'aucune religion autre que la Religion catholique n'a eu ni n'aura jamais aucun miracle véritable, par la seule raison que la Religion catholique, elle, en a, et par millions ; or le miracle est une confirmation divine, et Dieu ne peut pas confirmer à la fois des doctrines opposées. Si donc certains cultes prétendent avoir eu des miracles, qu'ils les prouvent. Mais ils ne le feront jamais. Leurs prétendues merveilles remontent dans la nuit des temps et ne reposent que sur des récits dont il est absolument impossible d'apporter des preuves, et nous les nions absolument. L'Eglise catholique au contraire a eu des miracles à toutes les époques de son existence, dans tous les siècles, sans aucune exception et en nombre incalculable ; et pour ceux qui sont très antiques, comme ceux rapportés dans les Livres de l'Ancien et du Nouveau Testament, leur réalité historique est confirmée à son tour par la tradition constante, universelle, de tous les peuples qui ont reçu ces livres et contrôlé sans interruption leur intégrité comme leur origine. Que si, en second lieu, les religions que nous appelons fausses prétendent avoir des prodiges en notre temps, il est absolument certain que ces faits ou bien étaient des supercheries et des prestidigitations, ou bien des œuvres du démon. Car le démon peut très bien faire des choses qui dépassent la nature. Mais la différence immense et péremptoire qui distingue ces faits des miracles de l'Eglise catholique, c'est que les nôtres sont toujours obtenus par la prière à Dieu humble, fervente, jointe à la pénitence et à la chasteté des mœurs, et tendent également à augmenter la piété, la pureté, la charité et tous les bons sentiments : en un mot ils portent un cachet de sainteté divine. Rien de tout cela ne se rencontre dans tout ce que peuvent faire les païens, les spirites, les somnambules ou autres magiciens : leurs œuvres ne tendent qu'au contentement des passions ou tout au plus au bien-être matériel ; souvent elles mènent aux pires conséquences, comme la folie et les crimes.

Toutefois, il peut se faire que le diable déguise assez son action pour tromper les impies, et Dieu nous prévient même à l'avance, dans l'Apocalypse, que dans les derniers temps il fera des merveilles étonnantes, jusqu'à faire parler l'image d'une bête et descendre le feu du ciel, au point, dit l'Ecriture, de « tromper, s'il était possible, même les élus. » Mais ce *si* exprime évidemment que cela est impossible ; c'est-à-dire que, malgré la grandeur des prodiges opérés, les Saints, les vrais fidèles ne seront pas séduits, parce que Dieu, en leur faveur, abrégera ces jours terribles, et, d'autre part, l'annonce si formelle qu'il nous en fait à l'avance les soutiendra dans l'épreuve. Ainsi cette séduction ne nuira qu'aux impies, aux âmes dont les péchés et l'infidélité auront mérité ce châtiment. Car Dieu ne laisse de pouvoir aux démons que pour l'épreuve des justes et la punition des pécheurs.

Que si enfin, dans quelques cas, on hésite momentanément sur l'origine divine ou diabolique d'une apparition ou d'un prodige, du moins nous pouvons affirmer ces deux propositions absolument certaines :

1º Dans l'Eglise catholique, il se fait une immense quantité de miracles dont l'origine est certainement divine ;

2º Hors de l'Eglise catholique, jamais on ne pourra prouver qu'un seul fait prodigieux ait une origine certainement divine.

Donc l'Eglise catholique seule est la religion acceptée et approuvée de Dieu. Ainsi Notre-Dame de Lourdes prêche à toute la terre la vérité du catholicisme. Ecoutez, voyez, discutez, pauvres protestants, pauvres schismatiques russes, grecs ou de toute autre sorte. Sur quoi est fondé votre christianisme ? Sur les miracles du Christ, direz-vous. Fort bien. Mais si vous comprenez ce langage des miracles, pourquoi ne l'entendez-vous plus maintenant ? Si le Christ est Dieu, suivez-le jusqu'au bout. Or, ce n'est pas chez vous qu'il continue ses merveilles, c'est dans l'Eglise romaine : ce n'est donc pas votre culte qui est le sien, puisque la source des miracles s'y est tarie, le jour même où vous vous êtes séparés de Rome.

Et vous tous, peuples qui ne reconnaissez pas le Christ, invoquez donc votre Dieu, pendant que nous prions le nôtre, et que celui qui montrera par ses miracles qu'il entend les hommes et peut les exaucer, que celui-là seul soit adoré comme le Seigneur. Refuserez-vous une épreuve si facile et si concluante? Mais ce refus à lui seul vous condamnerait : ce serait avouer que vous ne croyez pas que votre Dieu soit tout-puissant. Priez donc, criez fort : car peut-être votre Dieu dort, ou est absent, ou s'occupe d'autre chose. Mais en vain crierez-vous. Il n'y a qu'un Dieu, et c'est le nôtre ; et il ne veut qu'une Religion, et c'est la nôtre ; et c'est pourquoi il n'accorde ses miracles qu'à notre seule Religion. Oui, en face de Notre-Dame de Lourdes, il faut abdiquer tout autre culte que le nôtre, ou le bon sens.

Mais ici il faut répéter cette parole de Notre-Seigneur lui-même quand il eut guéri l'aveugle-né. Ce miracle éclatant, qui prouvait si évidemment la Divinité du Sauveur, n'ouvrit pas les yeux des pharisiens opiniâtres. Jésus dit alors tristement : « Je suis venu en ce monde pour donner la vue aux aveugles, et pour que ceux qui voient deviennent aveugles. » Car ses miracles mêmes endurcissaient leurs cœurs.

O Vierge puissante, soyez bénie de la multitude des grâces dont vous nous comblez à Lourdes. Soyez remerciée mille fois de tant de guérisons, et de si glorieux miracles. Multipliez-les, ô Consolatrice des affligés. Guérissez les pauvres malades. Mais guérissez surtout les âmes des pécheurs, et touchez le cœur des incrédules afin que vos miracles les convertissent.

Pratique. — Récitez le premier Chapelet pour les malades qui implorent Notre-Dame de Lourdes, le deuxième pour la conversion des incrédules et hérétiques, le troisième pour remercier Marie de ses faveurs.

CHAPITRE DIX-NEUVIÈME

LES PAROLES DE MARIE

« Je vous promets de vous rendre heureuse, non en ce monde, mais dans l'autre. »

~~~~~~

UE votre voix résonne à nos oreilles, car elle est pleine de douceur [1] ! » Ainsi parlait le Bien-Aimé à l'Epouse des Cantiques. Que Marie, elle aussi, daigne nous faire entendre sa voix ! La Sainte Vierge parlait peu quand elle vivait sur la terre. Mais que ses paroles devaient être profondes et sages ! L'Evangile nous en a rapporté sept seulement : deux à l'Ange, deux à Elisabeth, deux à son divin Fils, et une aux serviteurs de Cana. Toutes sortent de son Cœur Immaculé, toutes sont des leçons ineffablement belles de notre Mère bien-aimée. La première nous enseigne la pureté [2], la deuxième l'obéissance [3], la troisième la charité [4],

---

[1] Cant., II, 24.

[2] *Je ne connais point d'homme.* (Luc., I, 34.)

[3] *Voici la servante du Seigneur : qu'il me soit fait selon votre parole.* (Luc., I, 38.)

[4] *Entrant dans la maison de Zacharie, elle salua Elisabeth.* (Luc., I, 40.)
~~~~~~

la quatrième l'humilité [1], la cinquième nous révèle ses souffrances [2], la sixième son intercession puissante [3], la septième est une exhortation à écouter toutes les paroles de Jésus et à nous y conformer : « Faites tout ce qu'il vous dira [4] », nous dit-elle. Et après cette dernière et sublime leçon, Marie se tait elle-même, pour laisser Jésus parler.

Mais comme nous oubliions ce conseil suprême, voici que notre Mère vient du Ciel nous le rappeler. A Massabielle, elle va encore nous dire sept paroles. Toutes, en définitive, nous ramènent à son divin Fils, à pratiquer sa loi, à faire ses volontés. Mais comme nous sommes pécheurs et que nous avons besoin d'un intermédiaire près du Seigneur, comme nous avons peur de notre Juge, elle nous attire d'abord à Elle.

Aussi, sa première parole est une promesse pleine d'amour. Elle demande à Bernadette de venir à la grotte pendant quinze jours. — Je vous le promets, répond l'enfant. — Et Moi, dit Marie, « je vous promets de vous rendre heureuse, non point dans ce monde, mais dans l'autre. »

Ainsi, la première parole de l'Envoyée du Ciel, c'est une promesse de béatitude. Jésus aussi commença son premier sermon aux hommes par le même mot : *Beati... Beati...* : Bienheureux les pauvres. Bienheureux les doux, les pacifiques. C'est pour bien

---

[1] Tout le *Magnificat.*

[2] *Mon fils, pourquoi avez-vous agi ainsi avec nous ? Votre père et moi vous cherchions avec angoisse.* (Luc., ii, 48.)

[3] *Ils n'ont point de vin.* (Joan., ii, 3.)

[4] *Quodcumque dixerit vobis facite.* (Joan., ii, 5.)

nous faire entendre que Dieu ne veut que notre bonheur.

Or, pour y atteindre, la Sainte Vierge se présente à nous comme un moyen assuré, infaillible : Venez à moi, et je vous rendrai heureux. Elle l'avait déjà dit, ou plutôt le Saint-Esprit l'avait dit pour elle : « Mes enfants, écoutez-moi maintenant : Bienheureux ceux qui gardent mes voies. Bienheureux l'homme qui m'écoute et qui veille chaque jour à l'entrée de ma maison et qui se tient à ma porte. Celui qui me trouvera, trouvera la vie; et il puisera le salut dans le Seigneur [1]. » Et pourquoi est-il heureux de se tenir ainsi près de Marie ? Parce qu'il l'écoute, lui demande conseil, suit ses leçons et par là même pratique les vertus qui méritent le Ciel. Comme Jacob restait à la maison près de Rébecca sa mère, au lieu de courir les champs avec son frère, et reçut d'elle les conseils salutaires qui lui valurent toutes les bénédictions, ainsi l'âme fidèle, qui se tient unie à la Très Sainte Vierge, reçoit d'elle de saintes inspirations.

Elle dit : « Heureux l'homme qui se tient à ma porte », pour montrer que d'elle-même elle sort au-devant de celui qui l'attend. En effet, « ceux qui l'aiment la découvrent facilement, et ceux qui la cherchent la trouvent. Elle prévient ceux qui la désirent, et elle se montre à eux la première. Celui qui, dès le matin, veille pour la posséder, n'aura pas de peine à la rencontrer : il la trouvera assise à sa porte.

---

[1] *Nunc ergo, filii, audite me. Beatus homo qui audit me et qui vigilat ad fores meas quotidie, et observat ad postes ostii mei. Qui me invenerit inveniet vitam et hauriet salutem a Domino.* (Prov., VIII, 32.)

Penser à elle est donc la sagesse parfaite, et celui qui veille pour l'obtenir sera à l'abri du danger [1]. »

Marie invite donc Bernadette à venir pendant quinze jours la visiter. Elle le lui demande comme une grâce : « Faites-moi la grâce de venir. » Pourquoi cela ? Ah ! c'est qu'elle a choisi l'enfant pour une grande mission, pour être l'intermédiaire entre le Ciel et la terre. Or toutes les missions surnaturelles ici-bas sont douloureuses. Elles sont glorieuses sans doute, mais la gloire se paie par la souffrance. Ainsi, quand l'Ange offrit à Marie elle-même de devenir la Mère du Verbe, elle sut qu'elle acceptait un martyre, et c'est pourquoi sa parole : « Voici la servante du Seigneur », fut un acte de charité parfaite. D'un autre côté, Marie désire notre salut ardemment. Elle est donc reconnaissante à l'enfant qui veut bien se dévouer par la souffrance à l'accomplissement de ses miséricordieux desseins. Et nous, combien aussi devons-nous remercier la petite Bernadette de nous avoir transmis les leçons et les grâces de notre Mère !

Marie lui demande de venir pendant quinze jours. Elle aime ce nombre mystérieux. Il lui rappelle les quinze années où elle soupira après la venue du Messie. Il lui rappelle les deux fois quinze ans de la vie cachée, où Jésus n'appartenait qu'à elle. Il lui rappelle enfin les quinze mystères que lui redit sans cesse le Rosaire.

L'enfant vint, en effet, quinze jours, selon sa promesse. Pourtant, ô mystère ! deux fois la Vierge ne parut pas. Elle n'avait pas promis de venir chacun

[1] *Præoccupat qui se concupiscunt ut illis se prior ostendat.* (Sap., VI, 14.)

des jours de cette quinzaine : elle demandait seulement que l'enfant vînt. Mais n'était-ce pas pour se montrer à elle ? Sans doute l'Immaculée voulait, par là, manifester davantage la réalité des Apparitions. Comment croire à une supercherie de Bernadette, quand on la voyait retourner chez elle triste, désappointée, pleurant de n'avoir pas vu la Belle Dame ? Comment la foule, qui assistait à ces scènes, pouvait-elle douter d'une action surnaturelle, en constatant une aussi grande différence entre les jours où Marie se montrait et ceux où elle n'apparaissait pas ?

Mais, en outre, il y avait en cette absence de Marie une grande leçon. C'est qu'il faut la servir et la prier, non pas pour ses consolations, mais pour elle-même, et ne pas cesser nos hommages quand elle semble ne pas les voir. Elle veut nous faire sentir que, dans la vie d'ici-bas, souvent Dieu se cache à l'âme, pour la purifier par la souffrance, pour exciter son amour et l'ardeur de ses désirs. Alors l'épouse cherche son bien-aimé, elle le demande à tous ceux qu'elle rencontre. Elle souffre de son absence les plus grandes douleurs. Mais quelle joie elle éprouve en le retrouvant ! D'ailleurs, Marie est toute bonne ; en différant ses grâces, elle ne les donne que plus abondantes. Les deux Apparitions qui manquèrent à la quinzaine se retrouvèrent quelques jours plus tard, le 25 mars et le 7 avril, et l'une d'elles fut la plus solennelle, celle où Marie se proclama elle-même l'Immaculée Conception.

Remarquons encore que Marie ne se cacha que deux jours sur quinze à la Voyante. C'est bien nous dire que la dévotion à la Sainte Vierge est le plus

souvent pleine de consolations. La pensée de Marie
est si remplie de douceur, ses grâces sont si abondantes, son service est si attrayant, que l'on peut
dire que ses serviteurs vivent dans la jubilation. La
dévotion à Marie est le chemin du Ciel le plus doux
et le plus facile. Voyez les Saints qui ont eu le plus
d'amour pour elle, comme saint Bernard, saint Bonaventure, saint Bernardin, saint François de Sales ;
combien leur vie nous parait enviable ! C'est Marie
qui les conduisait. Ils souffrirent beaucoup cependant, mais ils portaient leur croix avec leur bonne
Mère.

Mais soit dans la joie, soit dans l'épreuve, le dévot
à Marie est toujours sûr de son salut. C'est pourquoi
Marie promet à Bernadette de la rendre heureuse, et
elle le lui dit à l'avance, pour montrer que la piété
envers la Sainte Vierge est un signe de prédestination.

Mais remarquons bien les paroles de Marie : « Je
vous promets de vous rendre heureuse non pas en
ce monde, mais en l'autre. » La Sainte Vierge aime
ceux qui l'aiment et leur procure les vrais biens ;
mais est-ce à dire qu'elle les préserve de toute souffrance ? Non, assurément. Au contraire elle leur
obtient des croix. Jésus veut notre bonheur, aussi,
lui ; mais écoutons où il le place : « Bienheureux
les pauvres ; bienheureux ceux qui pleurent ; bienheureux ceux qui sont persécutés. » Pourquoi donc
bienheureux ? Parce qu'ils arriveront un jour à une
béatitude qui ne finira jamais. Bienheureux d'espérance, d'assurance de leur bonheur. De même qu'un

industriel qui découvre un procédé nouveau et puissant qui certainement doit l'enrichir, peut se dire, dès maintenant : « Ma fortune est faite » ; ainsi celui-là peut s'appeler bienheureux qui doit l'être prochainement. Mais toutefois, pour la jouissance effective, il faut attendre encore ; c'est pourquoi la Vierge prudente nous annonce le bonheur non pas en ce monde mais en l'autre. Quelle leçon pour ceux qui ont peur de la souffrance, qui assiègent les autels de Marie pour éviter une perte, demander une guérison, et qui souvent s'irritent s'ils ne sont pas exaucés promptement, et cessent d'avoir confiance en leur Mère ! Mais les âmes généreuses au contraire, ou même simplement intelligentes, comprennent qu'il vaut mieux souffrir un peu de temps et se réjouir dans l'éternité, que de passer sa vie dans le repos et la jouissance pour se trouver à la mort sans mérites et chargé de dettes.

Dieu châtie ceux qu'il aime. Jésus donne sa croix à ses plus chers amis : « Comme mon Père m'a aimé, leur dit-il, moi je vous aime », et ce que mon Père m'a donné je vous le donne : ma croix. Aussi il ne l'a pas enlevée au Ciel, il l'a laissée à la terre, et chacun de ses Saints vient à son tour l'épouser. Il la prend sur ses épaules, il la porte à son propre Calvaire, et là il s'y laisse clouer. Plus une âme est chère à Jésus, plus il la fait souffrir : il crucifie autant qu'il aime. Aussi sa Mère a été la plus éprouvée par la douleur, et après elle les Apôtres, les Martyrs, les Vierges, tous les grands cœurs qui savent aimer. Et ils ne peuvent s'en rassasier. Ils crient toujours : « *Amplius !* Encore plus de souffrances ! » Ils n'aiment la vie que pour souffrir, et quand ils ne souffrent plus, ils veulent s'en aller : ou souffrir ou mourir ! Pourquoi ces étranges désirs ? Saint François d'Assise nous répond : « Si grand est le bien que j'attends, que toute peine m'est délices ! » Et en effet la souffrance de la terre achète la gloire éternelle. Plus on aura souffert, plus on sera récompensé : comment alors ne pas accepter de souffrir ? « Nos petites et courtes tribulations de la vie présente, dit saint Paul, produisent en nous un poids éternel de gloire, qui surpasse toute mesure. Il n'y a pas de proportion entre les souffrances du temps et la gloire qu'on verra en nous. » Et au Ciel les Saints tressailliront d'allégresse au souvenir de leurs épreuves, disant : « Seigneur, nous vous bénissons pour les jours où vous nous avez humiliés. » Car alors leurs larmes seront séchées ; plus de gémissements, plus de tristesse : il ne restera que les immortelles couronnes méritées par des souffrances passées.

Aussi la Vierge bénie ne nous promet pas les biens faux et éphémères d'ici-bas ; elle promet un bonheur sans nuage, sans mélange, sans fin.

C'est ce qu'elle a donné sans doute à la Voyante de Massabielle. Bernadette, de ses visions, n'a recueilli sur la terre que des croix. Elle a éprouvé, il est vrai, d'ineffables joies à la vue de la Vierge. Mais, sauf cela, elle n'a fait que souffrir. Marie ne lui a donné ni santé, ni richesse. Le monde entier a versé son or et son argent à Lourdes : Bernadette n'en a point profité. La santé a été rendue à des milliers d'infirmes : Bernadette est restée malade. Toute sa vie elle a souffert d'un asthme douloureux, qui à trente-quatre ans l'a fait mourir. Elle n'a point vu les magnifiques cérémonies de la Grotte ni de la Basilique. Elle avait été à l'honneur d'abord ; ensuite elle fut à la peine. Elle quitta Lourdes, elle alla s'ensevelir dans un couvent à Nevers. Là elle a vécu dans l'humilité, l'obéissance et la souffrance. Cette pauvre bergère avait reçu la mission de nous transmettre les secrets du Ciel. Elle avait été la nouvelle Jeanne d'Arc choisie pour nous exciter à ces combats qui doivent « bouter hors de France » et des autres nations chrétiennes les ennemis de Dieu. La mission des deux bergères fut la même, quoique avec des moyens différents. Les armes de la guerre actuelle ne sont plus l'épée et la lance, mais le Rosaire et le signe de la croix ; car nous ne combattons pas, dit saint Paul[1], contre des ennemis de chair et d'os, mais contre les puissances des ténèbres, les esprits malins qui tyrannisent le monde. Mais, de même que Jeanne d'Arc termina son œuvre par le martyre du feu, qui n'était ni une défaite, ni un délaissement de Dieu, mais le couronnement voulu par lui de sa mission par le sacrifice : ainsi Bernadette, après nous avoir au nom de Marie appris les secrets de la victoire, acheva aussi son œuvre par l'immolation.

Alors Marie a pu réaliser sa promesse et la rendre heureuse dans l'autre monde. Les grandes grâces, les miracles que l'on dit avoir été obtenus au tombeau de l'humble Voyante, semblent être encore une

---

[1] *Induite vos armaturam Dei, ut possitis stare adversus insidias diaboli : quoniam non est nobis colluctatio adversus carnem et sanguinem, sed adversus mundi rectores tenebrarum harum, contra spiritualia nequitiæ.* (Eph., VI, 11.)

attention du Ciel à établir par des preuves sensibles la vérité des paroles de notre Mère.

Mais ce qu'elle a promis à Bernadette, ne le promet-elle pas à tous ceux qui l'aiment? O Marie, voilà ce que nous demandons : le Paradis! Posséder éternellement Jésus et vous-même! Attirez-nous à vous. Frappez, coupez, brûlez ici-bas, pourvu qu'éternellement vous nous consoliez. Rendez-nous heureux, aussi nous, non pas en ce monde mais en l'autre !

Pratique. — Dites le saint Rosaire pour obtenir la grâce d'une bonne mort, et pour demander la béatification de Bernadette.

CHAPITRE VINGTIÈME

« *Je veux voir du monde.* »

ERNADETTE demanda à la Vierge Marie si certaines personnes pourraient l'accompagner dans ses visites à la grotte. Marie répondit : « Elles peuvent venir, et d'autres encore. Je désire y voir du monde. » Ainsi ce n'est pas seulement Bernadette que Marie invite à la grotte, c'est nous tous, c'est la France entière, ce sont les pèlerins des extrémités de la terre. Et les foules sont accourues à la voix de Marie. Comme il a fallu que le souffle de Dieu soulevât ces multitudes pour les attirer ainsi de tous les points de l'horizon ! Qui eût cru, il y a cent ans, qu'un pèlerinage à la Vierge dût avoir cette attraction ? Mais le doigt de Dieu est là. La prophétie d'Isaïe se réalise : « Dans les derniers temps, il y aura une montagne prédestinée et toutes les nations couleront vers elle comme un torrent ; les peuples accourront en multitude, se disant entre eux : Venez, montons à la montagne du Seigneur, il nous enseignera ses voies [1]. »

Pourquoi Marie désire-t-elle donc qu'on vienne à elle ? Pour nous conduire à son Fils. *Via veniendi ad*

[1] Is., ii, 2.

Christum est appropinquare ad illam, dit saint Bonaventure. Pour aller à Jésus approchez-vous de Marie. Et ce saint Docteur ajoute que nous avons trois degrés pour arriver à notre fin dernière. Le premier est Marie, le deuxième est Jésus, le troisième est Dieu le Père. Jésus est notre Médiateur de Rédemption pour monter à Dieu ; mais Marie est notre médiatrice d'intercession pour être accepté de Jésus lui-même. Il y a une distance trop grande entre nous, pauvres pécheurs, et le Dieu fait homme. Quoique notre frère, il est l'Etre infini. Comment nous unir à lui ? Par sa Mère. O sagesse et miséricorde infinies ! Entre Dieu et le pécheur il fallait une créature particulière : une créature d'une pureté parfaite pour être digne d'être sa Mère ; une simple créature pour avoir d'autres fils. Et, dans le sein de Marie, les deux frères se rencontrent, l'Homme-Dieu et l'homme-pécheur : *Homo et homo natus est in ea.* O incomparable Mère ! O étonnante fécondité ! « Ses fondements sont dans l'éternité, dans les desseins éternels de Dieu, dans l'amour ravi du Verbe pour cette Vierge dont l'humilité et l'innocence l'attirent du haut des Cieux. O cité de Dieu, quelle gloire est la tienne ! Mais elle se souvient de Rahab et de Babylone, des pécheurs qui la reconnaissent comme leur sœur. Et voici que ces étrangers, ces exilés du Ciel, ces âmes noires comme l'Ethiopien, trouvent aussi place en elle. Et l'Eglise s'écrie : « Un homme et un homme sont nés en elle. Et tous ceux qu'elle aura eus pour fils, le Seigneur les inscrira sur le livre de vie. Oh ! quelle joie, quelle allégresse réservées à tous ceux qui habitent en Marie [1] ! »

---

[1] Ps. LXXXVI.

Voilà donc pourquoi la Vierge nous attire à elle : c'est qu'elle est le moyen nécessaire pour arriver au Ciel. De même que le Verbe n'est descendu vers nous que par elle, de même ce n'est que par elle que nous allons à Lui. Elle est le Paradis terrestre où le Seigneur vient converser avec sa créature, le rendez-vous de l'homme et de Dieu. Elle est le canal des grâces, et nulle ne nous est donnée qui ne passe par son cœur. Elle est compatissante et bonne et n'a pas horreur du pécheur. Elle n'est pas la justice qui nous effraie, mais l'avocate qui plaide notre cause. Elle n'est pas le soleil qui éblouit, mais la lune qui reçoit sa lumière et la reflète avec douceur. En elle, rien d'austère, rien de terrible, rien même de trop sublime. C'est une Mère.

Mais si elle est si douce et si bonne, elle n'est pas moins puissante pour tout nous accorder. Remarquons la parole qu'elle dit à Bernadette, et à nous tous : « Je vous promets de vous rendre heureuse. » Ainsi, c'est elle qui dispose du bonheur, elle dispose de toutes les grâces, elle dispose en quelque sorte de la Toute-Puissance de Dieu. Elle est le trésor où Dieu a renfermé toutes ses merveilles, jusqu'à son propre Fils, et c'est de sa plénitude que toutes les créatures sont enrichies. Le Christ lui a communiqué tout ce qu'il a acquis par sa vie et par sa mort, ses mérites infinis, ses vertus admirables, et il l'a faite la dispensatrice de tout ce que son Père lui a donné en héritage. C'est par elle qu'il applique à ses membres ses mérites, leur communique ses vertus et leur distribue ses grâces. C'est son canal mystérieux, l'aqueduc par où coulent abondamment ses miséricordes, le cou gracieux par lequel le Chef de l'Eglise est uni à son corps mystique et répand en elle sa vie.

Le Saint-Esprit l'a choisie comme sa fidèle épouse, et lui a confié la distribution de ses grâces, en sorte qu'elle accorde à qui elle veut, comme elle veut, quand elle veut et autant qu'elle veut les faveurs célestes, et il ne se fait aucun don aux hommes que par ses mains maternelles. Car telle est la volonté de Dieu qui a voulu que nous recevions tout par Marie. Pour récompenser sa profonde humilité qui la faisait se mettre au-dessous de tous, Dieu l'a faite la Souveraine universelle, Reine du Ciel et de la terre, la Générale de ses armées, la Trésorière de ses trésors, la Dispensatrice de ses grâces, l'Ouvrière de ses merveilles, la Médiatrice des hommes et l'Exterminatrice des ennemis de Dieu.

Et notre Mère nous appelle à sa grotte pour répandre ses bienfaits : non pas seulement les guérisons corporelles, mais beaucoup plus encore les grâces spirituelles, l'esprit de foi vive, l'esprit de pénitence et de prière, la ferveur, la dévotion envers elle, l'espérance inébranlable du salut. En un mot, elle veut renouveler en nous la vie chrétienne. On peut dire en quelque sorte qu'un pèlerin de Lourdes assure son salut. Une âme qui a passé trois jours à prier à Massabielle a puisé là des grâces si précieuses, si salutaires, dont le souvenir restera si suavement gravé dans son cœur, que presque certainement elles lui vaudront, même si parfois elle pèche, la grâce finale du pardon. Saint Anselme assure que celui pour qui Marie a prié, fût-ce une fois seulement, sera sauvé. Mais peut-on douter qu'elle prie pour une âme qui, avec une bonne volonté sincère, un véritable amour pour elle, est venue à Lourdes l'invoquer ?

Oh ! que de grâces ont été faites à la grotte ! Que de pécheurs convertis ! Que de justes affermis dans le bien ! Que de vocations décidées ! Que d'événements heureux obtenus par la prière ! Que d'âmes entrées résolûment dans la voie de la perfection ! Dieu seul et Marie en connaissent le secret. Mais ce que nous savons, c'est qu'il s'échappe de Lourdes une vie débordante, qui se répand sur la France et sur tous les pays. Les heureux pèlerins remportent dans leurs foyers, dans leurs paroisses, le récit des splendeurs dont ils ont été témoins, un reflet du bonheur dont ils ont joui. Les miraculés reparaissent au milieu de ceux qui les ont connus malades, comme une preuve vivante de la tendresse de Marie. Et, chaque année, les pèlerins viennent, par centaines de mille, puiser à Lourdes ces grâces de salut qu'ils déversent ensuite sur le monde.

Et, loin de diminuer, ce mouvement ne fait que grandir. Dieu veut plus que jamais révéler et exalter sa Mère. C'est son chef-d'œuvre dont il veut être glorifié par les vivants. Il veut aussi qu'elle soit glorifiée elle-même parce que, sur la terre, elle s'est souverainement humiliée.

Dans les derniers temps plus que jamais, Marie doit faire éclater sa puissance et sa miséricorde, parce que la rage et les efforts de l'enfer augmenteront, et qu'elle est l'adversaire directe de Satan. L'Eglise, de son côté, de plus en plus se tourne vers elle. *Vultum tuum deprecabuntur omnes divites plebis* [1] : c'est-

---

[1] Ps. XLIV, 13.

à-dire les grandes âmes, celles que Dieu appelle à une sainteté plus haute, sentent que c'est par Marie qu'il faut l'acquérir. Car c'est à elle seule que Dieu a donné les clefs du cellier du divin Amour, et le pouvoir d'entrer et de faire entrer ses favoris dans les voies les plus sublimes. C'est pourquoi ces âmes mettent leur perfection à se tenir intimement unies à la Mère de la Sagesse, à vivre de sa vie, à se perdre en elle, et à recourir en toutes circonstances à son secours et à sa protection.

Ah ! que Marie est bonne de nous appeler à sa grotte ! Comme elle voudrait que tous vinssent l'écouter ! Ah ! si tous accouraient à sa voix maternelle ! si tous répondaient à sa douce invitation ! Là, debout sur son rocher, dans cette niche qui semble une porte qui s'ouvre de l'éternité, n'est-elle pas cette Sagesse dont parle l'Ecriture, « cette Prudence qui fait entendre sa voix, qui se tient sur les lieux les plus élevés, le long du chemin où passent les foules, auprès des portes, sur le seuil même, et disant : « O hommes, c'est à vous que je crie ; enfants des hommes, je m'adresse à vous ! Enfants que vous êtes, comprenez la voix de la Sagesse ; imprudents, réfléchissez ! Ecoutez-moi, car je vais vous dire des choses bien importantes, mes lèvres vous apprendront la vérité. Tous mes discours sont véridiques, il n'y a en eux rien de mauvais ni de pervers. Recevez donc mes instructions, préférez ma doctrine à tous les trésors. Car j'habite dans le conseil même de Dieu, et j'assiste à ses pensées secrètes [1]. »

[1] Prov., VIII, 4.

Heureux ceux qui vont à Lourdes recevoir les leçons de Marie ! Que tous les fidèles aient à cœur d'y aller. S'ils en ont un vrai désir, s'ils le demandent humblement à la divine Mère, elle leur procurera facilement ce bonheur. N'est-ce pas une des merveilles de notre siècle que tant de milliers de pauvres, de malades, d'ouvriers, fassent ce lointain voyage ? Marie est toute-puissante et ses ressources sont sans mesure. Que les riches contribuent de leur bourse à augmenter le nombre des pèlerins. C'est faire un grand plaisir à notre Mère, c'est réaliser le désir de son cœur : « Faites-moi la grâce de venir à la grotte », disait-elle à Bernadette. Et encore : « Je désire y voir du monde. » Elle aime tant à faire des heureux ! Et c'est là qu'elle en fait ! Ceux-là le savent qui y sont allés. Ils savent ce que sont ces jours passés à Massabielle ; ils savent les larmes que l'on y verse ; ils savent qu'en partant on y laisse son cœur, et que l'espoir de revenir peut seul alors consoler. Ils savent que c'est là qu'on sent un avant-goût du Ciel, et comme l'assurance de posséder Jésus et Marie dans l'éternité.

Quant à ceux qui ne connaissent pas ces douceurs, qu'ils aillent donc aussi les goûter. Qu'ils sachent bien que Marie les invite : personne n'est exclu de son cœur. Pécheurs, incrédules, protestants, vous tous qui souffrez, vous tous qui doutez, vous tous même qui nous combattez, allez à Marie. Goûtez et voyez combien elle est bonne !

Vous trouverez Jésus avec elle. Marie a véritablement renouvelé à Lourdes le beau mystère de la Visitation. Le saint Evangile nous dit qu'à peine devenue Mère de Dieu, elle se leva en hâte pour aller visiter sa cousine Elisabeth. En apparence, c'était une simple démarche d'affection et de convenance. Mais, dans les desseins de Dieu, c'était le Verbe incarné qui commençait sa mission de répandre la grâce dans le monde, et c'était Marie qui le portait à ceux qu'il voulait sanctifier. Elisabeth le comprit et, dans un transport de joie sainte, elle s'écria : « D'où me vient ce bonheur que la Mère de mon Dieu vienne à moi [1] ? » O Bernadette, ô France, ô Terre tout entière, d'où vous vient aussi à vous ce bonheur que la Mère de Dieu soit venue à Lourdes vous visiter, non pas simplement pour vous réjouir et vous consoler, mais pour vous apporter Jésus avec toutes ses grâces ? Et encore elle nous demande presque comme une faveur de venir à sa grotte, en nous promettant le Paradis si nous sommes assidus à ce rendez-vous. Et tous ceux qui y seront fidèles mériteront de voir se réaliser en eux les paroles d'Elisabeth : « Bienheureux êtes-vous d'avoir cru, car vous verrez s'accomplir les promesses qui vous sont faites » par votre Reine [2].

Allons donc à la grotte, entraînons-y tous ceux que nous pourrons. Mais comme les pèlerinages lointains ne peuvent se faire souvent et que, pour plusieurs, ils sont tout à fait impossibles, Marie dans sa bonté veut bien multiplier sa présence en quelque sorte. C'est-à-dire que partout où sa statue ou son image seront exposées à la vénération publique, elle fera sentir sa puissance. Ce sera un petit Lourdes, un autre Massa-

[1] *Unde hoc mihi ut veniat mater Domini mei ad me ?* (Luc., I, 43.)
[2] *Beata quæ credidisti : perficientur ea quæ dicta sunt tibi a Domino.* (Ibid., 45.)

bielle, où les âmes se sentiront attirées, où la vue de notre Mère donnera les mêmes leçons, les mêmes enseignements qu'à la grotte véritable, enfin où les grâces, les guérisons, les conversions s'obtiendront facilement. Et ainsi Marie parcourra réellement la terre entière pour la prêcher : comme les anciens thaumaturges, les grands saints, les grands apôtres des temps passés, et beaucoup plus qu'aucun d'eux, elle parlera à une multitude de peuples; et tous comprendront son langage. Et bénis soient tous ceux qui l'aideront dans son apostolat, tous ceux qui lui donneront des statues dans les églises et chapelles publiques, ou des grottes dans la campagne ! bénis soient tous ceux qui la feront connaître et aimer !

O Marie ! ô Marie ! ô Marie ! Vierge très sainte, Mère de Dieu, Reine du Ciel, Maîtresse du monde, Temple de l'Esprit-Saint, Lis de pureté, Rose de patience, Paradis de délices, Miroir de chasteté, Vase d'innocence, intercédez pour moi pauvre misérable exilé ; daignez m'accorder une partie de l'ombre seulement de votre surabondante charité !

Pratique. — Ne manquez pas de dire chaque jour le Rosaire, et souvent allez en esprit devant la grotte pour le réciter. Chaque année, aux anniversaires des Apparitions, soyez fidèle à vous y rendre avec Bernadette.

CHAPITRE VINGT ET UNIÈME

« Priez pour les pécheurs. »

A UN moment, le visage de la Vierge Marie se couvrit d'une amère tristesse. Bernadette se mit à pleurer. « Qu'avez-vous, Madame ? » demanda-t-elle, le cœur angoissé, « que faut-il faire ? » Marie répondit : « Priez pour les pécheurs. »

Ah ! certes, la Vierge Immaculée avait raison d'être triste. Quand son regard parcourt la terre, quel spectacle se déroule à ses yeux ! Quelle multitude de crimes, de blasphèmes, d'infamies, de sacrilèges se commettent à tout moment ! Pendant sa vie mortelle, Marie avait toujours le cœur brisé de douleur à la pensée des outrages faits à la Majesté divine, à la pensée du malheur des pécheurs. S'il était possible de souffrir au Ciel, que serait maintenant sa douleur? Aussi elle offre à Dieu ses supplications continuelles pour les coupables. Or elle vient nous demander de l'aider dans cette œuvre du salut des âmes.

Qu'ils sont à plaindre en effet les malheureux pécheurs ! Voilà des créatures immortelles, faites à l'image d'un Dieu, qui leur destine des trônes autour du sien ; voilà des hommes qui pourraient devenir des dieux en quelque sorte : Jésus lui-même leur donne ce nom, tant au Ciel on ressemble à l'Être suprême : *Ego dixi : Dii estis !* Ils ont été créés uniquement pour la béatitude éternelle. La sainte Trinité leur offre de partager son propre bonheur et sa vie sans fin. Comme le Père, le Fils et le Saint-Esprit ne sont qu'un, ainsi ils ne feraient qu'un avec eux et seraient consommés en Dieu dans l'unité parfaite. Et cela pour ne jamais finir !

Et ces hommes renoncent à cette destinée sublime, à cette réalité qu'aucun rêve n'eût osé concevoir, aucun esprit créé pu soupçonner. Et en échange, qu'auront-ils ? Une éternité également, mais de souffrances horribles, de désespoir, de grincements de dents, de larmes inconsolables.

Comment cette pensée ne fait-elle pas frémir ? Supposons qu'un seul homme soit menacé d'un tel malheur, et que ce soit un misérable, coupable de tous les crimes, notre plus mortel ennemi ; pourrions-nous ne pas trembler à la pensée qu'il dût tant perdre et tant souffrir ? N'irions-nous pas nous jeter aux pieds de son juge pour implorer son pardon ? Ne donnerions-nous pas volontiers notre vie corporelle pour sauver son âme immortelle ? Ne vaudrait-il pas mieux que l'univers fût anéanti, qu'une âme faite à l'image de Dieu devienne un démon ?

Eh bien, il y a sur la terre des centaines de millions d'âmes en ce danger épouvantable. Il en tombe en enfer à chaque instant. Des milliards rugissent et blasphèment en ce moment dans les flammes qui les tortureront éternellement ! Quelle pensée accablante !

Aussi Dieu est tellement touché de leur malheur, qu'il n'a pas hésité à envoyer son Fils sur la terre pour sauver ces pécheurs. Il n'a pas craint de lui faire souffrir les plus atroces tortures. Il a accumulé sur lui plus de douleur qu'il n'en faudrait pour faire mourir tous les hommes. Jésus a été flagellé, couronné d'épines, crucifié, il a souffert la mort, uniquement pour arracher les âmes immortelles aux peines de l'enfer. Il a fait tout, absolument tout ce qu'un Dieu même peut faire : jusqu'à demander à son Père de rester crucifié jusqu'à la fin du monde, nous assurent certains Docteurs ; jusqu'à se dire prêt à souffrir autant de Passions nouvelles qu'il y a de pécheurs !

Et Marie ? Jamais nous ne comprendrons combien Marie aime les pécheurs. Pourtant leurs crimes lui font horreur ; pourtant ce sont eux qui ont crucifié Jésus et ont transpercé son âme à elle d'un glaive de douleur. Mais Jésus mourait précisément pour leur amour, et en mourant il les a donnés pour enfants à sa Mère. Aussi la Vierge Immaculée a pour leur salut plus de sollicitude que jamais mère de la terre n'en eut pour la vie de son fils unique, du plus aimable, du plus charmant des fils. Et tant qu'un pécheur a un souffle de vie, elle le poursuit de ses grâces et de ses inspirations salutaires, elle espère gagner son cœur, et le ramener converti à son Père. Mais, hélas ! il y a un sanctuaire où ni Dieu, ni Marie ne peuvent entrer sans la permission du pécheur : c'est le sanctuaire de sa liberté, dont seul il est le maître. Dieu en le créant a tellement respecté son œuvre, il l'a tellement fait à son image, c'est-à-dire doué d'une volonté libre, qu'il s'est interdit d'en forcer l'amour.

Mais ce qu'il peut, c'est faire briller aux yeux de cet homme tant de lumières, lui faire sentir de si doux attraits, que sa volonté finisse par se rendre, librement il est vrai, mais à force d'être sollicitée. C'est ce que l'Eglise entend quand elle supplie Dieu « de se soumettre nos volontés rebelles. » Dieu toutefois, dans les trésors insondables de sa Justice et de sa Sagesse, fait à chaque homme plus ou moins de ces grâces puissantes. Si tous ont les secours surabondamment suffisants pour se sauver, tous ne reçoivent pas ces grâces éclatantes qui subjuguent l'âme. Nous ne pouvons pénétrer le mystère de leur dispensation. Mais ce que nous savons, c'est que ces grâces sont obtenues surtout par la prière. Nous savons que nous pouvons immensément pour nos frères, que beaucoup seront sauvés si nous prions, et perdus si nous les abandonnons. Tellement Dieu a voulu que l'Eglise fût une famille, ou plutôt un corps dont tous les membres sont unis intimement ; et quoique la vie de ce corps vienne du Christ qui en est la tête, cependant toutes les parties concourent au bien commun, s'aident, se soulagent, se guérissent mutuellement. C'est pourquoi chacun doit « compléter en lui-même ce que le Christ nous a laissé à faire et à souffrir pour son corps qui est l'Eglise [1]. »

C'est donc l'œuvre même de Jésus que nous continuons et achevons, et par les mêmes moyens : l'immolation et la prière. C'est lui qui donne le mérite et la valeur à notre intercession ; mais c'est nous qui lui fournissons de nouveaux mérites, de

---

[1] *Adimpleo ea quæ desunt passionum Christi in carne mea pro corpore ejus quod est Ecclesia.* (Colos., i, 24.)

nouvelles supplications qu'il offre à Dieu pour les pécheurs.

Quelle œuvre divine, sublime ! Si par nos prières nous sauvons un pécheur, c'est un être qui nous devra sa béatitude éternelle ; c'est un élu, un saint, un dieu que nous faisons : le Très Haut recevra de lui, grâce à nous, une adoration parfaite, les autres saints un accroissement de joie, et cet élu lui-même un bonheur que nul ici-bas ne peut comprendre, et cela pour toujours ! Convertir les pécheurs est donc l'œuvre des œuvres, l'œuvre par excellence, la seule en quelque sorte qui mérite notre zèle. C'est pour faire des élus que Dieu est sorti de son repos éternel et a créé le monde. C'est pour cela que le Verbe s'est fait chair, est mort sur une croix, s'est fait notre prisonnier en l'Eucharistie et s'immole de nouveau chaque jour. C'est pour cela qu'il y a une Église, des prêtres, des sacrements. Et quand le nombre d'élus que Dieu a décidé d'avoir sera complet, le monde cessera d'exister.

Ah ! si nous comprenions combien l'homme est une créature sublime, combien Dieu l'aime et a fait pour lui, pourrions-nous penser à autre chose qu'à concourir au salut de nos semblables ? Sainte Catherine de Gênes osa demander au Seigneur pourquoi il aimait l'homme de la sorte. Dieu lui répondit : « Tu demandes une chose si grande que tu ne saurais la comprendre. Je t'en montrerai quelque chose ; mais si je t'en donnais une plus claire vue, tu ne pourrais vivre. Sache que je suis Dieu, immuable, et que j'aimais l'homme avant de le créer. Je l'aimais d'un amour infini, pur, simple, sans cause aucune. Je ne puis ne pas aimer ce que j'ai créé et destiné à contribuer à ma gloire. A cause de mon infinie bonté et du pur amour dont j'aime l'homme, je ne puis m'arrêter à ses défauts ni cesser de faire mon œuvre, qui consiste à le combler toujours de bien. Mon amour infini l'entoure de divers moyens afin de le soumettre à ma Providence, et je ne trouve rien en lui qui me soit contraire que le libre arbitre dont je l'ai doué. Je combats toujours ce libre arbitre par l'amour, jusqu'à tant que l'homme me le donne ; puis, après l'avoir accepté, je le réforme par une opération secrète et avec un soin amoureux ; je lui montre ses faiblesses à ma lumière et les lui fais connaître ; lorsqu'il les connaît, il les pleure, et lorsqu'il les pleure il s'en purifie. Et sache que je ne puis être offensé par l'homme que lorsqu'il met obstacle à l'opération que j'ai ordonnée pour le mener à sa fin, lorsque mon amour ne peut agir selon ses besoins. Or cet obstacle qu'il met est uniquement le péché mortel. »

Et Dieu montra à sainte Catherine un rayon de l'amour qu'il a pour l'homme. Et cet amour est si pur, si simple et si éclatant, que la Sainte à cette vue en fut stupéfaite et comme anéantie. Elle vit que l'amour de Dieu envers l'homme, quelque grand pécheur que soit ce dernier, ne pouvait être assez complètement éteint par ses crimes pour qu'il cessât de le supporter tant qu'il est en cette vie. Il semble au contraire que plus le pécheur s'éloigne de Dieu, plus Dieu le rappelle par ses inspirations. Toujours il l'aime et cherche à s'unir à lui, et jamais cette tendance à l'union ne fait défaut de son côté. C'est pourquoi il ne cesse d'opérer envers l'homme par son pur amour ; il ne se montre terrible et redoutable qu'au péché, car la moindre imperfection ne peut subsister auprès de lui. Il hait le péché seul, parce que, seul aussi, le péché empêche son amour d'opérer en nous.

Et la Sainte vit que Dieu avait toujours en mains des rayons ardents d'amour pour embraser et pénétrer les cœurs des hommes, et que c'était le péché qui s'opposait à lui. Elle vit un rayon d'amour sortir de la source divine et se diriger vers l'homme pour le faire mourir à lui-même ; et il lui fut montré que lorsque ce rayon rencontre des obstacles, il en résulterait une immense douleur pour Dieu, si Dieu pouvait souffrir. Et il lui semblait que ce rayon s'efforçait sans cesse de pénétrer l'âme, et que s'il n'y pouvait parvenir, la faute en était à l'âme seule. Car le rayon l'entoure de toutes parts pour entrer. Mais l'âme, quand elle est aveuglée par l'amour-propre, ne l'aperçoit pas.

Et elle comprit que lorsque Dieu voit une âme se damner, sans pouvoir la convertir, à cause de son obstination, il semble dire : « L'amour que je lui porte est si grand, que jamais je ne voudrais l'abandonner. »

Il lui parut que le Seigneur disait encore à cette âme : « Par ma volonté, je ne voudrais jamais que tu te damnasses : l'amour que je ressens pour toi est tel que, s'il m'était possible de souffrir à ta place, je le ferais avec joie. Mais, l'amour ne pouvant demeurer avec le péché, je suis forcé de t'abandonner. Unie à moi, tu serais capable de toute béatitude ; mais séparée de moi tu deviens capable de toute espèce de mal. »

En effet, au delà de l'existence présente tout devient pour le pécheur haine et fureur éternelles. Son âme, privée de l'amour, devient pour ainsi dire aussi maligne que cet amour lui-même est suave et bon.

Comment donc s'étonner que Marie soit si occupée de la conversion des pauvres pécheurs ! Jésus et sa Mère sont continuellement à la recherche des âmes pour leur faire du bien. Le divin Maître frappe à la porte de l'âme coupable : « Ouvre-moi, ma sœur, mon épouse, lui dit-il : Mon fils, donne-moi ton cœur. »

Et quand l'homme consent à ses inspirations, Dieu augmente sa lumière : le pécheur reconnaît enfin qu'il est comme enfermé dans une ténébreuse étable, plongé dans la fange, entouré d'une multitude de bêtes venimeuses, qui cherchent à lui donner la mort. Il reconnaît que de lui-même il ne peut sortir de là ; et, se voyant en si grand danger, il crie vers Dieu afin que sa miséricorde l'arrache aux misères qui l'enveloppent de toutes parts. C'est la conversion du pécheur, conversion qui cause aux anges plus de joie que la persévérance de quatre-vingt-dix-neuf justes. Dieu lui-même les invite à partager son bonheur : car son fils était perdu, et il le retrouve ; il était mort, et il revit pour jamais !

Voilà le grand miracle de la conversion : œuvre plus grande, plus difficile que la résurrection d'un mort. Et qu'il est consolant de nous dire qu'elle ne cesse de s'opérer dans l'Eglise ! Chaque jour, à chaque instant, des âmes mortes à la grâce revivent. Et il n'y a pas un pécheur, quels que soient ses crimes, qui ne puisse en un instant redevenir l'ami de Dieu. Notre-Seigneur le disait aux Pharisiens, si fiers de leur propre justice : « Les voleurs et les femmes publiques vous précéderont dans le royaume de Dieu. » Et il attire à son amour Marie-Madeleine la pécheresse scandaleuse, et à l'apostolat, Mathieu le publicain. Saint Pierre a été renégat, saint Paul persécuteur, saint Augustin hérétique ; et que de milliers d'élus, aujourd'hui au Ciel, ont été les esclaves de Lucifer ! Sainte Thérèse nous assure qu'il n'est pas un homme qui, après avoir commencé une journée en misérable, ne puisse la terminer en saint.

Ainsi ne craignons pas de demander le salut des pécheurs, même les plus criminels et les plus endurcis. Ne nous décourageons pas de l'insuccès apparent de nos supplications. Sainte Monique demanda vingt ans la conversion de son fils avant de l'obtenir.

Mais quelle prière ferons-nous pour les pécheurs ? Marie nous l'apprend encore, car en nous disant : « Priez pour les pécheurs », elle nous montre son Rosaire. N'est-ce pas nous dire : « Priez-moi pour les pécheurs », moi la toute-puissante Avocate, moi dont la prière n'est jamais repoussée, moi le Refuge des pécheurs ? Disons-lui donc le Chapelet, répétons-lui sans cesse : « Priez pour nous pauvres pécheurs », car nous sommes du nombre, et chacun de nous doit se dire avec saint Paul qu'il en est le premier [1]. Oui, tous nous sommes frères, tous pécheurs, tous capables

---

1 *Quorum primus ego sum.* (I Tim., I, 15.)

de tomber dans les derniers excès, si la miséricorde de Dieu ne nous en garde, tous impuissants à nous relever par nous-mêmes des chutes que nous avons faites. Mais nous pouvons nous aider. « Priez les uns pour les autres afin que vous soyez sauvés », nous dit l'Écriture [1]. Donc tous sans nous décourager si nous avons beaucoup péché, sans nous enorgueillir si nous avons été préservés des grandes fautes, sans mépriser ceux qui en apparence semblent plus coupables, crions à notre Mère, à notre sœur, la seule de notre race qui soit sans péché, et qui à cause de sa préservation n'en est que plus miséricordieuse et plus compatissante : O Immaculée, ô Toute pure, ô notre Avocate, ô Mère de Jésus, ô notre Mère bien-aimée, priez pour nous pauvres pécheurs !

Pratique. — Récitez le très saint Rosaire en union avec l'archiconfrérie de Notre-Dame des Victoires pour honorer le Cœur Immaculé de Marie et pour la conversion des pécheurs.

1 Jac., v, 46.

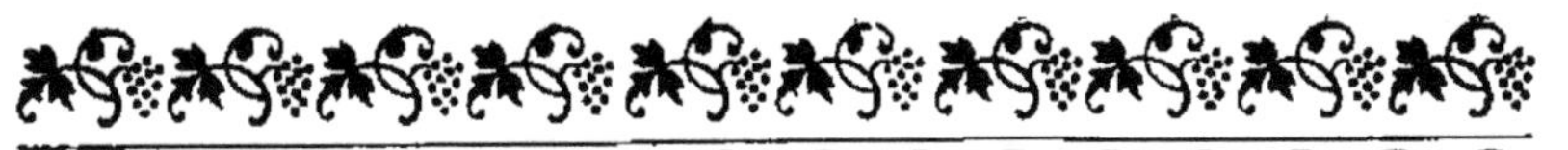

CHAPITRE VINGT-DEUXIÈME

« Je veux qu'on m'élève ici une chapelle. »

AIS voici que Marie va enfin nous révéler les secrets desseins de son Cœur. « Allez dire aux prêtres, dit-elle, que je veux qu'on m'élève ici une chapelle. »

Ah ! c'est que Marie ne veut pas être seule à nous secourir. C'est son Fils qu'elle veut nous donner. Or, Jésus ne paraît pas dans la vision du rocher. La Mère n'a pas son enfant dans ses bras. Peuvent-ils donc se séparer ? Oh ! non : où est Marie, Jésus va venir. Mais il réside en l'Eucharistie ; c'est sous cette forme que Marie veut nous le donner. Marie remontera au céleste séjour, mais elle nous laissera l'Eucharistie. Aussi elle dit : « Allez dire aux prêtres », car ce sont eux qui font descendre Jésus du Ciel. La Vierge Immaculée parle à la terre par une enfant ignorante et timide : nous avons vu pourquoi. Mais c'est au sacerdoce qu'elle s'adresse, car c'est lui qui a la puissance divine. Les prêtres sont les rois de la terre. Au nom de Dieu ils enseignent, ils pardonnent, ils ouvrent le Ciel. Au nom des hommes ils immolent la Victime universelle qui expie tous les crimes, et apaise la colère du Seigneur.

Et Marie fait dire aux prêtres : « Je veux qu'on m'élève ici une chapelle. » Sans doute il ne manquait pas d'églises et de chapelles dans le monde ; à Lourdes même il y en avait plusieurs. Mais Marie a vu ces églises trop souvent désertes, son Fils délaissé dans ses Tabernacles, la sainte Table abandonnée. Marie nous a attirés à elle ; maintenant elle va nous conduire au Très Saint Sacrement.

Et en effet une basilique s'élève au-dessus de la grotte. Les foules arrivent à Marie ; elles viennent, amenant leurs malades, comme autrefois les Juifs portaient les leurs partout où se trouvait Jésus. C'est l'intérêt, c'est le besoin de soulagement qui les attirent ; c'est aussi leur dévotion envers Marie. Mais elles trouvent Jésus avec elle. Il est venu près de sa Mère, à la voix du prêtre, et c'est Lui surtout qui va bénir. Voici en effet que les foules montent de la grotte à la Basilique où Jésus les attend. Là il purifie les âmes par la pénitence, là il se donne à elles en communion. Peut-on venir à Lourdes sans communier ? Beaucoup étaient venus en état de péché. Beaucoup avaient un fardeau porté depuis longtemps, qu'ils n'osaient déposer dans le cœur de leur propre pasteur. A Lourdes, l'aveu est facile ; la guérison de ces âmes s'opère en un instant. Quelles merveilles de la grâce se sont accomplies dans les confessionnaux de la Basilique ! Mais ce n'est qu'une préparation : ces pèlerins s'agenouillent à la sainte Table et y retrouvent les joies de leur Première Communion. Plus encore : on leur dit de communier tous les jours qu'ils passeront à Lourdes. Pour beaucoup, quelle révélation ! La communion était dans leur vie chose si rare ! Pâques, les grandes fêtes, voyaient seules ces dévotions, souvent plus redoutées que désirées. Le difficile, l'important était la confession ; la communion venait ensuite, presque comme un complément mais d'assez peu d'importance, sans longue préparation, sans beaucoup d'action de grâces, sans joie sensible, sans grand effet sur la vie. Et à Lourdes, on fait la communion pour elle-même, ou plutôt pour Jésus-Christ, plusieurs fois, dans l'élan de ferveur d'un pèlerinage entraînant. On goûte le Seigneur, on a trouvé son Dieu. Et le prêtre vous a dit : Désormais communiez plus souvent. Et cette parole on l'a comprise, on l'a entendue avec émotion. C'est Jésus qui se révèle en l'hostie. A partir de ce jour, voilà pour un chrétien un changement de vie, et c'est la communion qui va l'opérer. Avec elle, la foi vive s'empare de l'âme, la charité, l'esprit de prière, les vertus chrétiennes, le besoin de la méditation. Car Jésus, c'est la vie, Jésus c'est la lumière, Jésus c'est la force et le bonheur. Il ouvre l'intelligence : on comprend si bien quand on communie ! Et à combien de milliers d'âmes, à Lourdes, Marie et l'Eucharistie ont fait cette révélation !

Ce n'est pas tout : à Lourdes aussi on adore. Le Saint Sacrement est exposé souvent ; on vient le contempler et recevoir sa bénédiction. On aime à regarder la blanche hostie. A Lourdes on goûte encore le bonheur d'assister au saint Sacrifice. Que de messes en effet s'y célèbrent ! Combien ont compris là ce trésor infini ! Que de pieux laïques y ont connu pour la première fois, et conservé ensuite, le bonheur de servir la sainte Messe, ce glorieux privilège que les rois enviaient jadis, et qu'on laisse à des enfants qui n'en savent pas le prix !

Mais voici que le Saint Sacrement va descendre à la grotte même, tout près de la Vierge Marie. Ah ! c'est bien là que l'on comprendra combien Jésus et sa Mère sont unis ! Sans le Saint Sacrement, sans la Messe, sans la Communion, les plus belles fêtes, les plus beaux hommages rendus à notre Mère seraient trop peu de chose. Voici donc qu'un autel est dressé sous la voûte et Jésus y descend à la voix du prêtre.

Et voyez encore ici le symbolisme de notre grotte. Pénétrez sous la voûte, remarquez cette ouverture, ce canal qui unit les deux cavernes. Ne semble-t-il pas le chemin qu'a suivi Jésus pour descendre du Ciel, ou plutôt pour venir à nous du sein de Marie ? Comme cela nous fait comprendre que si à la sainte Messe Jésus seul descend jusqu'à nous, Marie du Ciel contemple le saint Sacrifice ; elle y assiste réellement, on pourrait dire qu'elle y préside et que par sa douce influence elle est tout près de nous pour nous prêter son cœur et ses dispositions.

Désormais donc Jésus viendra souvent à Massabielle, il s'immolera, il se donnera en communion, il répandra ses bénédictions. Continuellement ses prêtres le porteront de la Basilique à la grotte et de la grotte à la Basilique. On le rencontre sans cesse mêlé aux pèlerins. Il est lui-même, on pourrait dire, le plus fidèle des pèlerins de Lourdes. Qui est venu plus souvent que Lui à cette grotte où Marie demande des visites ?

Mais là, quel doux voisinage pour nous, quelle privauté, quelle familiarité charmante ! Il n'est plus éloigné du peuple, au fond d'un sanctuaire, derrière la balustrade d'un chœur. Non, on le coudoie pour ainsi dire ; on donne la communion parfois jusque dans les rangs des fidèles. Il nous enseigne par là qu'il veut rentrer dans la vie chrétienne, redevenir notre ami, notre frère, notre famille. Il est lassé de la solitude de ses tabernacles, où le Jansénisme l'avait relégué. Le respect est bon, mais le plus grand c'est de répondre à ses désirs, et il a dit : « Demeurez en moi, demeurez en mon amour. Je ne vous appellerai plus mes serviteurs, mais mes amis. » Le respect de Madeleine se jetant aux pieds du Sauveur et les baisant avec tendresse, vaut mieux que le respect du Pharisien qui s'indigne de le voir converser avec les pécheurs.

D'ailleurs, à Lourdes aussi, et plus que partout ailleurs, le Saint Sacrement reçoit des hommages magnifiques. Oui, dans cette terre bénie, sous l'égide de Marie, l'Eglise a conservé une liberté qu'on lui ravit ailleurs, la liberté d'exalter le Saint Sacrement dans une marche triomphale. Dans bien des villes, hélas ! on supprime les processions de la Fête-Dieu. Nous dédommagerons Notre-Seigneur à Lourdes. C'était là que la Vierge voulait en venir quand elle demandait à Bernadette des processions. Certes, elles étaient belles ces processions où les foules ne cessaient d'acclamer leur Reine, et de multiplier les chants et les *Ave !* Pourtant on s'éloignait de la grotte, et on ne pouvait y porter Marie. Eh bien, on a porté Jésus. Et le voilà maintenant presque tous les jours, pendant la saison des pèlerinages, qui passe à travers ces foules enthousiastes, escorté par elles, acclamé comme le jour des Rameaux quand il entrait à Jérusalem aux cris de « Hosanna au Fils de David ! Béni soit celui qui vient au nom du Seigneur ! » et que toute la ville émue demandait : « Quel est donc celui-ci ? C'est, répondait-on, Jésus le Prophète de Nazareth de Galilée. »

Ainsi en va-t-il à Lourdes maintenant. Marie ne s'est pas contentée de faire rentrer Jésus, le Saint Sacrement, dans notre vie privée, dans nos relations intimes : elle veut le replacer à la tête des nations, c'est pourquoi elle lui procure des hommages sociaux. Il est acclamé comme un Roi, comme le Fils de David, comme le Fils de Dieu même, comme celui à qui son Père a donné en héritage les nations.

Et voici que Notre-Seigneur a manifesté qu'il veut régner par les bienfaits et par l'amour. Ce qu'il opérait en Galilée où il passa en faisant le bien, voici qu'il le renouvelle. Il s'avance porté par un pontife, au milieu des nuages d'encens, des chants liturgiques, escorté par une armée de prêtres ; à cette vue, un élan de foi et de confiance a traversé l'âme des malades, des paralytiques, des mourants couchés sur le parcours de la procession. Une inspiration soudaine, venue du Cœur de Marie, leur dit que Jésus va les guérir. Et un cri s'échappe de leurs poitrines. « Jésus, Fils de David, ayez pitié de moi ! Seigneur, si vous le voulez, vous pouvez me guérir ! Dites seulement une parole et je serai guéri ! Seigneur, celui que vous aimez est malade. Jésus, Fils de Marie, ayez pitié de moi ! »

Et voici que tout à coup, au passage de la sainte Hostie, les infirmes se lèvent de leur grabat, et suivent leur bienfaiteur dans son triomphe. Ceci eut lieu pour la première fois en 1888.

Depuis, ces prodiges se renouvellent chaque année. C'est le Saint Sacrement qui est maintenant à Lourdes le grand faiseur de miracles. Sans doute Marie n'a pas cessé, mais elle partage avec son Fils ce doux empire de la miséricordieuse bonté. Pouvait-elle mieux nous prouver qu'en venant à Lourdes c'était Jésus qu'elle voulait nous donner? Le Saint Sacrement, le mystère de foi par excellence, c'est-à-dire le mystère où la foi seule agit, parce que la raison y est aux abois, le voilà prêché, exalté, démontré, non plus par l'Eglise, par les prêtres, mais par Marie et par sa propre puissance. Tout ce qui s'est fait à Lourdes de choses merveilleuses, tout ce qui prouve indubitablement la réalité des Apparitions, tout le mouvement immense qu'il a produit dans le monde, tout cela aboutit au Très Saint Sacrement. Et quand les foules sont attentives, groupées, pressées autour de l'Hostie; quand c'est Jésus lui-même, en son état mystérieux, qui est l'objet des adorations; quand, en quelque sorte, on oublie pour lui Marie, la grotte, la source, le rosaire; quand on ne voit que lui et que c'est lui qui triomphe, alors il manifeste sa puissance, et il guérit.

Que répondrez-vous, libres-penseurs et incrédules? Ici, vous ne pouvez plus parler d'eau minérale, de vertu curative nouvelle, ni d'hydrothérapie, et l'enthousiasme paraîtra un moyen peu capable de guérir un cancer ou d'allonger un membre. Avouez-le : Dieu seul agit. Donc il est là, donc il entend et exauce nos prières, donc il nous aime, donc il faut l'aimer, il faut l'adorer et le servir : le servir là où il est pour notre amour, selon que l'Eglise l'enseigne ; là où le monde l'a cru et adoré depuis dix-neuf cents ans, mais où les impies s'obstinaient à ne pas le reconnaître. Aujourd'hui, jetez-vous à ses pieds comme l'apôtre Thomas, disant : « Mon Seigneur et mon Dieu ! » Et Jésus vous répondra : « Parce que vous avez vu, vous avez cru. Heureux ceux qui n'ont pas vu et cependant croient fermement. » Mais en revanche, malheureux, malheureux infiniment ceux qui ont vu et refusent de croire. C'est d'eux qu'il est écrit que leur méchanceté et leur perversion sont telles que Dieu lui-même ne peut les sauver malgré son amour, et que sa Justice est obligée de les abandonner à leur aveuglement : « J'ai obscurci leurs yeux et endurci leur cœur, de peur que leurs yeux ne voient et que leur cœur ne comprenne et qu'ils ne se convertissent et que je ne les guérisse ! »

Ainsi Notre-Dame de Lourdes nous a conduits à la divine Eucharistie. Il nous est donc bien permis de saluer la blanche Apparition de Massabielle du nom auguste et vénéré de Notre-Dame du Très Saint Sacrement.

Notre-Dame du Très Saint Sacrement ! que ce nom dit de choses à qui sait le comprendre ! Essayons de l'expliquer un instant. Que l'on ne s'étonne pas d'abord de l'association de ces deux expressions : « Notre-Dame et le Très Saint Sacrement. » Nous n'entendons aucunement dire que Marie soit la Reine et la Maîtresse de Notre-Seigneur, alors même qu'en un sens il soit bien vrai qu'elle ait régné sur son Cœur et qu'en se faisant son fils et sa nourriture en l'Hostie, il se soit donné tout à elle. Non, Marie n'est pas la Dame du Très Saint Sacrement, mais elle est la nôtre : notre Dame, notre Souveraine. Notre-Dame c'est le nom français de Marie. C'est pourquoi, quels que soient les lieux où on l'invoque, les titres qu'on lui attribue, les vertus et les mystères que l'on veuille honorer en elle, ou les secours qu'on en attend, on joint à ces désignations spéciales le nom générique de Notre-Dame. Ainsi nous disons Notre-Dame de Lourdes, de Chartres, de Fourvière ; Notre-Dame des Victoires, de Paix, de Grâce ; Notre-Dame de Toutes-Aides, de Bon-Conseil, du Perpétuel-Secours ; comme pour dire la Vierge de Lourdes, la Vierge des Victoires, la Vierge du Perpétuel-Secours ; ou pour exprimer plus complètement son titre, comme le fait l'Eglise en sa liturgie, la Bienheureuse Vierge Marie honorée dans tel lieu ou dans tel mystère. Par exemple : *Beata Virgo Maria de Monte-Carmelo* : ce que nous traduisons en français : « Notre-Dame du Mont-Carmel. » De même en disant : Notre-Dame du Très Saint Sacrement, nous voulons exprimer tous les rapports qui ont existé entre Marie et l'Eucharistie.

Or, qu'il est juste d'honorer ces rapports ! Qu'ils sont grands, qu'ils sont sublimes, qu'ils sont ineffables ! Car si Jésus s'est fait Sacrement, sans doute c'est pour consoler l'Eglise de ne plus le voir ici-bas : mais tout d'abord, et pendant vingt ans, pour consoler sa Mère ; c'est pour consommer son union de grâce avec ses membres sur la terre : mais avant tout pour achever la sanctification de celle qui fut le plus beau chef-d'œuvre de la grâce ; c'est pour assouvir son

désir de se donner et témoigner à la créature les
excès de sa tendresse : mais avant tout pour faire ce
don à celle qui en était le plus digne, et prouver son
amour à celle qui le lui rendait parfaitement. Et comment Marie répondit-elle à ce don de l'Eucharistie?
Pendant les vingt ans ou environ qu'elle resta sur la
terre après l'Ascension de Jésus, elle ne vécut que
pour le Très Saint Sacrement. Elle passa ces années
dans l'adoration, l'amour et le service de cette hostie
où son Fils s'était caché, où elle le possédait, où elle
retrouvait l'enfant de Bethléem et la victime du Calvaire. Marie eût-elle pu s'éloigner de Jésus un seul
jour? Eût-elle pu vivre loin du Saint Sacrement?
Non, certes : l'Eucharistie seule lui donnait la force
de demeurer dans l'exil, après avoir vu son Tout
remonter au Ciel. Aussi, elle communiait tous les
jours, et, par un miracle, les saintes Espèces subsis-
taient continuellement en elle; de sorte que la sainte
Vierge fut en réalité, pendant tant d'années, le vivant
Ciboire et le Tabernacle du Très Saint Sacrement.
Tout le but de la prolongation de sa vie sur la terre
était de tenir compagnie à Jésus sacramenté, d'apprendre aux hommes à l'entourer et à l'aimer. Elle
formait l'Eglise à ce divin service. Volontiers elle eût
consenti, malgré son immense désir de voir la Beauté
divine, à rester jusqu'à la fin du monde occupée à
l'adorer. Mais Jésus était pressé de la couronner, et
quand elle eut mis le comble à ses mérites, un élan
d'amour détacha sa très sainte âme de sa prison virginale, d'où elle s'élança vers le Ciel, appuyée sur son
bien-aimé.

Et dans le Paradis, Marie cessera-t-elle de s'occuper de l'Eucharistie? Ne sera-t-elle plus Notre-Dame du Très Saint Sacrement? A Dieu ne plaise! Tous les intérêts de son Fils sont chers à son cœur, tout ainsi que les besoins des hommes. Or la gloire de Jésus, non moins que nos intérêts, repose sur le règne de l'Eucharistie. Qu'elle soit donc connûe, aimée, servie et qu'elle sauve les âmes : voilà la grande ambition de Marie. Et comme, spécialement en nos temps modernes, le règne du Christ est plus combattu, son amour plus méprisé, c'est aussi le temps où Marie fera plus pour nous ramener à son Fils. Nous avons vu comment à Lourdes elle nous a conduits à Lui par le doux artifice de ses bienfaits. Mais ce n'est pas à Lourdes seulement qu'elle le fera régner. O Emmanuel! ô Dieu avec nous! la colombe immaculée a plané sur votre terre tout entière, comme l'avait annoncé le Prophète [1], et partout elle a fait refleurir le culte de votre Eucharistie. Le siècle de Marie s'appelle aussi le siècle du Très Saint Sacrement, et il annonce l'aurore d'un siècle encore plus beau, où le Sacré-Cœur nous révélera tous les excès du mystère d'amour.

Notre-Dame de Lourdes est donc bien Notre-Dame du Très Saint Sacrement.

Et remarquons combien il était juste que l'Immaculée Conception et l'Eucharistie fussent unies. C'est l'A et l'Ω des œuvres de Dieu. Tout part de l'Immaculée Conception et tout aboutit à l'Eucharistie. Le Très Saint Sacrement c'est tout Jésus, et l'Immaculée Conception tout Marie : c'est-à-dire tout ce qui fait

---

[1] *Et erit extensio alarum ejus implens latitudinem terræ tuæ, o Emmanuel.* (Isa., VIII, 8.)

le fondement et la raison des grandeurs de la Mère, et tout ce qui couronne l'amour et la Rédemption du Fils. Il fallait l'Immaculée Conception pour que Dieu n'eût pas horreur de se faire hostie, et l'Hostie seule pouvait suffire à remercier Dieu du glorieux privilège de Marie. L'Hostie c'est l'excès du don fait à la terre, la Vierge Immaculée c'est ce qui peut en quelque sorte le mériter. L'Hostie c'est le plus grand abaissement de Dieu vers l'humanité ; l'Immaculée Conception est la plus grande hauteur où l'homme soit monté. Il est donc juste qu'elles s'embrassent, qu'elles consomment l'union parfaite d'une pure créature avec le Verbe Incarné. Et vraiment la Vierge Immaculée était digne de communier, oui, vraiment et absolument digne, non par la nature mais par grâce : car Dieu lui-même se l'était préparée, et elle n'avait rien fait qui pût ternir l'œuvre du Créateur. « Moi qui suis digne, je te fais digne », disait Jésus à sainte Catherine de Sienne. Combien plus a-t-il fait digne sa propre Mère !

C'est pourquoi l'Immaculée Conception seule a pu glorifier suffisamment l'Eucharistie. Mais il fallait aussi que les honneurs rendus à la Vierge sans tache rejaillissent sur son Fils. C'était assurément un besoin pour le Cœur de Marie. La proclamation solennelle de son privilège réclamait les triomphes du Sacrement d'amour. Aussi, ces deux glorifications de Jésus et de Marie ont coïncidé pour ainsi dire. En réponse aux louanges de la terre, Marie ne pouvait lui faire un plus beau présent que de lui donner davantage son Fils. C'est donc cela qu'elle demandait à Dieu pour nous à Lourdes dans sa muette prière, les mains jointes, le regard perdu vers l'Eternité. Et cette prière a été exaucée : la floraison d'œuvres du Saint Sacrement, les Congrégations vouées à l'adoration et à l'exposition perpétuelle, les Congrès eucharistiques, les miracles, le retour à la communion fréquente, la disparition de l'esprit janséniste : voilà les fruits de la prière de Marie à Massabielle, et c'est pourquoi nous proclamons la Vierge de Lourdes Notre-Dame du Très Saint Sacrement.

Loué et remercié soit à tout instant le Très Saint et Très Divin Sacrement !

Et bénie soit la sainte, immaculée et très pure Conception de la Bienheureuse Vierge Marie Mère de Dieu !

Pratique. — Récitez aujourd'hui votre Rosaire en union avec Marie au Cénacle, conservant et repassant dans son cœur tous les mystères de sa vie. Offrez-le pour le règne de Jésus-Hostie sur tous les cœurs.

CHAPITRE VINGT-TROISIÈME

« Pénitence ! Pénitence ! Pénitence ! »

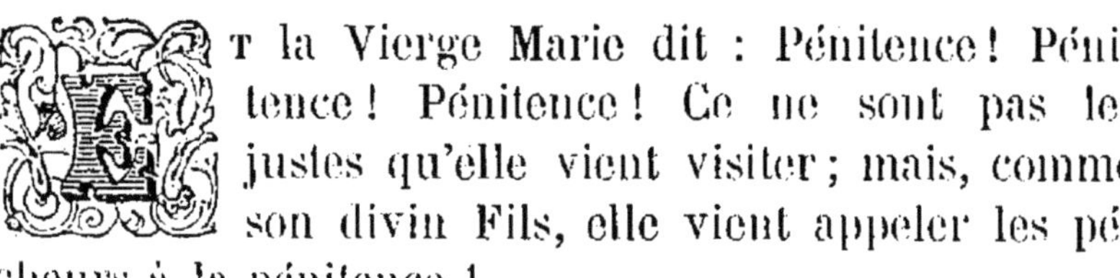

T la Vierge Marie dit : Pénitence ! Pénitence ! Pénitence ! Ce ne sont pas les
justes qu'elle vient visiter ; mais, comme
son divin Fils, elle vient appeler les pécheurs à la pénitence [1].

Mais pourquoi répéta-t-elle ce mot trois fois ? C'est
d'abord pour nous le faire remarquer davantage, et
nous apprendre que la Pénitence est le plus pressant
de nos besoins et la plus importante des leçons qu'elle
vient nous donner. Ce mot est dur et qui peut l'entendre ? Il faut pourtant l'accepter ; c'est pourquoi
Marie le répète. C'est pour nous dire aussi que la
Pénitence doit être continuelle et pratiquée avec courage et persévérance. Marie nous dit en quelque sorte :
Pour vous sauver, le premier moyen c'est la Pénitence, le deuxième moyen c'est la Pénitence, le troisième c'est toujours la Pénitence ; elle doit durer
jusqu'à la mort. Enfin, elle dit trois fois Pénitence !
parce que la Pénitence a, en réalité, trois degrés. Ce

[1] *Non veni vocare justos sed peccatores ad pœnitentiam.*
(Luc., v, 32.)

mot a trois sens différents qui expriment trois choses que Marie veut nous faire entendre et pratiquer.

I. — Pénitence veut dire avant tout *repentir*. Faire pénitence, c'est regretter ses péchés, se convertir. C'est dans ce sens que Jésus disait aux Juifs : « Si vous ne faites pénitence, vous périrez tous » ; et Jean-Baptiste : « Faites pénitence, parce que le royaume de Dieu approche. » Et les Prophètes répétaient souvent au peuple d'Israël : « Convertissez-vous et faites pénitence [1]. » Cette pénitence, c'est donc le regret douloureux d'avoir offensé Dieu.

Voilà la première leçon de notre Mère. C'est aux pécheurs qu'elle parle. Pauvres enfants, leur dit-elle, comprenez votre malheur ! Pécher, c'est renoncer au Bien infini pour un bien misérable, au Bien éternel pour une joie passagère, au Bien souverain, capable de satisfaire les désirs d'une âme immortelle, avide d'un bonheur sans mesure, pour un plaisir grossier, indigne d'une créature raisonnable. « Ne dites pas : J'ai péché et rien de triste ne m'est arrivé : car celui qui pèche, même une seule fois, perd des biens infinis [2]. »

Qu'il est grand, en effet, le Bien que vous avez perdu ! C'est cette perte que les damnés pleureront avec des larmes et des grincements de dents de désespoir, parce que leur séparation d'avec Dieu sera éternelle. Mais leurs gémissements et leurs regrets seront inutiles. Ici-bas, au contraire, les larmes des pécheurs leur obtiennent de recouvrer le Bien qu'ils

---

[1] *Convertimini et agite pœnitentiam.* (Ezech., xviii, 30.)

[2] *Ne dixeris : Peccavi et quid mihi accidit triste ?* (Eccli., v, 4.) *Qui in uno peccaverit multa bona perdet.* (Eccle., ix, 18.)

ont perdu. Aussi le Seigneur a dit : Bienheureux vous qui pleurez maintenant, parce que vous vous réjouirez un jour.

Cherchez donc le Seigneur tandis qu'il est encore temps de le trouver. Hâtez-vous de le chercher, car le Seigneur désire être désiré. C'est un tel Bien, que ne pas le poursuivre est un crime qui mérite toutes les colères. Le Très-Haut vous a épargnés jusqu'ici : il est patient, mais il rend à la fin à chacun ce qu'il mérite. « Ne dites pas : La miséricorde du Seigneur est grande, il pardonnera à la multitude de mes iniquités; car sa miséricorde est toute proche de sa colère, et sa justice a l'œil ouvert sur les pécheurs. Ah! ne tardez pas à vous convertir, ne différez pas de jour en jour, car son courroux éclatera tout à coup, et vous perdra au jour de ses vengeances [1]. »

« Fuyez la colère à venir : car la cognée est à la racine des arbres. Tout arbre qui ne porte pas de bons fruits va être coupé et jeté au feu éternel. Le Seigneur a son van à la main; il va purger son aire. Le bon froment va être ramassé dans ses greniers, et la paille jetée au feu qui ne s'éteint pas [2]. »

Pénitence! pendant qu'il en est encore temps. Car l'arbre restera du côté où il sera tombé. Sortez donc du péché mortel avant que vienne le jour terrible de la Justice.

Or, que cette pénitence est facile! Dieu ne demande

[1] *Ne dicas : Miseratio Domini magna est, multitudinis peccatorum meorum miserebitur. Misericordia enim et ira ab illo cito proximant, et in peccatores respicit ira illius.* (Eccli., v, 6.)
[2] Matth., iii, 13.

qu'un acte d'amour, un cri du cœur qui préfère enfin Dieu à la créature, qui regrette d'avoir contristé le souverain Bienfaiteur. Qu'on remarque bien cette vérité consolante et trop ignorée : le plus petit degré de contrition suffit à remettre le péché mortel, pourvu qu'il soit basé sur le motif de l'amour. Ce que Dieu regarde, ce n'est pas l'intensité de la contrition, mais sa nature. Des torrents de larmes versées par crainte de l'enfer ou par honte d'avoir péché, ne remettront pas une seule faute mortelle. Mais pour en effacer des milliers, il suffit d'un seul acte de contrition pieusement récité, tel que le Catéchisme l'enseigne. « Mon Dieu, je regrette de vous avoir offensé, parce que le péché vous déplaît et que vous êtes l'infinie Bonté. » Car la première de ces contritions est imparfaite : elle est basée sur l'intérêt personnel ; la deuxième est parfaite : elle naît du regret d'avoir fait du chagrin à un Père bien-aimé. Il faut, bien entendu, y joindre le ferme propos de ne plus l'offenser à l'avenir, et être décidé à le mettre désormais dans notre estime au-dessus de toute chose. Ce mot *estime* est important : il veut dire que nous devons préférer le Bien souverain et éternel à tout autre bien, le placer au-dessus de tout dans notre appréciation, alors même que nous éprouverions peut-être plus d'affection sensible pour des créatures : par exemple, pour nos parents. De même, la crainte sensible de la mort, des supplices, peut être plus forte en nous que la crainte d'offenser Dieu : pourtant, dans notre esprit, nous devons reconnaître le mal du péché comme plus grand que tout malheur possible. C'est donc de l'intelligence et non de la sensibilité que la contrition parfaite découle, et c'est pourquoi elle est si facile à acquérir.

Mais une condition doit toujours se joindre à ce regret du péché et au bon propos de ne plus le commettre : c'est la volonté de s'en confesser. Le péché mortel, commis après le baptême, n'est pardonné que par l'aveu au prêtre. Une seule chose en dispense : c'est l'impossibilité morale ou physique ; mais la volonté de se confesser quand on le pourra, rien n'en dispense. Moyennant cette résolution ferme, au moment où l'acte de contrition est produit, l'âme recouvre l'état de grâce : Dieu lui pardonne en vue du sacrement désiré. Et telle est sa bonté qu'il se contente même d'un désir implicite de la confession, et même de toute bonne volonté d'une âme qui ne pense pas au sacrement, qui peut-être même ne le connaît pas, mais qui a conscience d'avoir péché et le regrette pour l'amour du Dieu offensé. Combien cela donne de consolation et de confiance pour le salut d'une multitude d'âmes !

Mais si l'on peut se confesser, qu'on sache y être obligé et qu'on le refuse, il n'y a pas de pardon possible. C'est pourquoi ce sacrement est par excellence le sacrement de la conversion, et il porte le même nom qu'elle : la Pénitence, parce qu'il est le moyen obligatoire de la réconciliation, et le témoignage demandé par Dieu de la réalité du repentir.

D'ailleurs, il porte avec lui tant de grâces que pour ceux qui le reçoivent Dieu n'exige même pas la contrition parfaite : il se contente d'un repentir quelconque, pourvu qu'il soit surnaturel, c'est-à-dire basé sur un motif de foi. Le regret par crainte de l'enfer, du purgatoire, et même des châtiments temporels dont Dieu punit le péché, joint à la volonté de ne plus le commettre, suffit avec l'absolution pour assurer le pardon.

Et cette confession, combien elle est facile ! Il ne s'agit pas d'aveux longs, pénibles, humiliants. D'abord, on n'est obligé d'accuser que les péchés mortels. Les péchés véniels, les péchés douteux ou dont la gravité n'est pas certaine, pas n'est besoin d'en faire mention : on le peut, mais rien n'y force. Point de détails non plus, pas de circonstances à accuser, pas même celles qui aggravent le péché. Dieu les connaît et les jugera un jour ; le prêtre n'a pas besoin de les connaître pour accorder le pardon, à moins qu'elles ne changent la nature du péché. Il lui suffit de connaître le nom du péché, son espèce, c'est-à-dire quel précepte il viole, et enfin, autant que possible, si c'est un péché grave ou non. Que tout cela est aisé ! Et de plus, que c'est doux ! car on sort du saint Tribunal avec l'assurance du pardon. Quelle paix succède aux remords, quelle joie à la confusion, quel amour de Dieu à la crainte de ses jugements !

Et comme Dieu a facilité pour nous un remède si puissant ! La première fois que Jésus dit à un coupable : « Tes péchés sont remis », les Juifs se scandalisèrent, disant : « Cet homme blasphème. Qui peut remettre les péchés que Dieu seul ? » Mais maintenant, ce n'est plus Jésus seulement qui remet les péchés, mais tous ses prêtres. Si le Pape seul avait reçu ce divin pouvoir, nous serions trop heureux de savoir qu'à Rome on peut aller demander le pardon de tout crime. Mais voici que le dernier vicaire de campagne peut prononcer sur les plus abominables pécheurs les paroles de l'absolution. Après cela, Dieu pourra nous dire : Si vous vous perdez, c'est que vous l'aurez voulu : votre perte est votre ouvrage. *Perditio tua, Israel !*

Ecoutons donc la Vierge Marie nous crier : Pénitence ! Cela veut dire : « Mes enfants, n'allez pas en enfer, car vous n'en sortiriez jamais ; il faudrait renoncer à me voir dans la béatitude et vous résoudre à me haïr éternellement. Ne me faites pas ce chagrin, à moi votre Mère, qui vous aime tant et désire tant votre amour ! Convertissez-vous ! revenez à votre Mère. Revenez à Dieu ! »

Le mauvais riche dans l'enfer suppliait Abraham d'envoyer Lazare dire à ses frères de ne pas venir le rejoindre dans le lieu des tourments. Et Abraham lui répondit : « Ils ont Moïse et les Prophètes ; s'ils ne les écoutent pas, même si un mort ressuscite, ils ne les croiront pas davantage. » Mais voici que Marie elle-même a demandé à Dieu de venir nous apporter le message du mauvais riche. Oui, ce sont en quelque sorte les habitants des enfers eux-mêmes qui lui ont dit : « O douce Vierge, ô Refuge des pécheurs, que nous voudrions tant aimer et que par un juste châtiment de nos crimes nous sommes condamnés à haïr éternellement, allez dire à nos amis de la terre de se convertir, de peur qu'ils ne tombent avec nous dans l'abîme. » Et Marie se fait l'écho de ces malheureux réprouvés en venant nous crier : Faites pénitence !

II. — Le deuxième sens du mot Pénitence, c'est

l'expiation du péché. C'est ainsi que le prêtre donne au pécheur qui se confesse « une pénitence. » C'est aussi dans ce sens que Jean-Baptiste disait aux Juifs : « Faites de dignes fruits de pénitence [1]. » Il ne suffit pas, en effet, de se repentir de ses fautes : il faut les punir. Le salaire que mérite le péché, c'est la souffrance. C'est pourquoi Adam, contrit et repentant, reçut son pardon de Dieu ; mais en même temps, il fut condamné au travail, à la douleur et à la mort. Il lui fut dit : « La terre sera maudite à cause de ton péché ; elle ne produira pour toi que des ronces et des épines. Tu mangeras ton pain à la sueur de ton front, jusqu'à ce que tu retournes en poussière. » Et à Eve, Dieu ajouta : « Je multiplierai tes douleurs. » Et pendant les neuf siècles de leur vie sur cette terre, Adam et Eve firent pénitence. Et toute leur postérité, ayant partagé leur culpabilité, partage leur châtiment. Bon gré mal gré, il faut subir la douleur et la mort. Il est donc bien important pour nous de méditer et de comprendre ce grand mot que Marie nous crie : Pénitence !

Elle veut nous dire de ne pas nous révolter contre la souffrance, mais au contraire de l'accepter volontairement et même de la chercher. Elle nous prêche, en un mot, la nécessité de l'expiation. C'est une parole dure que celle-là, et peu veulent l'entendre. « Le mot de croix, dit saint Paul, est une folie pour ceux qui se perdent. Mais pour nous, qui voulons nous sauver, il est la force de Dieu... Le Christ crucifié est pour les Juifs un scandale, pour les païens

______

1 *Facite fructus dignos pœnitentiæ.* (Luc., III, 8.)

une folie, mais pour les élus il est le triomphe et la sagesse de Dieu [1]. »

Scandale pour les Juifs : Ce qu'ils demandent, ce sont les bénédictions temporelles. Ils ne peuvent croire que Dieu châtie ceux qu'il aime. Job sur son fumier leur paraît un coupable justement puni. Et si Jésus est le Fils de Dieu, qu'il descende de la croix ! Combien, hélas ! de chrétiens mêmes ont cet esprit judaïque ! Les épreuves, la souffrance, leur sont une pierre d'achoppement. Ils refusent les croix que Dieu leur envoie, ils murmurent, ils blasphèment, ils traitent Dieu d'injuste, de cruel. Ils oublient qu'ils sont pécheurs et que leurs fautes méritent les tourments infiniment plus rigoureux du Purgatoire ou de l'Enfer.

La souffrance nous révolte? C'est vrai, elle est contre nature! Mais qui l'a faite cette souffrance? Ce n'est pas Dieu, c'est l'homme, c'est le péché.

Mais voici ce qu'a fait Dieu : il n'a fait ni la douleur, ni la mort, mais il a bien voulu les subir. Voyant combien ce remède nécessaire paraissait pénible à l'humanité, il est descendu du Ciel pour nous apprendre à l'accepter. Jésus, voilà le nouvel et véritable Adam, exilé lui aussi du Paradis son légitime séjour, voyageur sur une terre ingrate, aride et désolée. Voilà le vrai Pénitent, qui pleure toute sa vie une faute qu'il n'a pas commise, mais dont il s'est chargé, et qui l'expie dans le travail, la tristesse, le jeûne, les larmes, puis enfin par la mort, une mort cruelle, ignominieuse, avec toutes les terreurs,

[1] I Cor., I, 23.

les angoisses, les délaissements, le brisement du cœur, les tortures physiques, et la douloureuse séparation de l'âme et du corps. En tout cela, Jésus n'est pas seulement notre rançon, il est encore notre modèle. Ses souffrances et sa mort ne nous dispensent ni de souffrir, ni de mourir. Mais elles nous donnent seulement la force de le subir : *Crux iis qui salvi fiunt, id est nobis, virtus Dei.*

Voilà ce que nous répète Marie en nous disant Pénitence. C'est nous dire : « Mes enfants, acceptez la souffrance, parce que vous êtes pécheurs. Expiez vos fautes en ce monde ; n'attendez point la vengeance future. Apaisez votre créancier avant qu'il vous cite devant le Juge, faites la paix en chemin : car si vous arrivez devant le Tribunal suprême avec des dettes, il faudra les acquitter jusqu'à la dernière obole, et vous serez livrés aux tortures et aux bourreaux jusqu'à ce que tout soit payé. » Bien loin donc de fuir la douleur, il faut la rechercher, et joindre encore aux peines de la vie les exercices de la mortification volontaire. Et c'est pour cela que l'Eglise aussi nous crie chaque année : Pénitence! Hélas! que sont devenus ses jeûnes, ses abstinences et son Carême! Notre lâcheté, nos résistances l'ont obligée à en diminuer sans cesse les rigueurs, et le peu qui en reste n'est pas même observé. Mais ce n'est pas à notre avantage, certes. Si les pénitences imposées ont diminué, l'obligation de faire pénitence demeure la même ; seulement elle est différée. Au lieu de la faire en ce monde, nous la ferons en l'autre ; au lieu de jeûner, nous brûlerons ; au lieu d'une légère privation, nous souffrirons des supplices épouvantables.

Encore une fois, ce n'est pas à notre avantage. Heureux ceux qui comprendront la voix de Marie, ordonnant à Bernadette de s'humilier, de se mortifier en baisant la terre, en mangeant de l'herbe et en buvant un breuvage répugnant, et nous criant à tous : Faites pénitence !

Pensons-y bien. Dieu est la Justice infinie et la Pureté parfaite. Il exigera un compte rigoureux de notre vie ; une parole oiseuse ne restera pas sans châtiment ; la moindre imperfection, le moindre défaut de pureté d'intention se paieront dans le Purgatoire. Car, comment arriver au Ciel sans être entièrement purifié ? Quel abîme entre nos souillures et la sainteté que les purs esprits n'adorent qu'en se voilant la face de leurs ailes ! Si donc, au jugement de Dieu, les âmes les plus justes, les saints eux-mêmes doivent trembler, que feront les pécheurs, les mondains, dont la vie n'a été qu'une continuelle jouissance, qu'une poursuite de toutes les voluptés ? Qu'en sera-t-il même de ceux dont la vie a été honnête, mais cependant sans efforts généreux, sans souci d'éviter une multitude de péchés véniels, sans mortification volontaire ? Ah ! que de dettes ! Je veux qu'une bonne absolution ait rendu à ces âmes l'amitié du Seigneur. Mais il reste à expier les fautes d'une vie entière, pardonnées sans cesse, mais jamais réparées. Au delà de la vie terrestre, il va falloir recommencer une autre vie plus longue souvent que la première, des siècles peut-être, non plus dans le calme et le bien-être, mais dans le feu dévorant : une vie sans repos, sans sommeil, sans rafraîchissements, une vie de souffrances telles, qu'au sentiment des

Saints, toutes les douleurs de la terre sont peu de chose en comparaison. Voilà ce qui nous est réservé, et nous dormons tranquilles ! La mort approche, le feu nous attend, et nous pouvons penser à autre chose qu'à payer ici-bas nos dettes pour échapper à un si grand malheur ? Oui, malheur épouvantable ! car, après le péché mortel et l'enfer, la plus affreuse calamité qui puisse atteindre une créature, c'est de tomber en Purgatoire. Et nous y allons gaiement !

Heureux et sages ceux qui satisfont pour leurs péchés en ce monde ! Ils y trouvent deux profits immenses. Le premier est de payer moins cher. Tout est centuplé dans l'autre monde, les châtiments comme les récompenses. *Remettons donc à toucher plus tard, et payons maintenant !* Mais un second avantage, c'est qu'en faisant pénitence sur la terre, non seulement nous payons nos dettes, mais nous devenons créanciers nous-mêmes. En effet, sur la terre toute œuvre surnaturelle a deux valeurs, l'une satisfactoire, l'autre méritoire : la première éteint la peine due au péché, la deuxième mérite la gloire éternelle. Au Purgatoire, au contraire, il n'y a que la satisfaction. Le temps de s'enrichir finit avec la vie présente : au delà on ne peut plus gagner, et des siècles de souffrances inexprimables ne feront pas monter l'âme d'un degré. Quelle folie donc, puisqu'il faut absolument expier nos péchés, d'attendre à le faire dans des douleurs épouvantables et sans le moindre profit, au lieu qu'à présent nous le pouvons par de légères pénitences qui, en même temps, nous feront grandir en mérite et en gloire ! Les Saints nous semblent des êtres héroïques, dont les mortifications nous font peur. Ce sont pourtant ceux des hommes qui souffrent le moins. Ils achètent le Paradis à meilleur compte, ils y vont plus haut et ils y arrivent plus vite que les chrétiens lâches et sensuels qui, après un long et rigoureux Purgatoire, obtiendront une médiocre place pour l'éternité.

Ecoutons donc la Vierge Marie nous crier Pénitence ! Cela veut dire : « Mes enfants, n'allez pas en Purgatoire : cela ne sert à rien ; c'est un pur et douloureux retard au bonheur que je veux vous donner. Je vous prépare de telles joies au Ciel, près de moi, et de mon divin Fils ! Gagnez-les. Purifiez-vous, payez vos dettes, préparez-vous pour les noces éternelles ; ne manquez pas au rendez-vous, aussitôt que l'heure du départ de cette terre aura sonné pour vous. »

III. — Enfin, la Vierge Immaculée crie une troisième fois : Pénitence ! Ce n'est plus aux pécheurs qu'elle prêche la conversion, ni aux convertis qu'elle dit de payer leurs dettes. Elle s'adresse ici à tous les fidèles, même aux justes, et leur rappelle le caractère fondamental du christianisme qui est l'esprit de pénitence. C'était l'esprit de Marie sur la terre. Elle était la Vierge sans tache, elle ne devait rien à la Justice de Dieu ; elle n'était pas chargée des crimes des hommes comme son Fils qui, selon l'expression si forte de saint Paul, « s'était fait péché pour nous. » Pourtant, qui a plus que notre divine Mère embrassé la carrière de la Pénitence ? N'est-elle pas la Reine des Martyrs ? Son pauvre cœur a-t-il été broyé, son âme percée d'un glaive, ses yeux ont-ils connu les larmes ? Pourquoi tant de souffrances ? Parce que nulle créature n'a été si unie à Jésus. Jésus est l'homme de douleurs, et plus on s'approche de lui plus on boit à son calice, plus on participe à sa croix. Tout chrétien doit être un homme crucifié, par là même qu'il est le disciple du Christ. Peut-on vivre dans le bien-être sous un Chef couronné d'épines ? Jésus est le Chef de ce corps mystique qui est l'Église ; tout le corps doit ressentir ses douleurs. C'est pourquoi la Passion ne sera achevée que quand tous les membres auront souffert, et c'est dans ce sens que saint Paul disait dans ses tribulations : « Je complète en moi ce qui manque aux souffrances du Christ. » Chacun de nous doit en dire autant ; et s'il aime vraiment son Maître, il doit non seulement accepter, mais désirer, chercher même la souffrance, loin de la fuir : il doit modeler sa vie sur celle du Rédempteur, qui fut tout entière une croix et un martyre.

Que nous avions besoin que Marie vînt nous rappeler ces vérités importantes ! Car le mal souverain de notre société c'est l'absence de mortification et la recherche perpétuelle de la jouissance. C'est la suite forcée de l'affaiblissement et de la perte de la foi : car, si l'on ne voit que la terre, il est logique de vouloir s'y plaire. Mais, hélas ! les fidèles mêmes se sont laissé infecter de ce naturalisme ! Quelle opposition entre l'esprit de Jésus et notre conduite ! Voyez la vie de notre divin Sauveur : quelle pauvreté, quel dépouillement absolu de toute commodité, de toute jouissance ! Voyez maintenant notre vie : quelle poursuite constante du confortable et du bien-être ! Quelle dissemblance entre le Chef et les membres, entre le Roi et ses sujets !

Lequel se trompe ? Sans doute, ce n'est pas la Sagesse éternelle. Le Dieu infiniment puissant et riche, et aussi infiniment sage, s'est fait pauvre et dénué de tout ; et nous, nous ne pensons qu'à jouir et à nous enrichir ! Mais Dieu nous affirme que si nous ne partageons pas ses souffrances, nous n'aurons point de part à sa gloire. Ceux-là seuls auront place au Ciel qui « seront trouvés conformes à la ressemblance du Crucifié. » Écoutons encore Jésus lui-même : « Bienheureux les pauvres, les pauvres selon l'esprit. » Et il ajoute : « Malheur aux riches ! Il leur est plus difficile d'entrer au Ciel qu'à un chameau de passer par le trou d'une aiguille. » Mais c'est l'impossibilité absolue ? Oui, il faudra que tout l'amour des richesses sorte de leur cœur avant qu'on les admette au Paradis. Jésus dit encore : « Efforcez-vous d'entrer par la porte étroite. Qu'elle est étroite la voie du salut, et que peu la trouvent ! » De cette parole on conclut que le nombre des élus est très petit, du moins parmi les riches. Heureusement, le nombre des pauvres sur la terre étant très grand, beaucoup sont mis, non par leurs propres désirs, mais par la miséricorde de Dieu qui les dépouille, dans le chemin du Ciel. Mais, d'eux-mêmes, peu d'hommes cherchent cette voie étroite. Peu de riches assurément se sauvent, puisque le Seigneur a prononcé et répété souvent cette parole : *Væ vobis divitibus !* Malheur à vous riches, à vous qui êtes riches selon le cœur, selon le désir, par votre attachement aux richesses !

Mais pourquoi cette malédiction ? Jésus en donne toute la raison en ces mots : « Parce que vous avez reçu votre consolation. » Vous l'avez ici-bas ; vous n'en désirez pas d'autre : vous n'en aurez donc pas. Vous riez maintenant, vous pleurerez un jour. Et, pour mieux nous le faire comprendre, il raconte l'histoire du mauvais riche. Il ne dit pas que cet homme fut un grand pécheur ; seulement il faisait bonne chère tous les jours, sans se soucier des pauvres qui manquaient de pain. Il mourut et tomba en enfer. De là, il voyait au Ciel ce pauvre Lazare qu'il méprisait sur la terre. Il implora alors son secours. Abraham lui répondit : « Mon fils, souvenez-vous que vous avez été autrefois dans les délices et Lazare dans la pauvreté ; maintenant il est dans le repos et vous dans les supplices [1]. »

Il est bien à craindre que cette réponse ne soit toute la consolation que pourront méditer éternellement bien des riches de nos jours. A voir le luxe de l'ameublement, du vêtement, de la nourriture, des plaisirs de la vie, chez presque tous ceux qui ont de la fortune, et auprès de cela la misère noire de tant de millions d'hommes livrés à des travaux accablants pour un maigre salaire, ou bien privés même de travail et de toute ressource, on se dirait reporté aux temps de la Rome païenne. Un seul mot corrigerait cet état de choses lamentables et Marie nous le dit : Pénitence ! Car là où ne règne pas cet esprit de pénitence, règne l'amour de la jouissance. Or, la jouissance engendre l'égoïsme, et l'égoïsme l'insensibilité, la cruauté, le mépris du pauvre. A la place de ces sentiments, mettez l'esprit de Jésus-Christ, l'esprit de mortification et de pénitence, et tout sera changé.

---

[1] *Recepisti bona in vita tua et Lazarus similiter mala : nunc autem hic consolatur, tu vero cruciaris.* (Luc., XVI, 25.)

Ce que vous aurez soustrait à la volupté, vous le donnerez à la charité. Un homme détaché des plaisirs sera toujours compatissant à la misère des autres, car le propre du cœur c'est d'aimer, et il n'y a que la jouissance qui l'endurcisse. Dès lors, comment voudrait-il faire des dépenses superflues pour lui-même quand ses semblables manquent du nécessaire, être dans la surabondance quand ses frères meurent de faim ? Oui, voilà le remède unique aux maux qui accablent notre société. Les pauvres souffrent et s'irritent du bonheur du riche : ils veulent partager. Ils ont tort de vouloir l'exiger par force ; mais les riches ont tort de ne pas donner par amour. Qu'ils se renoncent, qu'ils s'immolent, qu'ils donnent, qu'ils s'appauvrissent, et la société est sauvée. O Marie, accordez-nous de le comprendre et de vous obéir.

Mais ce n'est pas aux individus seulement, c'est aux nations que Marie crie Pénitence, car les peuples comme les hommes ont des vertus ou des vices et méritent des récompenses ou des châtiments. Et, certes, à la France Marie a bien raison de crier Pénitence, et de le répéter trois fois comme un appel désespéré, car nos crimes sont tels que notre salut réclame les plus énergiques expiations.

Pénitence ! nous crie-t-elle donc. C'est-à-dire : « O France, ô mon peuple bien-aimé, convertis-toi, reviens au Seigneur ! Tu as brisé son alliance, tu rougis de son nom, et, officiellement, tu ne veux plus qu'il soit prononcé ; tu violes sa loi publiquement, tu profanes son jour, tu persécutes ses ministres, tu détournes les hommes de son amour. As-tu trouvé le bonheur depuis que tu t'éloignes de ton Roi ? As-tu trouvé la paix et la concorde depuis que tu n'écoutes plus sa voix qui ne prêche que la charité ? Tes finances sont-elles prospères depuis que tu violes le repos du dimanche ? Tes voies publiques sont-elles plus sûres et affranchies d'accidents depuis que tu en as interdit l'accès à Notre-Seigneur ? Et, au milieu des peuples, tiens-tu comme autrefois la tête ou bien le dernier rang depuis que tu te prétends affranchie de son empire ? O France, France, reconnais qu'il t'est mauvais et dur d'avoir rejeté le Seigneur ton Dieu. Mais fais pénitence, car le bras de mon Fils est si lourd qu'à peine puis-je encore le retenir. Il t'a déjà frappée et tu n'as pas compris. Il te châtiait en père qui corrige. Prends garde qu'il ne te frappe en juge qui extermine.

« Mon peuple, ceux qui te disent heureux te trompent et t'égarent. Ceux qui parlent ainsi sont des menteurs, et si tu les crois tu cours aux abîmes. Le Seigneur approche, il va juger, il vient juger le monde, et les destinées d'une nation coupable sont lamentables [1]. »

Pénitence donc pendant qu'il en est encore temps ! Car les nations n'ont point d'éternité. C'est toujours en ce monde qu'elles sont punies de leurs crimes. Hâtez-vous donc d'expier par les jeûnes, les larmes et les aumônes, les abominations sans nombre commises contre Dieu, son culte, sa loi, contre les mœurs publiques, contre la justice et la charité ; autrement la guerre, la peste, la famine, les discordes civiles, la

---

[1] *Nationis iniquæ diræ sunt consummationes.* (Sap., III, 19.)

ruine et la banqueroute universelles fondront sur vous. Il n'est plus temps de rire, ni de danser, ni de donner des fêtes. Quiconque aime la France, quiconque s'aime lui-même ne doit plus avoir d'autre pensée que de détourner la colère prête à frapper.

Et le regard de Marie cherche des victimes, des âmes généreuses qui s'offrent volontairement pour le salut de leurs frères. Dieu ne demandait que dix justes pour épargner Sodome. Combien lui en faut-il pour faire grâce à Paris, à la France? Beaucoup assurément, car nos crimes et nos abominations dépassent immensément ceux de Sodome et de Gomorrhe. Les trouvera-t-il? Combien Marie le désire! Elle supplie ses plus fidèles enfants de se dévouer pour arrêter le courroux céleste, car elle-même n'y peut suffire. La Justice de Dieu exige des souffrances actuelles pour faire contrepoids aux crimes qui se commettent tous les jours, et Jésus ni Marie ni les Saints du Ciel ne peuvent plus souffrir. Il n'y a que nous qui puissions expier. Hélas! jusqu'à présent Marie cherchait ses auxiliaires dans les couvents. Qu'arrivera-t-il à la France si les religieux la quittent? Si, comme les anges du Temple de Jérusalem, ils se voient obligés de pousser ce cri lamentable : « Sortons d'ici ! Sortons d'ici ! » qui arrêtera les coups de la Justice? La France restera seule chargée des dettes de ses crimes quand elle aura chassé ceux qui volontairement s'offraient à les porter. Qu'adviendra-t-il? Je ne sais. Mais, très certainement, le dernier mot restera à la Justice, et aucune dette ne restera impayée.

O Mère de douleur, ô Reine des Martyrs, ô vous qui, au Calvaire, nous avez enfantés avec tant de souffrances, donnez-nous part à vos peines amères. Ne permettez pas que nous vivions dans la jouissance. Ne permettez pas que, pour éviter les expiations de cette vie, nous tombions dans les éternels tourments. Pourtant, voyez notre faiblesse ; assistez-nous à l'heure de la douleur et donnez-nous la patience.

Pratique. — Récitez le Rosaire de Marie pour ceux qui souffrent afin qu'ils acceptent généreusement la douleur, et pour tous les pécheurs afin qu'ils fassent pénitence.

CHAPITRE VINGT-QUATRIÈME

« **Allez boire à la source et vous y laver.** »

Marie vient de nous parler de pénitence. Or ce mot est dur à entendre et à pratiquer. Notre bonne Mère veut nous consoler. Quoi ! la Religion de son Fils est-elle donc si austère ? Oh ! non, elle a des joies infinies ; la piété a les promesses du temps et de l'éternité. Le Christ nous interdit les consolations de la chair, mais il nous offre celles de l'âme. Or, ces dernières surpassent tellement les premières qu'elles les font oublier. Il ne regrette pas son pain noir le pauvre admis au festin du riche ; il ne regrette pas la table des démons celui qui goûte le pain des Anges.

Le bonheur que Marie nous offre c'est Jésus, seul capable de contenter tous nos désirs de bonheur. Il a dit lui-même : « Celui qui croit en moi n'aura jamais soif. » Et un jour à Jérusalem, en la fête des Tabernacles, tandis que, selon le rite juif, le prêtre répandait dans le Temple, au son des trompettes, de l'eau puisée à la fontaine sacrée de Siloé, pendant que le peuple chantait ces paroles d'Isaïe : « Vous puiserez avec joie de l'eau aux sources du salut »,

Jésus debout au milieu de l'assemblée dit avec force :
« Si quelqu'un a soif, qu'il vienne à moi et boive.
Celui qui croit en moi, de son sein couleront des
eaux vives ! »

C'était donc bien lui-même que représentait la
fontaine de Siloé qui veut dire *Envoyé*. Marie aussi,
cette envoyée de Dieu, nous a donné une fontaine et
sa signification est la même, c'est Jésus qu'elle
désigne. C'est pourquoi Marie, voulant nous donner
les joies dont notre cœur est avide, nous dit : « Allez
boire à la fontaine ! » Et comme Bernadette se
dirigeait vers le Gave, Marie la rappelle : « Je n'ai
point dit de boire au Gave. Allez à la source ; elle est
ici », et le doigt maternel indiquait le pied du rocher.
Déjà Isaïe, parlant au nom du Seigneur, s'était plaint
du peuple qui s'éloignait de la fontaine silencieuse de
Siloé, et qui, pour son malheur, avait vu des eaux
tumultueuses et débordées inonder ses rives et les
ravager [1]. Marie nous précautionne contre ce danger
en nous disant : « N'allez pas au Gave : allez à la
source, à la source que je vous donne », moi que
l'Ecriture appelle la Fontaine des jardins, et le Puits
des eaux vives qui coulent du Liban [2]. Le sein béni
de Marie est ce puits ravissant où le Verbe, comme
une source limpide sortie du Père, a fait sa retraite,
comme dans un réservoir d'où il s'élance, répandant
la fraîcheur et la vie dans le jardin de l'Eglise.

---

[1] *Pro eo quod abjecit populus iste aquas Siloë quæ vadunt cum
silentio : propter hoc ecce Dominus adducet super eos aquas fluminis
fortes et multas. (Is., VIII, 6.)*

[2] *Fons hortorum : puteus aquarum viventium quæ fluunt impetu
de Libano. (Cant., IV, 15.)*

« Venez, mes chers enfants, nous dit Marie, buvez, enivrez-vous. Venez à moi vous tous qui m'aimez ; remplissez-vous du fruit de mes entrailles. »

Jésus est à juste titre comparé à l'eau limpide, lui la Pureté même. Sa grâce répand bien la fécondité comme une source abondante ; et de même que la verdure et la fraîcheur marquent le passage de l'eau courante, ainsi la présence de Jésus et de sa grâce se reconnaissent aux œuvres qu'elles font fleurir. Mais surtout la raison pour laquelle Jésus-Christ et sa grâce sont représentés par une source, c'est qu'il a versé pour nous tout son sang. Le sang de Jésus, voilà l'instrument de toute vie, de toute grâce, de toute fertilité dans l'Eglise. Dieu l'a ainsi voulu. Comme dans le sang est la vie, et que le péché de l'homme réclamait le sacrifice de sa vie coupable, Dieu a exigé l'effusion du sang. Son Fils a offert le sien pour le nôtre insuffisant. Et, grâce à ce sang versé sur le Calvaire, Dieu a tout pardonné. Il pardonne encore ; bien plus, il bénit, il répand la surabondance des grâces, là où avaient abondé les crimes, parce qu'il voit toujours le sang de Jésus-Christ. En effet le Précieux Sang coule toujours. C'est lui qui se répand dans les âmes par les Sacrements, c'est lui qui purifie, qui nourrit, qui vivifie toutes choses. Mais surtout, il coule au Très Saint Sacrement. A la Messe, chaque jour, il est versé mystiquement ; il est réellement présenté à Dieu dans le calice ; il est donné aux fidèles par la communion.

Eh bien, c'est à cette source que Marie nous appelle. C'est là que nos âmes non seulement s'abreuvent, mais puisent une sainte ivresse. « Celui qui me

boit, n'aura plus soif », dit le Seigneur : plus soif des
voluptés de la terre ; plus soif d'autre bonheur. « Mais
celui qui me boit aura toujours soif », dit-il encore :
c'est-à-dire, il aura soif de Jésus, soif d'union à Dieu,
soif de sa possession parfaite, soif d'amour. Oh ! cette
soif délicieuse, il l'éprouvera toujours ; elle ira sans
cesse grandissant : elle fera son bienheureux tour-
ment. Car telle est la différence des joies terrestres et
des joies surnaturelles. Les terrestres, quand on ne
les connaît pas on les désire, et quand on en jouit on
n'y trouve pas le rassasiement. Au lieu que les
célestes, ceux qui les ignorent les méprisent ; mais
quand on y a goûté, on les désire toujours, et plus
on en jouit, plus on est altéré. C'est pourquoi le
bonheur des Saints sur la terre va grandissant sans
cesse, à mesure qu'ils s'unissent à Dieu.

Allez donc boire à la source, nous dit Marie, à la
source des voluptés et du bonheur. C'est-à-dire, allez
à Jésus, allez à la Communion. Oui, l'Eucharistie est
le Sacrement qui contient en soi toutes les délices.
Avec elle, l'homme n'a plus rien à désirer, et Dieu
peut bien nous dire : « Après cela, que puis-je
encore vous donner [1] ? »

L'Eucharistie est le trésor infini, c'est Dieu lui-
même. Le Ciel n'a rien de plus. C'est l'Infini, c'est le
Tout qui dépasse toute pensée, toute conception, tout
désir. Les Anges même n'auraient osé soupçonner un
pareil don à la terre. C'est un trésor que n'atteignent
ni la rouille, ni les voleurs, un trésor dont la mort
ne peut nous dépouiller. C'est un trésor qui satisfait

---

[1] *Tibi post hæc, fili mi, ultra quid faciam ?* (Gen., XXVII, 37.)

pleinement nos désirs, et le seul d'ailleurs qui puisse nous contenter. Avec lui on peut être pauvre des choses de la terre, on sera toujours satisfait. Le cœur se déprend vite des biens passagers et misérables, quand il jouit de l'Immense et de l'Eternel.

En nous donnant l'Eucharistie, Dieu nous a tout donné, le réservoir de toutes les grâces, la source de tous les biens. Jésus vient à nous avec son cœur dévoré d'amour et de désir de nous rendre heureux. Il nous apporte tout : le pardon de nos péchés, l'expiation de nos dettes, la protection contre les malheurs, la consolation, la force dans la souffrance, l'onction de la prière, les joies de la vie intérieure, l'espérance assurée du bonheur éternel, la grâce des vertus chrétiennes, la compagnie d'un véritable ami, dont la conversation est pleine de charmes et le dévouement sans limites.

Comme l'eau vive rafraîchit et donne des forces au voyageur accablé, ainsi la Communion est le soutien et la consolation de l'homme dans son pèlerinage sur la terre. Elle met le courage au cœur, et le soutient dans les peines de chaque jour. Jésus-Hostie c'est le Dieu qui s'est fait charpentier, qui a connu par expérience les douleurs d'une vie pauvre et laborieuse. C'est le seul Maître qui sache comprendre et consoler les souffrances de l'ouvrier. Les autres se contentent de lui donner son salaire, et ne pensent pas à compatir à sa peine une fois qu'elle est payée. Mais Jésus est un ami ; il soutient le bras et il parle au cœur. Il y répand la paix et l'allégresse, ou au moins l'espérance et la consolation. Chaque semaine il veut que l'ouvrier ait un jour de repos et de bonheur, et il veut être lui-même la principale joie de cette journée. Heureux l'ouvrier qui chaque dimanche va boire à la fontaine, c'est-à-dire se restaurer au banquet eucharistique ! La semaine lui semblera courte, fortifié par ce festin et dans l'attente de le renouveler bientôt. Son travail est le même que celui des autres, mais son courage est centuplé. Son salaire terrestre est égal au leur, mais il y ajoute une moisson de mérites surnaturels qui se transformeront en gloire dans l'Eternité.

Ah ! si tous comprenaient cela ! si tous entendaient Marie leur dire : Allez boire à la source !

La Vierge bénie ajoute : « et vous y laver. » Le Prophète avait dit : « En ce jour-là il y aura une fontaine ouverte à la maison de David et aux habitants de Jérusalem pour l'ablution du pécheur. » C'était le sang de Jésus qui devait couler dans l'Eglise pour la purification des âmes. Il coule dans le sacrement de Pénitence et c'est là encore que Marie appelle les pécheurs : fontaine bénie, ouverte seulement dans la sainte Eglise catholique. Les protestants nous l'envient, ils copient parfois notre confession : mais la voix de leurs ministres est impuissante à faire couler le Sang rédempteur. Qu'ils sont à plaindre ! Comment sauront-ils si leur contrition est assez vive pour que tous leurs péchés soient pardonnés ? Mais nous, nous avons la parole du prêtre : « Je vous absous », et celle de Jésus : « Les péchés seront remis à ceux à qui vous les remettrez. »

Mais une dernière leçon se trouve dans cette parole de Marie. N'emploie-t-elle pas les mêmes termes dont

Jésus autrefois se servit pour guérir l'aveugle-né :
« Allez, lui dit-il, vous laver à la piscine de Siloé ! »
Il venait de lui mettre sur les yeux de la boue faite
avec sa salive sacrée, et l'aveugle n'avait point re-
couvré la vue. Mais à peine se fut-il lavé à la fontaine
que le miracle eut lieu. Que signifiait ce mystère ?

La salive qui de la bouche de Jésus tombe à terre
représente le Verbe qui du sein et de la bouche du
Père descend vers nous. Il s'unit à notre poussière, il
devient un homme comme nous, formé du limon de
la terre. Et les hommes, aveuglés par le péché, ne
l'ont pas reconnu. Sa faiblesse, son humanité, malgré
ses vertus, les ont scandalisés plutôt que de les
convertir. Même ses œuvres de charité endurcissaient
leurs cœurs et accroissaient leurs ténèbres. « Pour
lequel de mes bienfaits, leur disait-il, voulez-vous me
faire périr ? » Vraiment s'accomplissait ce mot du
Prophète : « Aveugle leurs yeux de peur qu'ils ne
voyent et ne se convertissent et que je ne les guérisse.»
Leur aveuglement venait de leur malice. Mais quand
le sang de Jésus fut répandu, ceux qui s'y sont lavés
y ont trouvé la foi vive avec la pureté : comme ce
Longin qui, recueillant une goutte de l'eau et du sang
jaillie du cœur qu'il venait de percer, la porta à son
œil perdu et recouvra la vue.

De même Marie ordonna à Bernadette de se laver à
la source, à peine jaillissante et toute terreuse, et
l'enfant obéissant se couvrit le visage de boue. Voilà
l'état de l'incrédule aveuglé par la source, par le
miracle même. Pourquoi les miracles de Marie
n'ouvrent-ils pas les yeux des pécheurs ? Pourquoi la
splendeur de Jésus, de ses miracles, de son Evangile,

de son Eucharistie, ne dit-elle rien à leur intelligence ?
Parce que le péché n'est que ténèbres et que la malice
aveugle les cœurs. Mais qu'ils aillent boire à la
source, qu'ils se purifient, qu'ils communient, et la
foi brillera de tout son éclat à leur regard ravi. Ainsi
Marie veut nous apprendre que pour avoir la foi
vive, pour bien connaître Jésus, il faut communier.
Nous rendre la foi, la foi vive, et pour cela nous
ramener au Mystère de foi, à la Communion, tel était
le plus grand dessein de Marie en venant à Lourdes.
Et c'est pourquoi son premier miracle fut la guérison
d'un aveugle, de ce Bourriette qui recouvra son œil
perdu au contact de l'eau de la source, comme Longin
fut guéri à l'eau coulant du côté du Sauveur.

Et voilà pourquoi elle nous dit : Allez boire et vous
laver. Il faut boire d'abord, afin que ce breuvage
nous éclaire : *Gustate et videte*, dit l'Ecriture : « Buvez
et vous verrez. » Oh ! que la Communion éclaire,
qu'elle fait tomber d'illusions, d'erreurs, de préjugés !
Comme elle fait briller au regard de l'âme la pure
lumière, que le Verbe est venu nous apporter !
Combien d'hommes que tous les raisonnements ne
pouvaient purifier de la boue qui aveuglait leurs
âmes, ont vu clair dès qu'ils ont bu, dès qu'ils ont
communié !

Et ainsi la source eucharistique est semblable à
cette source mystérieuse du songe de Mardochée qui se
changea en soleil et en lumière [1]. C'était le symbole
de la reine Esther : c'est aussi le symbole de Marie et
de sa source de Massabielle. Que de lumière s'est

---

[1] *Parvus fons qui crevit in fluvium et in lucem solemque conversus
est.* (Esther, x, 6.)

répandue sur le monde, de ce rocher ! Nous pouvons mettre sur les lèvres de Marie ce que l'Ecriture sainte dit de la Sagesse : « Moi, la Sagesse, j'ai fait couler un fleuve : je suis comme un torrent d'eau intarissable, je suis sortie du Paradis comme un aqueduc. J'ai dit : Je vais arroser mon jardin, je vais enivrer les fruits de mon parterre. Et mes eaux ont coulé abondantes, mon fleuve est devenu comme une mer : car ma doctrine illumine tous les hommes comme l'étoile du matin, et je la ferai entendre au loin. Je pénétrerai jusqu'aux entrailles de la terre, je visiterai tous ceux qui sont endormis, j'éclairerai tous ceux qui espèrent dans le Seigneur. Je répandrai ma doctrine comme une lumière divine, je la laisserai à tous ceux qui cherchent la sagesse, et je ne cesserai d'enseigner leurs enfants jusqu'aux jours de l'éternité. Voyez que ce n'est pas pour moi seule que j'ai travaillé, mais pour tous ceux qui cherchent la vérité [1]. »

O Reine des Docteurs, ô Vierge Maîtresse, éclairez-nous, illuminez nos âmes, et pour cela purifiez-les, enivrez-les dans le Sang de l'Agneau eucharistique.

Pratique. — Dites le Rosaire en vous tenant en esprit au pied de la grotte, auprès de la source, pensant à cette parole des saints Livres, qui s'applique au Sang du Rédempteur : « J'ai vu de l'eau couler du côté droit du Temple, et tous ceux auxquels elle parvint furent sauvés. » Demandez que ce sang se répande sur les hérétiques, les infidèles, et les pécheurs de toute la terre.

[1] Eccli., XXIV.

CHAPITRE VINGT-CINQUIÈME

« Je suis l'Immaculée Conception. »

ous avons entendu six paroles de notre bien-aimée Mère, toutes pleines de leçons merveilleusement utiles à nos âmes. Mais voici une septième et dernière parole qui les dépasse toutes. Marie a gardé pour la fin le meilleur de son festin : *Bonum vinum servasti usque adhuc.* Comme à Cana elle nous avait réservé le plus doux de ses conseils maternels, nous disant non pas seulement comme Rébecca à son fils : « Ecoute seulement ma voix et fais ce que j'ai dit », mais : « Faites tout ce que Jésus vous dira », et dans ce seul mot renfermait le secret de tout bonheur ; de même, à la fin de ses visions bénies, elle va en un seul mot nous donner la leçon complète où tous nos maux trouveront leur remède. Et ce mot c'est son nom à Elle. Son nom c'est un baume répandu, son nom c'est la joie rendue, c'est le mal guéri, c'est l'espérance qui se ranime, c'est le plus bel exemple offert à nos vertus, le plus grand soutien de nos forces défaillantes. Son nom c'est le chef-d'œuvre de Dieu et la défaite de ses ennemis. Son nom c'est une révélation suffisante d'elle-même, et c'est pour nous la faire que Marie est venue. Le jour béni où elle nous révéla cette merveille fut le 25 mars, le jour de ses plus sublimes grandeurs.

Donc ce jour-là, au nom et par l'ordre du curé de Lourdes, au nom de l'Eglise, au nom de toute la terre, Bernadette osa dire à la radieuse Vision : « Madame, dites-moi, je vous en prie, qui vous êtes et quel est votre nom ! »

La Vierge sourit, mais garda le silence. Connaître Marie est une telle grâce qu'il faut l'acheter par d'ardents et longs désirs. « Pourquoi demandez-vous mon nom qui est admirable [1] ? » avait dit l'Ange à Manué. Admirable aussi est le nom de la Vierge. Elle-même en est ravie, et avant de répondre elle chante dans son cœur un cantique de reconnaissance. Et l'Eternel va aujourd'hui tellement glorifier ce nom sur la terre, que sa louange ne cessera plus de retentir dans la bouche des hommes dans toutes les générations [2].

Une seconde fois la Voyante reprit avec une ferveur croissante : « Oh ! Madame, daignez me dire qui vous êtes et quel est votre nom ! »

L'Apparition devint encore plus radieuse, mais ne répondit pas. Pourtant elle avait donné une mission à Bernadette, et celle-ci pouvait dire comme Moïse : « Quand on me demandera qui m'a envoyée, que devrai-je répondre [3] ? » Dieu avait dit alors à Moïse :

[1] *Cur quæris nomen meum quod est mirabile ?* (Judic., XIII, 18.)

[2] *Hodie nomen tuum ita magnificavit, ut non recedat laus tua de ore hominum.* (Judith, XIII, 25.)

[3] *Si dixerint mihi : Quod est nomen ejus ? quid dicam eis ?* (Ex., III, 13.)

« Je suis le Dieu de tes pères, Abraham, Isaac et Jacob. J'ai vu l'affliction de mon peuple et j'ai entendu ses clameurs, et je suis venu pour le délivrer. Je suis le Dieu d'Abraham, d'Isaac et de Jacob : voilà mon nom à jamais. Je suis le Seigneur qui leur ai apparu comme le Dieu Tout-Puissant ; mais je ne leur ai pas révélé mon nom d'Adonaï [1]. » Marie aussi est la Vierge de nos pères, la Vierge de Clotilde, de Charlemagne et de saint Louis, qui tant de fois les a secourus. Notre-Dame, voilà son nom à jamais. Toutefois elle ne leur a pas fait connaître son autre nom, son nom le plus beau.

Et l'enfant une troisième fois, dans un élan d'amour et de confiance, lui dit : « Oh ! Madame, je vous en prie, veuillez me dire votre nom ! » Et le moment solennel était venu, ce moment dont le Prophète avait dit : « Mon peuple saura mon nom en ce jour, moi qui vous parlais me voici : qu'ils sont beaux sur la montagne les pieds de celle qui annonce et prêche la paix, qui annonce le salut, qui apporte le bonheur [2] ! »

Et Marie, les mains jointes avec ferveur, les yeux au ciel, contemplant dans une sublime humilité son Créateur, telle sans doute qu'elle dut jadis chanter à Hébron son *Magnificat*, Marie répondit ces paroles ineffables : « Je suis l'Immaculée Conception », et elle disparut à Bernadette.

Et l'enfant, fendant la foule anxieuse, et évitant

---

1 *Ego sum Deus patris tui, Deus Abraham, Deus Isaac et Deus Jacob : hoc nomen mihi est in æternum... Ego Dominus qui apparui Abraham, Isac et Jacob in Deo omnipotente, et nomen meum Adonaï non indicavi eis.* (Ex., III, 6, 15 ; VI, 3.) — 2 Is., LII, 6.

ses questions, s'achemina vers le presbytère, se répétant tout bas, de peur de l'oublier, cette formule dont elle ne comprenait pas le sens : « Je suis l'Immaculée Conception. » Et bientôt le curé de Lourdes recevait le message de la Reine du Ciel, et entendait pour la première fois ce nom que les Anges mêmes n'eussent pu inventer, ce nom qui nous ravit, ce nom qui fait verser nos larmes, larmes d'amour, d'admiration, de joie, de vénération, d'espérance, de contrition, de désir de voir Marie, de bonheur enfin d'être les enfants de Celle qui peut nous dire : « Je suis l'Immaculée Conception. »

Oserons-nous essayer quelques réflexions sur ce nom admirable ? Dieu seul en connaît les ravissantes beautés. Il nous les révélera au Ciel. Daigne pourtant Marie nous permettre de les méditer sur la terre. Une mère est heureuse d'entendre bégayer son fils.

Les Pères de l'Eglise nous disent que les siècles antiques se disputaient l'honneur de voir naître Marie. Nous pouvons dire aussi que les siècles se sont disputé l'honneur de la proclamer Immaculée. La croyance à ce privilège était aussi ancienne que le Christianisme. L'Eglise la recevait avec faveur, sans cependant la définir comme un dogme. Pourtant de très saints et très savants théologiens la combattirent. Mais cette lutte fut toute à la gloire de la Sainte Vierge. De même que les hérésies ont fait naître les docteurs, de même l'honneur que l'on contestait à Marie lui a valu de fervents panégyristes. Et quand on voit tout ce qu'ils ont dit, écrit, chanté à sa louange, tout ce qu'ils ont découvert dans l'Immaculée Conception de convenances, de grandeurs, d'harmonies magnifiques, tout ce que la pureté sans tache de la Mère de Dieu a excité d'amour, de dévouement et d'enthousiasme, on est forcé de croire que Notre-Seigneur a retardé l'heure de la proclamation de ce dogme, pour donner plus de gloire à sa Mère. Tous les siècles, donc, ont exalté à l'envi son grand privilège. Tous ont accru la vénération des fidèles pour ce mystère, tous ont désiré avec ardeur d'en voir la croyance établie par une proclamation solennelle.

Or, c'est le XIXe siècle qui a eu cette gloire. C'était aux plus mauvais jours. Le Pape, chassé par la Révolution de la Ville de saint Pierre, regardait avec anxiété l'horizon qui ne lui apportait que des menaces de tempêtes. Il entendait de partout ces frémissements des nations contre Dieu et son Christ dont parle l'Ecriture. Et une voix lui dit : « Saint Père, la paix ne reviendra que quand vous aurez proclamé l'Immaculée Conception de Marie. » C'était un des Cardinaux qui parlait, mais il ne faisait qu'exprimer les désirs et la confiance que le Saint-Esprit mettait en ce temps-là dans toutes les âmes ferventes, et dans le cœur du Pontife lui-même.

Et Pie IX interrogea les évêques et les églises du monde entier. Une longue acclamation de joie et d'espérance jointe à une foi vive à ce mystère béni, et au plus ardent souhait de le voir proclamer, répondit au Souverain Pontife. Et ce fut le 8 décembre 1854 que Pie IX plaça sur le front de la Vierge-Mère le diadème triomphal de la Pureté parfaite en la proclamant, aux applaudissements de toute la terre, exempte du péché originel.

Et trois ans après, voici que Marie, joignant sa voix à celle de l'Eglise, du monde et des siècles, vient elle-même proclamer à Lourdes son merveilleux privilège. Mais elle en donne une formule nouvelle et définitive. L'Eglise lui disait : « Vous êtes Immaculée, vous êtes conçue sans péché. » Elle répond : « Je suis l'Immaculée Conception. »

Admirons ici l'humilité de Marie. Il semble qu'Elle veuille détourner d'Elle-même les regards des hommes pour les porter vers Dieu. Elle a entendu avec joie les acclamations du monde, mais elle semble craindre que nous nous arrêtions à Elle. Et de fait il en était peut-être ainsi. En louant, en vénérant Marie conçue sans péché, ce qui nous touche, ce qui nous ravit, c'est sa beauté, sa pureté, son innocence, tout ce qui d'ailleurs fait aussi les complaisances de la sainte Trinité. Nous contemplons le chef-d'œuvre, mais peut-être ne pensons-nous pas assez à son auteur, tant nous sommes heureux des charmes de l'ouvrage.

Marie ne peut avoir ces sentiments. Elle ne voit que Dieu ; jamais son regard ne s'arrête sur elle-même. Ce qui la réjouit, Elle, c'est le dessein de la sainte Trinité, cette conception de l'intelligence divine, cette image qu'il a faite de sa propre beauté. Elle remonte à l'Eternité, elle se voit dans la pensée de Dieu, comme son idée chérie, privilégiée, caressée, aimée. De toute Eternité, dit-elle, j'étais ordonnée, bien avant que la terre fût faite. Les abîmes n'existaient pas encore et j'étais conçue. J'ai été enfantée avant les collines et les montagnes, c'est-à-dire avant les anges. Quand Dieu préparait les Cieux j'étais avec lui, quand il donnait le mouvement et des lois à la matière informe, quand il affermissait les airs et donnait l'équilibre aux eaux, quand il fixait ses bornes à la mer et posait les fondements de la terre, j'étais avec lui, avec lui je réglais toutes choses, me jouant en sa présence, me jouant dans le vaste monde [1]. » C'est-à-dire que dans tous ses ouvrages Dieu agissait en pensant à Marie et pour elle. Et cette contemplation la réjouit, parce qu'elle ne voit rien en Elle qui ne soit l'œuvre de Dieu. Quel mérite a-t-elle eu d'être Immaculée, puisque ce privilège lui était assuré de toute éternité, puisqu'elle l'a reçu avec l'existence, avant toute bonne œuvre, avant toute prière, avant tout désir ? A Dieu seul donc toute la gloire de son œuvre si belle. Donc dire : « Je suis l'Immaculée Conception », c'est nous révéler l'humilité la plus profonde et la plus entière. Marie ne pouvait pas trouver une parole où elle parlât moins d'elle, tout en exprimant plus magnifiquement l'œuvre du Créateur. Quelle leçon nous donne notre Mère ! Aussi trois fois elle attendit pour répondre à Bernadette. Elle semblait ne pas vouloir dire son nom. Dire : « Je suis Marie, je suis la Mère de Dieu, je suis la Sainte Vierge », ne lui paraissait pas assez humble. Et elle trouve une formule où elle disparaît pour ainsi dire, où elle semble une pure abstraction.

Mais celui qui s'humilie sera exalté, dit le Seigneur. Et ce nom que Marie a pris par humilité, exprime le mieux ses grandeurs. Tous, nous sommes des conceptions de Dieu, mais des conceptions qui ont été en partie viciées, qui n'ont pas pu être réalisées

---

[1] Eccli., XXIV, 14.

complètement. Nous sommes des conceptions manquées, des avortons, parce que le péché d'Adam et nos propres fautes sont venus souiller l'œuvre du Créateur, et nous détourner de nos destinées magnifiques. Mais Marie est la Conception Immaculée. « J'étais conçue, dit-elle, avant les abîmes », c'est-à-dire avant le péché. Par conséquent elle est affranchie de son atteinte. « Cette loi est pour tous, mais non pour vous », ô Marie. Et ce privilège est tellement unique que Marie peut dire, non pas seulement : « Je suis conçue sans péché, je suis immaculée », mais : « Je suis l'Immaculée Conception », sans d'autre détermination, car c'est la seule, à jamais la seule, qui ait eu lieu ou doive être. Par humilité Marie parle d'elle-même comme d'une chose et non d'une personne : mais c'est aussi ce que l'Ange disait du Verbe Incarné : la chose sainte qui naîtra de vous sera appelée le Fils du Très-Haut, « *Quod nascetur ex te sanctum* » : non pas le saint, mais au neutre, *sanctum*, la chose sainte, c'est-à-dire la Sainteté même. Marie aussi est la Pureté même, l'Innocence même, le chef-d'œuvre unique de Dieu, en un mot l'Immaculée Conception.

Et c'est là le fondement de toutes ses grâces, de toutes ses dignités et de toutes ses gloires. Ce nom, cette qualité est inséparable d'elle dans la pensée de Dieu, dans tous les mystères de sa vie, et dans notre vénération. A sa naissance bénie c'est ce glorieux privilège que les Anges ravis contemplent en s'écriant : « Quelle est celle-ci qui s'avance belle comme la lune, unique comme le soleil, terrible comme une armée rangée en bataille ? » Dans sa jeunesse au Temple c'est sa pureté parfaite qui lui fait trouver grâce devant le Seigneur. A cause d'elle le Verbe n'a pas horreur de descendre même dans le sein d'une Vierge, et s'élance du Ciel comme un géant, pour venir habiter un autre Ciel où il trouvera ses délices. Au pied de la Croix c'est la vue de son glorieux privilège qui soutient Jésus agonisant et payant de son sang l'innocence de sa Mère. Dans ses communions au Cénacle c'est son Immaculée Conception qui la rend digne de recevoir l'hostie sans tache. Dans sa mort et son Assomption, c'est son Immaculée Conception qui la porte au plus haut des Cieux. Saluons donc continuellement avec amour ce privilège de notre Mère. Disons-lui : Je vous salue, Marie, parce que vous êtes l'Immaculée Conception. Le Seigneur est avec vous, parce que vous êtes l'Immaculée Conception. Vous êtes bénie entre toutes les femmes, parce que vous êtes l'Immaculée Conception. Priez pour nous pauvres pécheurs, parce que vous êtes l'Immaculée Conception, et que nous sommes tous de pauvres coupables qui n'ont d'espoir qu'en la puissance et la miséricorde que vous donne votre pureté sans tache !

Pratique. — Dites le Rosaire en vénérant Marie dans chaque mystère, comme l'Immaculée Conception.

CHAPITRE VINGT-SIXIÈME

Pourquoi Marie s'est-elle révélée à Lourdes comme l'Immaculée ?

IENS, ma colombe, ma toute belle, viens dans le creux de la pierre, dans la caverne du rocher. » Cette caverne du rocher, c'est le côté ouvert de Notre-Seigneur, avons-nous dit. Mais un autre symbole de l'Ecriture représentait aussi le Christ sauveur et l'ouverture de son cœur : c'était l'arche de Noé et la fenêtre par laquelle on y avait entrée. Or, là aussi nous voyons une blanche colombe. Lâchée par Noé, figure du Père céleste, la colombe vola au-dessus du monde inondé, au-dessus de la boue et des cadavres, et elle revint à l'arche sans avoir trouvé où poser le pied, sans avoir contracté la moindre souillure. C'était la figure de la Vierge Immaculée, qui, sortie toute pure des mains de Dieu, retourna à lui sans avoir touché à la boue et à la corruption de la terre.

Or, une seconde fois le Père, comme Noé, envoie sa colombe bien-aimée sur la terre. Elle ne voit encore partout que fange et corruption. Pourtant un olivier, symbole de paix, a germé dans ce monde impur : c'est la définition de l'Immaculée Conception. Heureuse, la colombe cueille ce rameau, et c'est avec cette définition bénie sur les lèvres qu'elle se présente à la fenêtre de l'arche. Voici le gage de la réconciliation et de la paix. Les eaux ne prévaudront plus sur la terre ; le règne de Satan va cesser, et le signe du salut, la branche d'olivier, nous le trouvons sur les lèvres de Marie ; ce sont ces paroles : Je suis l'Immaculée Conception.

L'Immaculée Conception est, en effet, à elle seule un remède suffisant à tous les maux de la terre. Comment cela ? C'est que tous les maux viennent du péché. C'est lui, en réalité, qui est le mal, le seul mal, le désordre apporté à la création, et l'unique cause de tous les malheurs. Or, l'Immaculée Conception est le privilège qui a préservé Marie de tout péché. En nous apparaissant comme l'Immaculée, la Sainte Vierge nous montre ce que serait l'homme sans le péché, l'homme tel que Dieu l'a créé, tel qu'il le voulait toujours, tel que nous serions encore si Adam et si nous-mêmes ne nous étions pas souillés, tel enfin que nous devons nous efforcer de redevenir par la pénitence.

Pour guérir le mal, il faut d'abord le reconnaître et l'avouer. Or, il y a des hommes assez insensés pour ne pas comprendre que notre nature est déchue. Moins éclairés que les païens eux-mêmes, qui appelaient l'homme « un dieu tombé », ils croient, ou du moins ils disent, que nous sommes dans notre état naturel et parfait, que dès lors les convoitises que nous ressentons en nous-mêmes sont légitimes et doivent être satisfaites. C'est à cette conclusion qu'ils veulent en venir, et c'est en sa faveur qu'ils posent la prémisse. Mais le sens commun, la voix universelle de la conscience humaine, la pudeur la plus vulgaire les condamnent, et obligent à reconnaître qu'il y a en l'homme des instincts et des attraits qu'il ne peut satisfaire sans crime.

Mais la vue de Marie nous le dit bien davantage. En considérant cet être si pur, si virginal, si angélique, comment aimer notre état dégradé ? Comment se complaire dans la boue et la fange en présence d'une pareille pureté ?

Ainsi donc, l'Immaculée Conception nous révèle nos misères et nous excite à en sortir. Mais ce n'est pas assez : elle nous est un puissant secours pour nous en délivrer. Trois choses nous sont redoutables : les péchés dont nous sommes souillés, le démon qui nous les fait commettre, et les châtiments dont Dieu les punit. Or, l'Immaculée Conception de Marie la rend toute compatissante à nos infirmités, terrible à l'enfer, et toute-puissante pour obtenir de Dieu miséricorde. Voilà pourquoi elle est toute notre espérance.

On raconte qu'un grand dévot de Marie, saint Jean de la Croix, dans son enfance, tomba dans un bourbier profond où il allait périr. La Sainte Vierge lui apparut alors et lui tendit la main. L'enfant, plein d'admiration et de respect, n'osait prendre cette main si pure et si blanche, de peur de la souiller. Mais la divine Mère, souriant avec amour, saisit son petit serviteur et le tira du danger.

C'est le gracieux symbole de ce que fait Marie pour

nos âmes. Oh! qu'elle est bien nommée le Refuge des pécheurs ! Pourtant, elle hait le péché. Comment **donc** elle, si innocente, ne s'éloigne-t-elle pas de nous **avec** horreur ? Plus elle est pure, plus nous devrions craindre de l'approcher.

Oh non ! car plus elle déteste le péché, plus elle plaint ceux qui en sont les victimes. Plus elle est innocente, plus elle comprend le malheur d'être souillé. Il y a donc dans son Cœur immaculé une compassion immense pour les coupables. D'autant que ces pécheurs sont ses frères et ses enfants. Elle est comme nous de la race d'Adam, et comme nous elle serait souillée, si Dieu, par un unique et gratuit privilège, ne l'avait préservée. Elle a donc pitié de nous, comme un bon riche a pitié des malheureux, surtout si ces malheureux sont ses frères, dont il aurait dû partager le sort.

Et pour nous bien montrer que son Immaculée Conception est la source de sa miséricorde, elle nous a enseigné Elle-même cette prière : « O Marie conçue sans péché, priez pour nous qui avons recours à vous. » C'est-à-dire : O Marie toute pure, retirez-nous de la souillure. O Marie, qui jamais n'avez subi la tentation, secourez-nous dans nos douloureuses et humiliantes luttes. O Marie, qui jamais ne fûtes l'esclave de Satan, délivrez-nous du joug de ce tyran. Faites-nous part de quelque chose de vos privilèges. Donnez aux païens le baptême, aux pécheurs la contrition, aux repentants l'absolution, à tous les coupables obtenez miséricorde.

Voilà donc le premier motif pour lequel l'Immaculée Conception est notre plus chère espérance :

elle rend Marie compatissante et l'excite à nous secourir.

Le second motif, c'est que ce glorieux privilège la rend Toute-Puissante contre Satan. Si le mal par excellence est le péché, il y a un autre mal immense aussi et tout voisin, hélas ! du péché : c'est le danger de le commettre, c'est la tentation qui nous y mène. Or, la cause principale de la tentation, c'est le démon. C'est lui qui a séduit nos premiers parents : ses mensonges ont causé notre ruine au Paradis terrestre, ses pièges continuent de nous faire tomber. Tout homme y est exposé, tant que dure son pèlerinage ici-bas ; mais tout homme aussi peut en triompher s'il implore Marie. La Sainte Vierge, en effet, est toujours victorieuse de l'enfer, et cela par son Immaculée Conception.

Toutes les générations depuis Adam étaient tombées sous le dur esclavage de Satan. Et voici qu'une femme vient au monde, et à sa vue il s'arrête frémissant. Une force inconnue le repousse : il n'a aucun droit sur cette enfant, née pourtant d'une race coupable. Son âme, seule entre toutes, ne porte pas l'empreinte du péché. Satan se rappelle la première femme, sortie, elle aussi, toute pure des mains du Créateur. Il veut tenter la nouvelle Eve, comme il a séduit la première. Nouvel échec, nouvelle impuissance. Il ne peut même approcher cette petite créature. Il la voit entourée d'une vertu divine, revêtue d'une invincible protection dont l'amour de Dieu l'environne comme d'une armure impénétrable aux traits de l'enfer. Et dans sa rage, il se reconnaît vaincu, et il sent s'accomplir l'oracle tombé des lèvres du Créateur : « Je mettrai la guerre entre toi et la femme, sa race et la tienne ; elle te broiera la tête et tu te tordras sous son talon. » Et Marie entonne un cantique d'allégresse : « Toutes les générations, dit-elle, m'appelleront bienheureuse », car toutes les générations ont été souillées excepté la mienne : toutes sont maudites, toutes sont dans l'humiliation, même les plus pures, même celles dont l'Eglise chante qu'elles sont glorieuses et éclatantes de chasteté, toutes m'envient par conséquent et m'acclament comme seule bienheureuse, comme seule exempte de toute tache et de toute servitude de l'enfer. *Beatam me dicent omnes generationes !*

Mais ce privilège rend Marie Toute-Puissante pour nous défendre contre Satan. Dieu nous le fait entendre quand, annonçant la victoire de la femme, il parle de ses enfants. Elle ne sera donc pas seule dans cette guerre ; elle s'avance comme un chef d'armée, à la tête de tout un peuple. D'un côté Marie et ses enfants, de l'autre la race du serpent : entre les deux une guerre continuelle, et la victoire du côté de la Vierge. Le dragon a la tête broyée, et il cherche à mordre le talon de l'Immaculée. Or, les Pères nous disent que ce talon représente précisément la race de Marie. Et en effet le démon ne peut rien contre elle, et il ne peut nuire qu'à ses enfants : c'est donc au talon qu'il dresse des embûches. Mais que sa puissance est petite ! Ah ! qu'il était fort, qu'il était terrible avant que la femme ne posât le pied sur sa tête ! Pendant quatre mille ans il se fit adorer par toute la terre. Et tout à coup son empire croule, la croix le renverse... Mais voici que depuis quelques siècles il essaie de relever la tête ; les péchés des hommes lui rendent quelque vigueur ; il croit pouvoir ressaisir son sceptre tyrannique. Et l'humble Marie reparaît. Elle s'avance contre lui, terrible comme une armée rangée en bataille, et sa force c'est son Immaculée Conception. L'Apparition de 1830, où elle se montre comme conçue sans péché ; les miséricordes de son Cœur Immaculé à Notre-Dame des Victoires en 1836, la proclamation du dogme en 1854, sont autant de pesées victorieuses de son pied virginal sur le dragon. Enfin, en 1858, la parole bénie « Je suis l'Immaculée Conception » le met en fuite. Ah ! restons donc dans les bras, sur le Cœur de Marie, et nous n'avons rien à craindre du serpent : il est sous le pied de la Vierge.

Après le péché et la tentation qui nous le fait commettre, il y a un troisième mal, terrible aussi : c'est le châtiment dont Dieu le punit. Car toute faute exige une expiation. Or, Dieu punit le péché dans l'autre vie par le feu de l'Enfer ou du Purgatoire, et ici-bas, par les calamités temporelles, et le retrait de ses grâces de choix, de ses miséricordes, de ses tendresses paternelles, et des bienfaits que sa bonté nous réservait. Oh ! quelles épouvantables suites d'un plaisir d'un moment !

Eh bien ! toute notre espérance encore ici, c'est l'Immaculée Conception. Par elle Marie peut nous préserver de l'Enfer, nous tirer du Purgatoire, nous mettre à couvert des coups de la Justice, nous rendre l'amitié de Dieu et ses prédilections. Pourquoi cela ? Parce que sa prière est toute-puissante. Or la force de sa prière vient de son innocence. « Dieu n'exauce pas les pécheurs », dit l'Ecriture. Mais elle ajoute : « La prière du juste a une immense valeur. » J'aime ceux qui m'aiment, dit le Seigneur. Et celui-là m'aime qui fait ma volonté, c'est-à-dire qui ne pèche pas, qui est entièrement pur. Or, la pureté de Marie est parfaite : c'est pourquoi Dieu l'aime totalement et ne peut rien refuser à ses prières. Oui, comprenons-le bien, l'Immaculée Conception est le point de départ de toutes les grâces. C'est à elle que Dieu a tout donné, même son Fils unique. Et si Dieu donne son Fils, dit saint Paul, que pourra-t-il refuser ? Il a donné son Fils à l'Immaculée ; il lui donnera donc tout le reste. Que voulez-vous, ô mon Esther ? *Quid vis, Esther regina ? Quæ est petitio tua ?* Et Marie, dans son bonheur, ne pense qu'à ses enfants affligés et pécheurs. « O Roi, si j'ai trouvé grâce à vos yeux, donnez-moi le salut de mon peuple, pour qui je vous supplie [1]. »

Et c'est ainsi que de tout temps Marie a été le Refuge des pécheurs. Que de fois elle a arrêté la colère de Dieu prête à punir ! A combien de coupables elle a obtenu le pardon ! Que de pauvres âmes elle a retirées des flammes expiatrices ! Mais voici qu'en notre temps le mal est si grand, les péchés si nombreux, que la justice de Dieu va être obligée de frapper des coups terribles. Marie elle-même se plaint à la Salette, en 1846, que le bras de son Fils est trop lourd. Alors elle descend à Massabielle, elle vient nous couvrir comme d'un rempart de son Immaculée Conception. Quand Dieu voudra frapper la terre, il n'y verra plus seulement des pécheurs. Il y verra aussi sa Mère, il

---

[1] *Si inveni gratiam in oculis tuis, o Rex, dona mihi populum meum pro quo obsecro.* (Esth., VII, 3.)

y verra sa pureté parfaite. Près du pécheur qui mérite sa colère, se tient Marie qui le défend. Et nous, si chargés de crimes, nous si effrayés des jugements de Dieu, nous lui disons : « O Marie, nous sommes de pauvres pécheurs, mais nous savons que vous êtes toute belle et chère au Seigneur. Dites-lui donc, nous vous en supplions, que vous êtes notre sœur et notre Mère, afin qu'à cause de vous, nous obtenions miséricorde, et que notre âme soit épargnée en votre faveur [1]. » Et Marie nous entend ; elle dit au Seigneur : « Souvenez-vous que je me tiens en votre présence pour vous demander leur pardon et détourner d'eux votre colère [2]. » Comment Dieu ne serait-il pas touché de voir ainsi sa Mère se mettre au milieu des pécheurs pour arrêter sa justice ? « Ah ! dit-il, comment pourrai-je mépriser un peuple qui a des femmes si belles [3] ? » Et à cause de l'innocente, il pardonne aux pécheurs.

O Marie, conçue sans péché, priez pour nous qui avons recours à vous. Délivrez-nous du fardeau du péché, défendez-nous contre Satan, préservez-nous de la colère de Dieu irrité par nos crimes. Sauvez-nous, vous le pouvez.

Pratique. — N'omettez point la récitation du Rosaire. Celui qui y sera fidèle recevra tous les biens.

[1] *Dic ergo quod soror mea sis ut bene sit mihi propter te, et vivat anima mea ob gratiam tui.* (Gen., XII, 13.)

[2] *Recordare quod steterim in conspectu tuo ut loquerer pro eis bonum et averterem indignationem tuam ab eis.* (Jer., XVIII, 20.)

[3] *Quis contemnat populum qui tam decoras mulieres habet?* (Judith, X, 18.)

CHAPITRE VINGT-SEPTIÈME

Lourdes, figure de l'Eglise.

'AI vu la Jérusalem nouvelle descendant du Ciel, parée comme une épouse pour son époux [1]. » Telles sont les paroles par lesquelles saint Jean décrit, dans l'Apocalypse, la merveilleuse vision où Dieu lui montra la sainte cité du Ciel, l'assemblée triomphante des élus. En effet, si chaque âme sauvée est l'épouse de Jésus, chacune aussi n'est qu'une des pierres vivantes de ce temple divin, de cette Jérusalem céleste, qui est l'unique et indissoluble Epouse de l'Agneau.

Or la sainte Liturgie applique à l'Apparition de Massabielle la même parole : « J'ai vu la Jérusalem nouvelle descendant du Ciel comme une épouse parée pour son époux. » Marie la Reine du Ciel, la Mère de l'Eglise, est en effet la représentation la plus parfaite de la Cité céleste, et par excellence l'Epouse de l'Agneau. A Lourdes une nouvelle apocalypse est donnée à la terre. *Apocalypse* signifie *Révélation*. A Pathmos Dieu montra à saint Jean un tableau de toute

---

[1] Apoc., XXI, 2.

l'histoire de l'Eglise, afin de soutenir les chrétiens de tous les âges dans leurs luttes contre l'enfer par la vue du triomphe définitif du Christ. De même à Massabielle il a voulu ranimer notre foi, en nous rappelant tous les mystères, toute la vie de son Eglise sur la terre, et en nous montrant la gloire qui l'attend au Ciel.

La roche dans le creux duquel apparaît Marie, c'est le Christ, que Dieu a posé comme la pierre fondamentale de toute son œuvre. De son côté percé, est née l'Eglise qu'il s'est acquise au prix de son sang, et s'est unie comme une épouse sans ride et sans tache. Mais si le Christ est une pierre, son Eglise sera un édifice. C'est pourquoi une chapelle s'élève au-dessus de la grotte. Bâtie sur le roc, elle participe à sa solidité : l'Eglise bravera les injures du temps, des hommes et des démons.

Mais dans l'Eglise il y a trois parties distinctes que l'on appelle l'Eglise triomphante, l'Eglise souffrante et l'Eglise militante. C'est ce que figurent à Lourdes la basilique, la crypte et l'église du Rosaire. La basilique, tout au sommet, élancée, gracieuse, avec ses joyeux carillons, avec ses cérémonies triomphantes, représente le Ciel. La crypte, sombre, basse, mysté-rieuse, figure le Purgatoire : là point de chants, point de cérémonie joyeuse, mais seulement des confession-naux et des autels, la pénitence et le sacrifice expiatoire. L'église du Rosaire représente l'Eglise militante, l'Eglise de la terre : aussi elle est sur le sol, tandis que les deux autres sont en haut, bien loin d'elle. Là accourent les pèlerins, les malades ; là ce sont les supplications de toutes les misères ; c'est là que l'on récite l'*Ave*, et que Marie nous tend son Rosaire. Aussi c'est là, autour de la grotte et du Rosaire, que se fait le mouvement continuel des processions.

Ces foules sans cesse renouvelées à Lourdes représentent les générations qui viennent avec le cours des âges se réunir à la sainte Eglise. Ces processions sont le symbole de la vie chrétienne qui est un voyage vers le Ciel. On les fait le soir, pour signifier que nous ne sommes pas encore dans la vision ; mais les fidèles portent des flambeaux, symbole de la foi qui les éclaire et dirige avec assurance leurs pas, au lieu que ceux qui demeurent étrangers à notre Eglise et à nos réunions, restent dans les ténèbres, ou n'ont que quelques vagues lueurs qui sont le reflet de nos croyances. D'autres processions pourtant ont lieu le jour, et c'est alors en escortant le Saint Sacrement qui est le mystère de foi par excellence, le mystère qui rend la foi si forte, si facile, si lumineuse qu'on se demande si c'est encore la foi ou plutôt la vision. Les chants des fidèles représentent l'allégresse et la joie que l'on trouve dans la vie chrétienne, et dans les cérémonies de l'Eglise qui sont des fêtes continuelles.

Pourtant, au milieu de ces foules on voit un nombre considérable d'infirmes, de malades, d'affligés, car la souffrance est notre lot ici-bas. Aussi est-ce dans une vallée que Marie a choisi sa grotte, pour montrer qu'elle descend dans la vallée des larmes. Ces malades, voyez avec quelle charité les brancardiers les portent à la Piscine et au Rosaire. C'est le symbole des secours spirituels et corporels que l'Eglise donne à toutes les misères. Les infirmiers et les infirmières qui se prodiguent avec tant de dévoûment au service des malades sont la preuve que la charité est toujours vivante dans notre religion. Ces malades sont souvent guéris ou du moins consolés : c'est l'accomplissement sensible de la promesse du Christ : « Venez à moi vous tous qui souffrez, et je vous referai. » Jésus est le souverain remède à tous les maux du corps et de l'âme. C'est lui qui ramène des portes du tombeau ; c'est lui qui donne le courage de porter la croix à sa suite. Les supplications qui se font à la grotte perpétuellement pour les infirmes, pour les pécheurs, pour toutes les intentions, montrent la communion des Saints et la sollicitude de l'Eglise pour tous les hommes, amis ou ennemis, selon le précepte du Seigneur.

La vie de tout le pèlerinage c'est Jésus et Marie. Marie, on ne la voit pas, mais on la sent présente : c'est d'elle que tout est venu, c'est elle qui a attiré les foules ; on n'est venu, semble-t-il, rien que pour elle. Ce lieu c'est son domaine, son paradis, sa cité chérie. Pourtant Jésus y est aussi, et encore plus qu'elle. Lui on le voit, sous l'apparence de l'hostie ; on l'adore, on le chante, on le suit, on le reçoit dans son cœur. Il est dans les trois sanctuaires, il vient même jusqu'à la grotte, il parcourt les multitudes, bénissant, guérissant, acclamé. — Il en est ainsi dans l'Eglise. Tout est venu de Marie, même Jésus qui ne nous a été donné que par Elle. Toute grâce accordée aux hommes vient par le même chemin : Marie est le canal universel. Pourtant ce n'est pas Marie, c'est Jésus qui est notre vie. C'est lui qui est le cœur, le centre de l'Eglise. Au Ciel il est l'Agneau immolé depuis le commencement du monde et adoré par les Anges et les Saints. Au Purgatoire il répand son sang sur les flammes pour les éteindre. Sur la terre il s'immole chaque jour pour tous nos besoins. Puis il reste tantôt au Tabernacle pour entendre nos louanges ou nos gémissements, tantôt exposé pour recevoir nos adorations, tantôt parcourant nos cités ou nos campagnes pour consoler les mourants ou nous bénir. Et c'est de son cœur que part toute grâce, toute consolation, toute guérison, tout pardon.

En face de l'église, nous voyons le Gave rouler ses flots tumultueux : c'est le monde, agité par ses passions et ses vains désirs, tandis que les âmes fidèles sont dans le calme et dans la paix. Le Gave coulait tout près de la grotte, pour montrer que sur cette terre les bons et les méchants vivent ensemble. Pourtant, depuis l'Apparition, on a repoussé son lit considérablement : c'est qu'en effet Marie repousse le monde, diminue la puissance de Satan et lui oppose un rempart infranchissable. Le bruit du torrent se mêle aux chants des pèlerins ; il est un peu assourdissant, mais il n'empêche pas l'élan de la prière, ni la parole des prédicateurs : c'est pour nous dire que le vain bruit du monde, que nous ne pouvons pas ne pas entendre, ne doit pas nous détourner de la prière ni d'écouter la voix de Dieu. Au Ciel nous n'entendrons plus ces vains bruits, de même qu'on ne pense plus au Gave quand on est dans la Basilique.

La Basilique c'est donc le Ciel. On y monte par deux rampes semblables : c'est la figure des deux rites de l'Eglise catholique, le latin et le grec, que Rome a conservés pour la beauté de l'œuvre du

Christ. Ces deux rites sont entièrement séparés, mais se rejoignent au Ciel. On ne peut passer de l'un à l'autre, mais ils sont parfaitement symétriques, ayant les mêmes dogmes et les mêmes sacrements. Les deux rampes aboutissent à la porte de la Basilique, que surmonte le portrait de Pie IX. Comme l'on comprend bien que le Chef visible de l'Eglise doit être unique ! Il préside également aux deux rites, et il est l'unique portier du Ciel. On a mis Pie IX et non saint Pierre, pour bien montrer qu'il ne suffirait pas d'honorer le Prince des Apôtres : il faut admettre l'autorité de son successeur. Les deux rampes sont égales en beauté et en grandeur. Hélas ! depuis longtemps le rite grec a perdu de sa splendeur par un triste schisme. Mais que Constantinople, que l'immense empire russe reviennent à l'unité, comme nous l'espérons fermement dans un prochain avenir, et la sainte Eglise retrouvera sa gloire des premiers siècles. Et autour du même autel, où s'offre l'unique sacrifice, l'orient et l'occident, chacun à sa manière, et avec les pompes conformes à son génie et à ses traditions, adoreront la Divine Hostie et chanteront la Vierge Immaculée. Enfin les pèlerins peuvent arriver à la crypte et à la Basilique sans passer par le Rosaire, ni par la grotte en suivant la route qui est hors de l'enceinte des processions. C'est le symbole du chemin suivi par ceux qui, n'appartenant pas à l'Eglise catholique, arrivent pourtant au Ciel grâce à leur bonne foi : ils n'appartiendront au corps de l'Eglise qu'en arrivant dans l'autre monde ; mais par leur intention droite ils faisaient déjà partie de son âme. Les pèlerins qui arrivent à la Basilique sans passer par la grotte ni le

Rosaire sont cependant, comme tous les autres, attirés par Marie. De même tous ceux qui entreront au Ciel le devront à Marie, même s'ils n'ont pas eu ici-bas le bonheur de la connaître : car tout, à Lourdes et dans l'Eglise, vient par Elle.

En face de la Basilique se dresse une autre colline surmontée d'une citadelle, autour de laquelle la ville de Lourdes est bâtie. C'est le symbole du pouvoir civil. Là aussi il y a de la vie, mais une vie bien différente, une vie qui ne s'occupe que des intérêts matériels des hommes. Là ni joie, ni enthousiasme, ni chants : rien que l'administration, et la force matérielle. Mais ces soldats, ces magistrats eux aussi peuvent venir à la grotte prendre part aux fêtes religieuses, et au besoin les protéger. D'autre part pourquoi s'offenseraient-ils des processions et des pèlerinages ? Ils n'ont rien à en craindre et beaucoup à y gagner. Rien à craindre puisque ce sont des foules toujours pacifiques ; point de voleurs, point d'homicides, point de perturbateurs parmi les vrais chrétiens. Beaucoup à gagner, puisque cette affluence fait la richesse de leur ville : l'or et l'argent des nations s'y versent à flots chaque année. Ainsi donc Marie a comblé cet heureux pays de grâces spirituelles, des joies de ses fêtes, du bonheur de sa présence, et en outre des biens temporels. Qui voudrait qu'elle ne fût pas venue à Massabielle ? Que serait Lourdes sans Elle ? Nous en voyons quelque chose chaque année, quand les froids de l'hiver ont suspendu les pèlerinages. Alors les hôtels se ferment, les boutiques se vident, les étrangers disparaissent, bien rares même sont les pèlerins isolés. On pourrait croire retrouver le Lourdes d'autrefois, si l'on ne voyait toujours la blanche Basilique, et tant de constructions, tant d'embellissements dont les Apparitions ont été le principe.

De même en face de la sainte Eglise il y a le pouvoir civil, uniquement chargé des intérêts matériels des peuples. Il doit vivre en paix avec l'Eglise : elle est son plus ferme soutien et il doit aussi la protéger. S'il la persécute il est insensé. Qu'a-t-il donc à craindre d'elle ? Elle est tout occupée de ses cérémonies et de ses cantiques, elle n'aspire qu'au Ciel et ne cherche sur la terre que des souffrances à soulager. Elle n'a cure des formes politiques ; et pour elle-même elle ne demande que la liberté de son culte et de sa charité. Quel ombrage peut-elle donc causer ? D'autre part, que de biens elle procure à cette société civile ! Tout ce qu'il y a de vrai, d'honnête dans les idées, dans les institutions publiques, c'est elle qui l'a enseigné. Tout le mal que la police réprime, elle le défend d'une manière bien plus énergique. Tous les bureaux philanthropiques ne sont rien auprès de sa charité. Elle apprend aux hommes le respect des lois, l'obéissance au gouvernement établi, la fidélité à remplir leurs devoirs civiques. Elle répand les bienfaits matériels sur toutes les misères et offre les joies spirituelles aux cœurs désolés. Pourquoi donc vouloir la détruire ? Ce serait détruire aussi la société civile et revenir à la barbarie antique. Voyez plutôt : partout où on l'a tant soit peu essayé, on voit disparaître en même temps la paix et la prospérité, comme cesse à Lourdes le profit, l'hiver. Ce qui demeure alors d'ordre et de tranquillité est un reste des beaux jours passés, un reflet des enseignements de l'Eglise. Mais qu'on revienne à elle sans tarder : autrement ce sera la ruine, les échafauds, la guerre civile, et la banqueroute pour couronner.

Enfin, dans les pays voisins de Lourdes il y a d'autres montagnes célèbres qui attirent aussi les foules. On vient y chercher le plaisir ou la santé. On les y trouve peut-être. Mais qu'en restera-t-il après quelques années ? Il faudra bien mourir un jour. — C'est l'image des fausses religions comparées à la véritable Eglise. Ces religions peuvent paraître grandes par le nombre de leurs adhérents et la richesse de leurs temples ; mais elles n'ont qu'un fondement humain et ne donnent aucun bien durable. Elles peuvent faire passer une vie plus ou moins joyeuse et libre. Mais elles ne sauvent pas de la mort, de la mort éternelle !

Lourdes n'a ni fêtes mondaines, ni plaisirs ; on n'y trouve pas de voluptés. On y accourt volontairement, on y parvient avec fatigue, on y est heureux d'un bonheur céleste ; on en part avec l'inébranlable confiance de voir un jour Marie au Paradis. Ainsi en est-il de la sainte Eglise Romaine. Elle n'attire par aucun moyen humain ; elle impose des devoirs difficiles. Y entre qui veut : elle ne force aucune conscience. Mais ceux qui y viennent vivent dans la paix la plus profonde, ils sont heureux, même quand ils souffrent. Ils meurent dans la confiance entière de posséder Dieu dans l'éternité.

O Immaculée Marie, Reine des peuples, Mère de l'Eglise, Souveraine de toutes créatures, attirez tous les hommes à la sainte Religion de Jésus. Que tous vous connaissent et vous aiment et goûtent le bonheur de votre service !

Pratique. — Récitez le très saint Rosaire pour la conversion de tous les hommes.

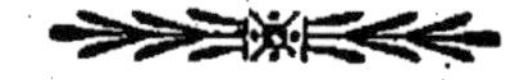

CHAPITRE VINGT-HUITIÈME

Notre-Dame de Lourdes, figure de l'Eucharistie.

NTRE tant d'enseignements que la Sainte Vierge est venue nous donner à Lourdes, il semble qu'elle ait voulu aussi nous révéler quelque chose de la vie de Jésus au Très Saint Sacrement. Certes, notre foi est entière en la présence réelle du Christ sur nos autels. Mais beaucoup de chrétiens peut-être ne l'y considèrent pas assez comme un être vivant, et sous ces apparences d'une hostie immobile, ils ne savent pas assez découvrir la plus active et la plus merveilleuse des vies. Marie va nous l'apprendre.

1. — Allons en esprit devant la grotte du rocher où, comme dans une niche d'exposition, Marie s'est révélée. Il est vrai que nous ne voyons pas notre Mère : nous n'apercevons que sa gracieuse image. Mais, nous le savons, Bernadette a contemplé sa radieuse beauté, une beauté que la terre ne peut soupçonner, telle que les Anges et les Saints la voient au Ciel, telle que nous espérons la voir nous-mêmes dans l'Eternité. Essayons respectueusement

de nous représenter son blanc vêtement éblouissant d'innocence, sa ceinture bleue, ses traits d'une virginale pureté, et la tendresse que lui donne pour nous sa qualité de Mère. Tombons à genoux et offrons-lui l'hommage de notre plus profonde vénération, ce culte unique dû à la Reine de toute créature, que Gabriel nous a appris à traduire par le mot *Ave*.

Maintenant prosternons-nous devant le Très Saint Sacrement. Là aussi nous ne voyons qu'une blanche apparence. Mais la foi, avec encore plus d'autorité que Bernadette, nous assure qu'elle recèle des splendeurs. Le Christ, Fils de Dieu, le même qui siège à la droite du Très-Haut et dont la vue fait la béatitude des Anges, il est là ! Si nous le voyions, il nous apparaîtrait comme l'infinie innocence, la pureté parfaite, et pourtant marqué encore des stigmates de sa Passion et des blessures qui ont meurtri sa chair virginale. Un jour nous le verrons.

Marie reçoit avec joie nos hommages. Le chapelet qu'elle égrène ne semble-t-il pas dire qu'elle compte nos salutations ? Mais ses lèvres sont immobiles : elle écoute nos *Ave* sans les dire elle-même. Ses yeux sont fixés au ciel dans une sublime contemplation. Elle voit Dieu, elle lui renvoie tous les hommages que les créatures lui rendent. Quelle ineffable adoration ! — De même Jésus au Très Saint Sacrement est l'Adorateur par excellence : ni jour ni nuit il ne cesse son adoration. Il contemple son divin Père, il s'anéantit devant Lui, il le remercie de tous ses dons, il s'immole sans réserve. Mais il accepte avec bonheur nos propres adorations pour les renvoyer à son Père unies aux siennes.

II. — Comment pourrions-nous assez remercier notre douce Mère de s'être inclinée vers nous ! Heureux pays qui a reçu sa visite ! Heureuse enfant qui l'a contemplée ! Heureux aussi ceux qui assistèrent à ces Apparitions. Sans la voir elle-même, ils savaient que Marie était là : car comment en douter, en voyant l'extase de Bernadette ? Comme ils étaient pénétrés eux-mêmes du sentiment de sa présence ! Comme ils étaient émus ! Comme ils devaient prier ! Heureux enfin tous ceux qui depuis lors se sont agenouillés aux grottes de Massabielle ! Marie n'y est-elle plus maintenant ? N'y revient-elle pas quelquefois ? Au moins ses yeux et son cœur y sont, pour voir tout malheureux et consoler toute souffrance. Son bras y est aussi pour multiplier les merveilles. Oh ! s'il y avait un sacrement qui contînt et donnât Marie ! avec quelle joie et quel bonheur nous irions le chercher, fût-ce au bout du monde ! Mais à Lourdes, on se sent auprès d'elle.

Eh bien, Jésus, Lui, est au Saint Sacrement. Sa présence y est encore plus réelle que celle de Marie ne fut jamais à Lourdes. Et Jésus est plus que sa Mère. Oh ! Seigneur, comment vous remercier ? Ce n'est pas seulement à Lourdes que vous venez du Ciel : c'est dans chacune de nos églises. Nous ne vous voyons pas, mais comme nous vous sentons ! Une seule enfant a vu Marie ; mais tous les chrétiens sont invités à la communion. Ce fut une grande faveur d'assister aux Apparitions, mais peu de personnes relativement purent en jouir, et au plus dix-huit fois seulement. Mais à la Messe tous les jours nous pouvons être là quand vous descendez du Ciel.

Quand, au son de la clochette, les fidèles adorent prosternés, nous le savons, c'est vous qui venez. Heureux moment où vous vous immolez, où vous expiez nos offenses, où vous priez votre Père pour nous, en lui montrant vos plaies sacrées ! Si Marie est partie, vous certainement vous restez. Le jour et la nuit, vous êtes là près de vos frères, leur voisin, leur protecteur. Marie nous a révélé sa bonté ; vous, vous montrez votre Cœur à travers votre flanc percé, nous disant : « Voici ce Cœur qui vous a tant aimés ! » Marie guérit les corps ; vous, vous sauvez les âmes. Elle nous disait : « Allez boire à la source et vous y laver. » Vous, c'est dans votre sang que vous nous purifiez, et vous nous le donnez encore en breuvage. Mais vous ne laissez pas de guérir aussi les malades. Que de miracles opérés par votre Sacrement ! Et qu'il y en aurait davantage, si nous vous invoquions avec plus de confiance et une foi plus profonde ! Et c'est parce que nous vous oubliions que Marie nous a attirés à sa grotte et à sa basilique, pour nous mettre en contact avec vous et vous faire manifester votre puissance.

III. — Cependant un nuage de tristesse passe sur le front de la Vierge Immaculée. Bernadette se met à pleurer. « Qu'y a-t-il, Madame ? Que faut-il faire ? — Priez pour les pécheurs ! » Le péché, voilà la grande douleur de Marie. Et c'est pour nous en inspirer l'horreur qu'elle se montre comme l'Immaculée. Oh ! en comparant nos souillures avec la pureté de Marie, nous avons honte de nous-mêmes. Aussi, que de conversions opérées par ce seul sentiment à

Massabielle ! Les pécheurs sentent le besoin de se confesser, et les justes de se justifier davantage. — Mais devant le Très Saint Sacrement, pourquoi n'éprouvons-nous pas ce même besoin ? Jésus n'est-il pas plus pur que Marie elle-même, lui la Sainteté infinie ? De plus, il est notre Juge : il pénètre jusqu'au fond de nos cœurs, il voit nos moindres taches, il en a horreur, il les punira avec sévérité. Aussi saint Paul nous avertit de ne pas communier sans nous être examinés et jugés nous-mêmes, de peur de manger et de boire notre propre jugement. Ainsi le Saint Sacrement, comme l'Immaculée Conception, est une leçon de pureté parfaite.

Non seulement Marie nous invite à haïr le péché, mais elle nous en délivre. N'est-elle pas le Refuge du pécheur ? Près d'Elle, nous n'avons pas peur. Nous osons lui révéler nos misères. Elle les comprend et en a pitié. Elle nous couvre du manteau de son Immaculée Conception. — Mais Jésus n'est pas moins indulgent. Ne dit-il pas : « Venez à moi, vous tous qui êtes accablés sous le poids de vos fautes, et je vous referai ? Quand même vous seriez rouges comme l'écarlate, je vous rendrai blancs comme la neige. » Oui, blancs comme le vêtement de Marie, car le sang de Jésus et ses sacrements sont d'assez puissants remèdes pour purifier tous les crimes de la terre.

Enfin, Marie plaide notre cause par son Immaculée Conception ; elle l'interpose entre la terre et la Justice de Dieu. — De même Jésus au Saint Sacrement est notre paratonnerre. Il est la Sainteté infinie, et de plus notre victime, notre rançon. Il offre sans cesse en expiation son sang précieux, sa chair immaculée, et nous les élevons vers le Ciel en l'hostie, pour apaiser sa colère. Toutefois son sacrifice ne nous dispense pas d'unir aux siennes nos expiations. Comme Marie, il nous invite à la Pénitence. « Si vous ne faites pénitence, a-t-il dit, vous périrez tous. » Et qui peut mieux nous donner le courage de l'immolation, que la communion à sa chair meurtrie et crucifiée ?

IV. — Marie s'est montrée à la terre pour lui donner un avant-goût du Paradis, pour exciter nos désirs ardents de la Patrie éternelle. Nous appelons Bernadette heureuse d'avoir contemplé ses traits ! Mais plus heureux sont ceux qui la voient perpétuellement au Ciel ! Souhaitons donc et demandons sans cesse de conquérir ce bonheur. Mais pensons à la condition : « Le royaume des Cieux souffre violence ; les courageux, les héros seuls l'emportent. » Nous ne verrons pas notre Mère que nous ne nous en soyons rendus dignes par nos efforts, et que notre âme ne soit parfaitement purifiée.

De même la sainte Eucharistie est un avant-goût du Ciel. Que de joies délicieuses on trouve dans la sainte Communion ! Mais que sera-ce au Ciel ? Car les voiles tomberont ; un jour nous verrons Jésus tel qu'il est. Mais il faut le mériter. Travaillons donc courageusement, animés par l'espoir de la récompense, et disons souvent : « Jésus que je vois maintenant sous un voile, je vous en supplie, accordez-moi la grâce que je désire ardemment, que, vous voyant un jour face à face, je jouisse de la béatitude éternelle. Amen. »

O Notre-Dame de Lourdes, Notre-Dame du Très Saint Sacrement, Reine du Cénacle, apprenez-nous à adorer la sainte Eucharistie.

Pratique. — Dites le Rosaire en union avec Marie, au Cénacle, et pour le règne eucharistique de Jésus-Christ.

CHAPITRE VINGT-NEUVIÈME
Les secrets de Marie.

Toutes les paroles que la Mère de Dieu a daigné prononcer à Lourdes ne nous ont pas été redites. Trois secrets ont été confiés par Elle à Bernadette, et la Voyante les a fidèlement gardés. Qu'y a-t-il d'étonnant que l'enfant appelée à une mission si haute ait reçu des enseignements destinés à elle seule ? Dieu nous préserve de vouloir en pénétrer le mystère, et de chercher à soulever d'une main téméraire le voile dont la Sainte Vierge a voulu les cacher ! Pourtant, nous sera-t-il défendu de chercher même dans ces secrets une leçon de notre Mère ? Si Marie a voulu nous les dérober, elle a non moins voulu nous en faire connaître l'existence. Elle pouvait les dire à Bernadette sans même que nous le sachions. Mais, non : nous savons qu'elle lui a dit trois secrets. Ainsi, il y a trois choses que Marie connaît et ne veut pas nous dire. Pourtant elle est notre Mère. Mais on ne dit pas tout aux enfants.

I. — Il y a une chose d'abord que nous ne savons pas maintenant, que nous ne connaîtrons que plus tard :

c'est ce que Dieu réserve à ceux qui l'aiment. Saint Paul eut une vision divine comme Bernadette ; il fut ravi au troisième Ciel et il y entendit, raconte-t-il, « des paroles mystérieuses qu'il n'est pas permis à l'homme de révéler[1]. » Tout ce qu'il put dire, c'est que « l'œil n'a point vu, ni l'oreille entendu, et que le cœur de l'homme ne peut concevoir le bonheur céleste[2]. » Et, enseignant les chrétiens, il répète souvent qu'il lui est impossible de leur dire tout ce qu'il sait, car ils ne le pourraient comprendre. « Je ne peux vous parler comme à des êtres spirituels, leur disait-il, mais comme à des hommes charnels qui ne peuvent percevoir le langage de l'esprit de Dieu. Vous êtes de petits enfants ; je ne puis vous donner que du lait et non de la nourriture solide. Nous connaissons bien en partie, mais en partie aussi nous sommes dans le mystère, lequel ne sera révélé que quand luira le plein jour[3]. »

Et, comparant notre vie actuelle à une enfance, à laquelle succédera l'âge parfait, saint Paul disait encore : « Quand j'étais enfant, je parlais en enfant, je pensais en enfant, je sentais en enfant ; et quand je suis devenu homme, je me suis affranchi de ce qui était de l'enfance. De même maintenant nous voyons les choses de Dieu comme dans un miroir, sous des symboles. Un jour nous verrons face à face. Nous n'avons maintenant qu'une connaissance imparfaite ;

---

[1] *Audivit arcana verba quæ non licet homini loqui.* (II **Cor.**, XII, 4.)

[2] *Oculus non vidit nec auris audivit, nec in cor hominis ascendit quæ præparavit Deus iis qui diligunt illum.* (I Cor., II, 9.)

[3] I Cor., III, 1 ; XIII, 9.

mais alors nous connaîtrons Dieu comme il nous connaît [1]. »

. Oh ! combien cette pensée donne à réfléchir ! Assurément nous avons de Dieu, du Ciel, de l'Eternité, une connaissance très grande : car notre foi est inébranlable, et nous donne des explications satisfaisant l'intelligence sur toutes les questions qui peuvent agiter notre âme. Mais que cette connaissance reste petite par rapport à ce qui est ! Vraiment notre âme est terrassée quand elle réfléchit un peu à ces réalités : l'Etre infini ! l'Eternité ! la vision béatifique ! La sublimité de notre destinée nous épouvante presque. Elle nous scandalise, elle est une tentation pour notre bassesse. Beaucoup vont jusqu'à la blasphémer, à y renoncer, et ils ont plutôt imaginé d'être les descendants d'une bête, que d'admettre pouvoir devenir semblables à la Divinité. Pourtant il en est ainsi, et il faut souvent nous le dire : il n'y a aucune proportion, aucune comparaison entre les choses de ce monde, ses joies et ses souffrances, et ce que nous verrons dans l'éternité. Il n'y a aucune pensée humaine capable d'exprimer suffisamment ce qu'est la vie au delà du tombeau. Un seul mot exprime combien ce monde dépasse le nôtre : c'est un monde *surnaturel*. C'est-à-dire que notre nature ne pourrait jamais par ses propres forces ni l'acquérir, ni même le soupçonner, de même que le monde de l'intelligence est entièrement hors de la portée du règne animal ou végétal. Mais voici la merveille : au lieu que la plante et la bête ne peuvent concevoir ni

---

[1] I Cor., xiii, 11.

désirer la faculté de penser, nous, au contraire, nous connaissons par la Révélation l'existence d'une vie future, vie infinie en splendeur, en bonheur, en durée, et nous pouvons par la grâce y arriver. Comment donc pensons-nous à autre chose ? Comment la crainte de perdre un pareil trésor ne nous fait-elle pas trembler ? Comment ne sommes-nous pas prêts à tous les sacrifices pour y arriver ? Nous restons insensibles, parce que nous ne nous faisons pas une idée du Ciel ; nous ne pouvons pas concevoir un tel bonheur. Mais cela n'excuse pas notre indifférence, car il y a au moins une chose que nous savons : c'est que des biens éternels et infiniment désirables existent et nous sont proposés.

II. — Il y a un second secret que ni Dieu ni Marie ne nous révèlent : ils nous laissent dans l'incertitude, et cette incertitude est terrible. La voici : L'homme ne sait s'il est digne d'amour ou de haine, et s'il sera sauvé. « Ma conscience ne me reproche rien, disait saint Paul. Mais cela ne me justifie point. Celui qui me juge, c'est le Seigneur [1]. » L'estime des hommes n'y peut rien. « On dit que vous êtes vivant, mais vous êtes mort », dit le Christ à l'évêque de Sardes [2]. Enfin, la sainteté actuelle n'assure point l'avenir. Nul n'est sûr de persévérer. Celui qui est debout doit prendre garde de tomber. Car nul ne sait, à moins d'une révélation spéciale que Dieu accorde seulement à de grands saints, s'il est inscrit sur le livre de vie,

---

[1] I Cor., IV, 4.
[2] *Nomen habes quod vivas et mortuus es.* (Ap., III, 1.)

s'il est prédestiné. Oh ! terrible question : Serai-je sauvé ? Éternellement je vivrai ; mais, où serai-je ? Au Ciel ou en enfer ? Dieu le sait : ma place est marquée. Le salut dépend de la grâce de la persévérance finale, grâce toute spéciale de Dieu, grâce absolument gratuite, qu'il offre à tous, car assurément il veut le salut de tous, mais dont tous ne veulent pas. Hélas ! et si souvent, nous avons résisté à la grâce ! Que savons-nous de la manière dont nous répondrons à cet appel suprême, après lequel le pécheur qui s'obstine est rejeté pour l'éternité ? Que cette pensée est effrayante ! C'est pourquoi saint Paul nous dit : « Mes très chers, faites votre salut avec crainte et tremblement [1]. »

Mais si la grâce de la persévérance finale ne peut absolument être méritée, elle peut être demandée, elle peut être obtenue par la prière, par une vie sainte et pénitente. Bien plus, Notre-Seigneur s'est engagé à la donner. N'a-t-il pas dit : « Celui qui mange ma chair et boit mon sang a la vie éternelle et je le ressusciterai au dernier jour ? » Voilà une promesse formelle de salut attachée à la communion, pourvu qu'elle soit faite avec les dispositions requises. Mais Notre-Seigneur ne s'en est pas contenté. Il a de plus affirmé solennellement que tous ceux qui communieraient pendant neuf mois de suite, le premier Vendredi, en l'honneur de son Cœur adorable, ne mourraient point dans sa disgrâce. Marie aussi nous a fait des promesses de salut. Nous avons dit celles qu'elle a attachées à la récitation du Rosaire. Elle nous a

---

[1] *Charissimi mei, cum metu et tremore vestram salutem operamini.* (Philip., II, 12.)

donné encore un autre bouclier, c'est le saint Scapulaire ; et elle a assuré que quiconque en mourrait revêtu ne connaîtrait point les châtiments éternels. Avec ces secours, nous pouvons avec moins de frayeur penser à nos destinées futures, et à cette parole que saint Jérôme ne pouvait lire sans trembler : « Nul ne sait s'il est digne d'amour ou de haine ! » Mais armons-nous bien des secours que Jésus et Marie nous offrent, et, même avec ces promesses, craignons notre propre inconstance, notre immense faiblesse, et la force du torrent qui nous entraîne vers le mal et contre lequel il faut lutter toujours sous peine d'être emporté. Ne cessons pas de supplier Marie qu'elle nous rende dignes des promesses de son divin Fils et des siennes.

III. — Il y a un troisième secret que Jésus et Marie nous cachent : c'est le moment où se décidera pour nous notre éternité, le moment suprême et dont dépend notre destinée : la mort. Notre-Seigneur nous prévient seulement qu'elle nous surprendra. « Je viendrai, dit-il, comme un voleur [1]. » Or, le voleur ne se fait pas annoncer ; il se glisse dans l'ombre, à l'heure du sommeil. Ainsi fera notre Juge. Mais, à présent, il nous en avertit. Que de fois il l'a répété à ses disciples : « Soyez prêts, disait-il, ayez vos lampes allumées, comme des serviteurs qui attendent leur maître qui va revenir des noces, afin de lui ouvrir aussitôt qu'il frappera à la porte. Heureux les serviteurs que le Maître trouvera éveillés ! Si un père

---

1 *Ecce venio sicut fur. Beatus qui vigilat !* (Ap., XVI, 15.)

de famille savait à quelle heure le voleur doit venir, il se tiendrait sur ses gardes et ne laisserait point forcer sa demeure. Et vous aussi soyez prêts : car le Fils de l'homme viendra à l'heure que vous ne pensez pas [1]. »

C'est la condition de notre état de créature. Nous ne sommes jamais nos maîtres, mais des serviteurs toujours. Quand un maître s'absente, il commande à ses domestiques de garder sa maison en tout temps, et il se réserve de revenir quand il lui plaît. Malheur au serviteur négligent et paresseux qui se dit : « Mon maître tarde à revenir, je n'ai rien à craindre », et qui se met à boire, à manger, à battre les autres serviteurs. Mais, au moment où il y pense le moins, le maître arrive, et il reconnaît que celui en qui il avait confiance est un scélérat, et il l'envoie en prison avec les voleurs qu'il était chargé d'écarter. Ainsi de nous. Dieu nous a créés sans nous consulter ; il nous appellera à son tribunal de même. Hélas ! combien peu réfléchissent à ce jugement qui peut venir à tout instant ! Et combien d'âmes sont damnées pour n'avoir pas eu le temps qu'elles espéraient pour se convertir ! *Nemo est qui recogitet corde !* « Pensez à vos fins dernières, dit le Saint-Esprit, et vous ne pécherez pas. » Ne remettez pas à plus tard à apaiser votre Juge. Aujourd'hui même, si vous entendez sa voix, n'endurcissez pas vos cœurs comme les anciens Hébreux dans le désert, contre lesquels Dieu, dans sa colère, jura qu'aucun d'eux n'entrerait dans le lieu de son repos !

---

[1] *Qua hora non putatis Filius hominis veniet.* (Luc., XII, 40.)

Voilà donc trois secrets auxquels la Vierge Immaculée nous invite à penser souvent, afin que ces réflexions salutaires nous maintiennent dans la voie du salut.

Mais nous pouvons croire qu'Elle n'adresse pas seulement cet enseignement à chaque âme en particulier, mais de plus qu'Elle élève nos pensées aux destinées générales des nations et du monde, et en particulier de la France, son royaume.

Car d'abord il y a pour les nations un avenir que Dieu connaît : elles ont une mission, une destinée ; Dieu leur prépare des joies ou des souffrances, des gloires ou des humiliations, la prospérité ou la décadence. Il a fait les nations guérissables, mais il ne les guérit pas toujours. Il leur offre parfois des missions magnifiques, mais elles sont libres d'accepter. Il leur fait des promesses et des menaces, mais tantôt à cause de leur indignité il ne peut pas réaliser ses promesses, tantôt il désarme sa colère devant le repentir et la pénitence.

O Marie, qu'avez-vous dit de la France à Bernadette ? Est-elle encore votre nation bien-aimée ? Voulez-vous encore la sauver ? Voudra-t-elle se convertir ? Quand reprendra-t-elle sa gloire ancienne ? Oh ! secrets qui font trembler ! mais il faut y penser. Le pire des maux serait de nous endormir dans la sécurité et la paresse, dans l'indifférence et l'égoïsme, soucieux de notre bien-être personnel, mais non de la gloire et du bonheur de notre patrie. Si un Français n'aime pas la France, qu'il soit anathème ! Pour vous, ô Marie, vous l'aimez. C'est pourquoi nous espérons fermement que son rôle dans l'Eglise et le monde n'est pas terminé. Nous espérons, ô Marie, que vous la relèverez de l'opprobre et de la tristesse, et que vous la replacerez à la tête des nations, comme autrefois, pour faire régner sur le monde Notre-Seigneur Jésus-Christ, pour défendre son Vicaire, pour soutenir le droit et la justice contre l'iniquité. O Marie, nous l'attendons de votre assistance maternelle. Ne livrez pas aux bêtes perverses des âmes qui vous sont consacrées, ne donnez pas à l'impie votre propre royaume. Ne confiez pas à un autre peuple l'honneur d'être dans le monde le défenseur avoué par l'Eglise de tous les intérêts catholiques. Que Michel, notre protecteur, plaide auprès de vous notre cause. Que nos aïeux, que nos saints joignent leurs voix à la sienne. Souvenez-vous, ô Marie, de l'amour qu'a eu pour vous la France, votre royaume. Souvenez-vous de l'amour que vous avez pour elle. Oui, malgré ses crimes, elle est encore à vous. Elle peut encore redevenir grande et chrétienne. Mais hâtez-vous, ô Marie, car nous sommes dans des périls extrêmes et la haine et l'audace de nos ennemis grandissent chaque jour.

Comprenons, cependant, que ce n'est pas sur l'assistance du Ciel qu'il faut compter seulement. Il faut y joindre nos efforts constants, persévérants, énergiques. Nos adversaires s'acharnent à perdre les âmes ; à nous de nous liguer pour les sauver. Plus le succès est douteux, plus il faut de généreux efforts. Et c'est pourquoi Marie veut que l'avenir soit un secret pour nous. De même que l'incertitude du salut nous excite à la lutte, bien loin de nous décourager, selon que nous le recommandent les Saints : « Si vous n'êtes pas prédestiné, faites que vous le deveniez » ; de même, si la France a tant à redouter de la colère divine, méritons par nos œuvres qu'elle soit épargnée.

O Marie, regardez la France, priez pour la France, sauvez la France ! Plus elle est coupable, plus elle a besoin de votre secours. Un mot à Jésus reposant en vos bras, et la France est sauvée. O Jésus, obéissant à Marie, sauvez la France !

Pratique. — Récitez souvent le très saint Rosaire pour que la France redevienne chrétienne.

CHAPITRE TRENTIÈME

La dernière Apparition.

A dernière Apparition de Lourdes eut lieu le **16** juillet, fête de Notre-Dame du Mont-Carmel. A ce moment l'accès de Massabielle était interdit par la police ; des barrières avaient été posées, pour tenir les fidèles à distance. Néanmoins, un attrait bien connu appela Bernadette. Elle le suivit, et, ne pouvant approcher de la grotte, elle se rendit en face, de l'autre côté du Gave ; elle voyait la niche au-dessus des palissades. Il était huit heures du soir. Elle se mit à genoux avec quelques femmes. Alors Marie se montra. Jamais elle n'avait paru si belle. Elle semblait à la Voyante aussi près d'elle que si elle eût été à ses pieds. L'espace, les barrières, le Gave, les spectateurs avaient disparu : l'enfant ne voyait que la Vierge radieuse. Elle la contempla longtemps. Elle sentait que c'était pour la dernière fois ici-bas. Cependant son cœur était dans une délicieuse allégresse. Car l'absence ne serait qu'un au-revoir dans une vision sans fin ; et, en attendant le Ciel, la douce assistance de la Mère invisible, mais toujours attentive, ne manquerait jamais. Enfin, lui souriant avec une bonté ineffable, Marie disparut à ses regards.

Ici nous voulons demander humblement à notre Mère les raisons du jour et de l'heure de cet adieu à Bernadette.

Le 16 juillet, l'Eglise fait la fête de Notre-Dame du Mont-Carmel. Or c'est Marie elle-même qui parle dans l'épître de la Messe de ce jour, et elle semble vouloir, avant de disparaître, résumer tous ses enseignements, tout ce qu'elle nous a dit pour nous attirer à Elle. Ecoutons-la :

« Je suis, dit-elle, la Mère de la belle dilection, de la crainte de Dieu, de la foi et de la sainte espérance. En moi se trouve la grâce de la voie droite et de la vérité ; en moi est tout l'espoir de la vie et de la vertu. Venez à moi vous tous qui m'aimez, et remplissez-vous du fruit de mes entrailles ; car mon esprit est plus doux, et mon héritage plus délicieux que le miel. Ma mémoire s'étend dans toutes les générations des siècles. Ceux qui me mangent auront encore faim, ceux qui me boivent auront encore soif. Celui qui m'écoute ne sera pas confondu. Ceux qui opèrent en moi ne pécheront pas. Ceux qui me glorifient auront la vie éternelle [1]. »

Et dans l'Evangile c'est Jésus à son tour qui parle. L'Eglise lui crie, ravie des charmes de sa Mère : « Bienheureux le sein qui vous a porté ! » Et il répond : « Heureux surtout ceux qui écoutent la parole de Dieu et lui obéissent [2] » : cette parole que

---

[1] Eccli., c. XXIV. Epître de la Messe de N.-D. du Mont-Carmel.
[2] *Beatus venter qui te portavit et ubera quæ suxisti ! — Quinimo*

sa **Mère** est venue nous annoncer. Heureux ceux qui seront dociles aux avis de la Sainte Vierge et sauront s'y conformer. Mais c'est une grâce qu'Elle peut nous accorder ; et la liturgie adresse cette instante prière à notre Mère, qui va remonter à l'éternel séjour : « Souvenez-vous, ô Vierge Mère, de demander des grâces pour nous et de nous obtenir que Dieu détourne de nous sa colère ! Très digne Reine du monde, ô Marie toujours Vierge, intercédez pour notre paix et notre salut, vous qui avez enfanté le Christ Notre-Seigneur et le Rédempteur de tous les hommes [1]. » Et enfin l'Eglise fait à Notre-Seigneur cette prière : « Que l'auguste intercession de votre glorieuse Mère, Marie toujours Vierge, nous assiste, afin qu'après nous avoir comblés de bienfaits qui ne cesseront pas, elle nous préserve de tout péril et nous unisse tous dans son amour. »

Mais il y a d'autres enseignements encore dans la date de cette Apparition dernière. La fête de Notre-Dame du Mont-Carmel est une des plus chères aux fidèles parmi celles qui honorent les miséricordes de Marie, et sans doute aussi une des plus aimées de la Reine du Ciel et de la terre. Rappelons-en les raisons.

Le Carmel est le plus ancien et le plus vénérable

---

beati qui audiunt verbum Dei, et custodiunt illud. (Luc., XI, Evang. Mont-Carmel.)

[1] *Recordare, Virgo Mater, in conspectu Dei, ut loquaris pro nobis bona, et ut avertat indignationem suam a nobis. — Regina mundi dignissima, Maria, virgo perpetua, intercede pro nostra pace et salute, quæ genuisti Christum Dominum Salvatorem omnium.* (Messe de N.-D. du Mont-Carmel.)

des pèlerinages de Marie. C'est une montagne de la
Terre Sainte renommée par sa beauté, sa fertilité,
son site enchanteur. L'Ecriture la cite maintes fois
comme le lieu le plus délicieux de la Palestine, si
Jérusalem en est le plus saint. Or l'Eglise chante en
son office que ce lieu et tous ses charmes ont été
donnés à Marie. Par sa beauté, il était un symbole
de Marie elle-même : car la nature est un reflet des
conceptions de Dieu, et il s'est plu à traduire par des
beautés sensibles quelque chose des splendeurs qu'il
contemple en lui-même.

Nous voyons encore sur cette belle colline une
autre figure de Marie, la sage Abigaïl, l'épouse de
Nabal dont le nom signifie *insensé*. Cet homme avait
outragé David en refusant de répondre à ses bienfaits
par des services ; et David, irrité, allait se venger, si
Abigaïl ne l'eût apaisé par ses présents et son langage plein de sagesse. Et David, charmé de sa beauté
et de ses hommages, s'écria : « Bénies soient vos
paroles, et bénie soyez-vous, car vous m'avez empêché
de répandre le sang et de me venger aujourd'hui de
ma propre main. » Ainsi Marie devait, un jour, s'in-
terposer entre le Créateur et l'homme insensé qui lui
refuse l'amour et l'obéissance, et, en désarmant Dieu
par son innocence et ses prières, lui donner la joie de
pouvoir pardonner [1].

Mais il y a plus : sur le Carmel l'Immaculée Conception a été clairement révélée. C'était neuf siècles
à l'avance, au temps du prophète Elie, cet homme
ardent, au cœur dévoré de zèle pour la gloire du

______

[1] *Benedicta tu quæ prohibuisti me hodie ne ulciscerer me manu
mea.* (I Reg., XXV, 33.)

Dieu d'Israël. Il voyait avec douleur son peuple abandonner Jéhovah pour adorer les idoles, et il en frémissait. Dans cette sainte colère, il pria Dieu de châtier ces ingrats en les privant de la pluie et de la rosée, si nécessaires en ces climats brûlants. Il fut exaucé. Pendant trois ans et plus, la terre demeura aride et desséchée, image de la désolation spirituelle d'une nation qui s'éloigne de Dieu. Enfin il fit tant par ses exhortations confirmées par un grand miracle, que le peuple reconnut l'impiété du culte de Baal et massacra tous les faux prophètes. Alors Élie s'écria : « J'entends le bruit d'une grande pluie. » Et montant au sommet du Carmel, il se mit en prières. Or voici que bientôt s'éleva de la mer une petite nuée, semblable à un pied humain. Et elle grandit, elle couvrit le ciel tout entier et une pluie féconde commença à tomber. Or Dieu révéla à son prophète que cette nuée qui ramenait la fertilité à la terre figurait la future Mère du Messie. Comme un nuage léger, elle s'élève de l'océan de l'humanité coupable, mais elle-même n'en contracte pas l'amertume, c'est-à-dire le péché, et elle est au contraire la source féconde de toutes les grâces qui viennent purifier, rafraîchir et soulager le monde. Et cette nuée légère a la forme d'un pied humain : c'est ce pied annoncé au serpent comme devant lui broyer la tête, et que nous voyons à Lourdes, orné de roses d'or.

Le Carmel a donc été le lieu où fut révélé et vénéré longtemps à l'avance le grand mystère de l'Immaculée Conception de Marie. Or cette révélation ne se perdit pas. Élie la transmit à ses disciples qui habitèrent après lui le Carmel. Ces saints solitaires passaient

leur vie dans la prière, la pénitence, l'attente du
Messie et de la Vierge sa Mère. Ils se sont toujours
perpétués. Au temps de son passage sur la terre,
sans doute Marie les visita. Elle prit possession de
ce Carmel que Dieu lui avait donné [1]. Elle le bénit,
elle bénit les pieux cénobites, et avec eux tous ceux
qui dans la suite devaient leur succéder. En échange
de cette bienveillance amoureuse, les habitants de la
sainte Montagne élevèrent un sanctuaire à Marie,
encore vivante, et ensuite elle y fut toujours vénérée.
Ces honneurs furent particulièrement agréables à la
Reine du Ciel. Elle-même s'est considérée comme la
Reine et la Patronne de cet Ordre des Carmes, dont
le fondateur, Elie, toujours vivant dans la retraite
mystérieuse où sur un char de feu il a été transporté,
doit revenir à la fin des temps sur la terre lutter
contre l'Antechrist et fortifier l'Eglise dans ses derniers combats. Marie a comblé cet Ordre si aimé de
son cœur de privilèges singuliers. Mais surtout elle
lui a fait le don ineffable du saint Scapulaire.

En 1270, apparaissant à saint Simon Stock, général
de l'Ordre, elle lui présenta ce vêtement comme un
gage singulier de sa protection maternelle. Elle promit que quiconque le porterait et en mourrait revêtu,
serait préservé des flammes éternelles, et de plus
serait délivré du Purgatoire le samedi après sa mort,
pourvu qu'il eût pris soin de garder son cœur et
son corps sans souillure, et de réciter chaque jour
certaines prières en son honneur. Or ces privilèges
admirables, c'est à tous les chrétiens que Marie désire

____

1 *Gloria Libani data est ei : decor Carmeli et Saron. Ipsi vide-
bunt gloriam Domini et decorem Dei nostri.* (Is., xxxv, 2.)

les étendre. Elle nous invite tous à entrer dans sa famille du Carmel, par l'affiliation à la Confrérie du Saint Scapulaire. Oh ! que de grâces sont venues à la terre par le saint Scapulaire ! « Mettez-le, nous dit Marie, comme un signe sur votre cœur, comme un signe sur votre bras » : sur votre cœur pour vous rappeler l'amour de votre Mère, et sur votre bras et vos épaules pour vous apprendre à agir et à souffrir avec elle en portant votre croix. Prenez-le comme un bouclier pour vous défendre contre les traits de l'ennemi. Marie nous couvre pour ainsi dire de ses ailes comme la poule ses petits : *Scapulis suis obumbrabit tibi et sub pennis ejus sperabis.* « Celui qui habite dans la sauvegarde de notre Très Haute Princesse sera sous la protection du Dieu du Ciel. Il dira à Marie : Vous m'avez pris sous votre garde, vous êtes mon refuge, vous êtes la Mère de mon Dieu et j'espère en vous. C'est vous qui m'avez délivré du filet des chasseurs et de tout malheur. Elle vous revêtira de son scapulaire, et vous serez en sécurité sous ses ailes. Sa tendresse vous couvrira comme d'un bouclier : vous ne craindrez pas les terreurs nocturnes, ni la flèche qui vole en plein jour, ni les embûches dressées pendant la nuit, ni les assauts du démon de midi. Mille tomberont à votre gauche et dix mille à votre droite : pour vous, vous ne serez pas atteint. Le mal ne vous touchera pas, le malheur n'approchera pas de votre demeure, parce que Marie a ordonné à ses Anges de vous garder dans toutes vos voies ; ils vous porteront dans leurs mains, de peur que votre pied ne se blesse contre une pierre. Vous marcherez sur l'aspic et le basilic, vous foulerez le lion et le serpent [1]. » Voilà les miséricordes de Marie !

Mais pourquoi a-t-elle apparu à Lourdes le 16 juillet ? C'est pour nous dire qu'elle vient à Massabielle avec toutes les grâces du Mont-Carmel. Marie accorde sans cesse de nouvelles faveurs, mais ne retire pas les anciennes. En apparaissant à Lourdes, elle ne détourne pas notre dévotion des anciens titres sous lesquels elle a été honorée. Au contraire. De même qu'elle a consacré la dévotion du Rosaire en nous donnant l'exemple de le réciter, elle veut aussi confirmer celle du saint Scapulaire par la coïncidence de cette fête avec sa dernière Apparition. Ainsi elle vient à Lourdes continuer ses grâces du Mont-Carmel. Comme le Carmel, Lourdes sera un lieu tout consacré à Marie, un autre trône à sa gloire sur la terre. Comme le Carmel, Dieu l'a donné à sa Mère. « La terre que votre pied a foulé sera à vous [2] », lui dit-il. Là comme au Carmel, la vraie Abigaïl apaise son Fils irrité contre les pécheurs insensés. Là comme au Carmel le pied qui a broyé le serpent est glorifié, l'Immaculée Conception est proclamée ; elle apparaît comme au Carmel le principe de toutes les grâces ; elle s'étend comme la petite nuée, elle couvre la terre entière et la met à l'abri du Soleil de Justice, et Bernadette comme Elie pourrait dire : « J'entends le bruit d'une grande pluie » : ce sont les grâces figurées par la source intarissable qui ne cessent de se répandre à Massabielle.

---

[1] Ps. XC.

[2] *Terrâ quâm calcavit pes tuus erit pessessio tua.* (Jos., XIV, 9.)

Nous nous réfugions sous votre protection, sous votre Scapulaire, ô Notre-Dame de Lourdes, Reine du Carmel, notre douce Mère, et nous savons que nous y serons à couvert de tout danger. Ne rejetez pas nos prières dans nos pressantes nécessités, mais délivrez-nous de tout malheur, Vierge glorieuse, et à jamais bénie !

Pratique. — Récitez aujourd'hui votre Rosaire en l'honneur de Notre-Dame du Mont-Carmel et pour la remercier du saint Scapulaire.

CHAPITRE TRENTE ET UNIÈME

De l'heure des Apparitions.

NE trouverons-nous pas encore dans l'heure des Apparitions un enseignement de notre Mère ? La première eut lieu à midi, au moment où Bernadette à genoux récitait l'*Angelus*. La dernière eut lieu à huit heures du soir ; les autres, le matin au lever du jour. Ce sont les trois moments de la journée où l'Eglise salue la Sainte Vierge par la récitation de l'*Ave. Marie*, en ce montrant à ces heures, veut nous dire combien elle aime ce pieux rendez-vous, où les chrétiens viennent trois fois le jour la vénérer, et remercier Dieu avec elle du bienfait de l'Incarnation. Elle veut nous faire comprendre que c'est l'instant où elle vient elle-même visiter et combler de grâces ses serviteurs. Et par là, elle nous invite à lui rendre fidèlement cet hommage qui lui rappelle les joies ineffables de sa Maternité.

Mais si l'*Angelus* est cher à la Sainte Vierge, combien doit-il l'être à nous-mêmes ! Le concert des Anges à Bethléem n'annonçait pas aux bergers une joie plus grande que celle que l'*Angelus* nous rappelle trois fois par jour. « Je vous annonce, nous dit-il, une grande joie, une joie universelle : c'est qu'un Sauveur vous est venu du Ciel. » Ecoutez plutôt : « L'ange du Seigneur a annoncé à Marie, et elle a conçu du Saint-Esprit », et trois coups argentins retentissent dans le silence de l'Eternité. Les trois adorables Personnes sont suspendues aux lèvres de la Vierge. Et Marie répond à l'Ange : « Voici la servante du Seigneur : qu'il me soit fait selon votre parole » ; et trois nouveaux coups semblent le tressaillement de joie de la sainte Trinité. « Et le Verbe s'est fait chair et il a habité parmi nous ! » L'œuvre s'est accomplie. Dieu s'est fait homme, les trois éternelles Personnes ont revêtu l'une d'elles de la nature qu'elle doit racheter. Et une longue mélodie s'élève et se continue, c'est le Ciel qui chante : Gloire à Dieu, paix à la terre ! Et les heureux frères de Jésus le supplient, par l'intercession de sa Mère, de leur faire la grâce de profiter de la Rédemption qu'il vient opérer. Le salut, notre salut éternel par la Passion de Jésus et par le consentement de sa Mère, voilà ce que l'*Angelus* chante de clocher en clocher à toute la terre, dans une harmonie sans cesse renouvelée, où la variété des sons rappelle les hiérarchies célestes, où les bourdons graves comme la voix des séraphins s'unissent aux notes mélodieuses des Anges. Et à ces sons bénis, le cœur de l'homme tressaille d'allégresse, et celui de Marie exulte de joie en Dieu son Fils et son Sauveur.

Mais examinons de plus près les Apparitions des trois *Angelus,* de midi, du matin et du soir.

La première Apparition eut lieu à midi. C'est l'heure

de la réfection et du repos au milieu du jour. C'est
un moment de joie et d'allégresse, après le travail du
matin, moment assez court, qui donne du courage
pour le reste de la journée, en attendant le repos
complet du soir. C'est le symbole des consolations
que Dieu accorde par moments, en attendant les joies
éternelles, à ceux qui luttent encore ici-bas. L'épouse
du sacré Cantique, qui désire ardemment jouir de
son Epoux et aspire au baiser de sa bouche dans
l'éternité, soupire aussi à goûter dès maintenant
quelques instants de repos sur son Cœur. Elle sait
qu'il n'est pas encore l'heure du repos définitif, mais
elle a besoin d'un avant-goût du Ciel ; il lui faut la
possession de son bien-aimé, qui la console du long
exil de cette terre. « Indiquez-moi, lui dit-elle, où
vous reposez à midi, où vous faites paître votre troupeau, de peur que je ne m'égare à la poursuite des
troupeaux des autres pasteurs » : c'est-à-dire de peur
que, ne goûtant pas votre présence, je m'affectionne
aux créatures et cesse de vous rechercher vous seul[1].

Ce que l'âme sainte désire, l'Eglise aussi en a besoin : dans son long pèlerinage, il lui faut des heures
de paix où elle se repose des persécutions, des con-
tradictions des hommes, où elle sente son Epoux plus
près d'elle, plus aimant en quelque sorte, plus tendre,
plus compatissant.

Or, voici qu'à Lourdes la Jérusalem céleste se révèle : c'est Marie qui apparaît, mais l'on sent Jésus

---

[1] *Indica mihi quem diligit anima mea, ubi pascas, ubi cubes in
meridie, ne vagari incipiam post greges sodalium tuorum.*
(Cant., 1, 6.)

avec elle. Le Roi est dans son repos de midi, et le parfum de la Reine répand son odeur délicieuse [1].

Marie, dans son bonheur, s'est souvenue de ses pauvres enfants de la terre. Déjà elle a tant fait pour eux ! Elle s'est montrée à la Salette, elle a pleuré devant nous, et nous n'avons pas compris ses larmes. Alors elle veut nous faire sentir les joies que l'on goûte au service du Seigneur. « O mon bien-aimé, dit-elle à son Fils, montrez-leur donc où vous reposez à midi, où vous paissez vos agneaux ; montrez-leur les joies ineffables que vous réservez à ceux qui vous aiment, de peur que je ne m'égare en vain à la poursuite de vos frères, de ceux dont vous vous êtes fait le compagnon et l'ami. » Et Jésus lui répond : « O ma Mère, ignorez-vous donc que vous êtes vous-même le lieu de mon repos ? Eh bien ! sortez du Paradis, ô la plus belle des femmes ; montrez-vous, allez à la recherche de vos brebis, amenez vos chevreaux aux saints Tabernacles [2]. »

Et Marie apparaît avec tous ses charmes, ces charmes qui ravissent son Bien-Aimé. Nos cœurs aussi sont captivés, subjugués par tant de beauté. Mais Marie a un autre dessein. Si Jésus, au Ciel, repose en Marie, il a sur la terre un autre repos où il donne à ses brebis la nourriture et le bonheur : c'est en l'Eucharistie. C'est là que Jésus repose dans son plein et brûlant midi, à l'apogée de son amour. Et c'est là que Marie nous amène.

---

[1] *Dum esset Rex in accubitu suo, nardus mea dedit odorem suum.* (Cant., I, 11.)

[2] *Si ignoras te, o pulcherrima inter mulieres, egredere et abi post vestigia gregum, et pasce hædos tuos juxta tabernacula pastorum.* (Cant., I, 7.)

Mais elle veut nous faire pénétrer en quelque sorte jusqu'aux entrailles du Sacrement d'amour, nous faire connaître le Cœur que saint Jean sentit battre à la Cène. Et alors elle apparaît dans le creux du rocher, symbole du Sacré-Cœur. Elle veut nous révéler que le Sacré-Cœur est son repos à elle, son repos de midi, et c'est pourquoi elle se montre à l'heure de l'*Angelus*, dans la caverne du rocher. O Marie, nous savons maintenant où vous reposez à midi et où vous menez vos brebis paître, et nous ne voulons plus nous égarer en nous mêlant à des troupeaux que vous ne conduisez pas. Nous nous cacherons avec vous dans le Cœur adorable, où vous nous apparaissez, comme une blanche colombe retirée dans le creux du rocher !

Les Visions suivantes, sauf encore une à midi, eurent lieu le matin, dès le lever du jour. C'est pour nous faire comprendre cette parole que l'Eglise met sur les lèvres de Marie : « Ceux qui se réveillent de bonne heure pour me chercher me trouvent [1]. » Et elle en donne la raison : « J'aime ceux qui m'aiment [2]. » Or, cet empressement à chercher Marie dès le matin est une grande preuve d'amour. Le propre de l'amour, c'est de conserver dans le cœur la pensée de celui que l'on aime, au point que cette pensée poursuive même pendant le sommeil et se présente à l'esprit dès le réveil. C'est ainsi que le prophète Isaïe disait au Seigneur : « Mon âme vous a désiré pendant la nuit,

---

[1] *Qui mane vigilant ad me invenient me.* (**Prov.**, VIII, 17.)
[2] *Diligentes me diligo.* (*Ibid.*)

et je m'éveille dès le point du jour pour vous chercher de toutes les puissances de mon cœur [1]. » Heureuse donc l'âme qui cherche Jésus et Marie dès l'aurore de chaque journée. Heureux surtout ceux qui les ont aimés dès le matin de la vie, dès la jeunesse. Le Seigneur veut les prémices. Tout est à lui ; que s'il nous abandonne ses dons, rendons-les-lui au moins, comme le tribut le plus pur et le meilleur, et non point des restes misérables. Et puis le matin est le commencement du travail. Marie n'apparaît que deux fois à midi, et maintes fois à l'aurore, pour nous montrer que sur cette terre le repos est rare et le labeur presque continuel. Or, Marie vient sanctifier nos peines encore plus que nos joies, car c'est dans la souffrance surtout que l'âme se sanctifie.

Enfin, la dernière Apparition eut lieu à l'*Angelus* du soir. La nuit est le symbole de la mort. Il était donc convenable que la dernière visite de notre Mère, où elle nous dit au revoir et nous donne rendez-vous au Ciel, eût lieu le soir. Elle veut nous faire comprendre combien la mort est douce et suave pour les serviteurs de Marie. L'histoire des fidèles dévots de la Sainte Vierge nous en fournit une multitude de preuves éclatantes. On les entend s'écrier, à l'heure dernière : « Jamais je n'eus cru qu'il fût si doux de mourir ! » Mais quoi d'étonnant ? Tant de fois ils lui ont répété : « Priez pour nous à l'heure de notre mort ! » Marie a entendu ces prières, et maintenant

---

[1] *Anima mea desideravit te in nocte, sed et spiritu meo in præcordiis meis de mane vigilabo ad te.* (Is., XXVI, 9.)

elle va les exaucer. Elle est là, au chevet du malade, elle l'assiste et le console. Parfois on l'a vue essuyer d'un linge le visage de l'agonisant. Elle éloigne les terreurs et les tentations, elle inspire les sentiments d'une confiance pleine d'abandon. Son nom, uni à celui de Jésus, est la sauvegarde du pauvre mourant. Enfin, elle reçoit son âme et va défendre sa cause comme une puissante avocate devant le tribunal du divin Juge. Oh ! c'est là que nous aurons besoin d'elle ! « O Marie, lui crie saint Bonaventure, vous êtes la Mère de Dieu et la mère du pécheur, la mère du Juge et la mère de l'exilé : ne permettez pas que votre Fils le Dieu condamne votre fils le coupable. » Et assurément Marie ne le permet pas : le serviteur de Marie ne périra jamais.

Ne m'abandonnez jamais, ô Mère de miséricorde ! Assistez-moi tous les jours de ma vie et surtout à l'heure de ma mort. Ne permettez pas que votre pauvre serviteur soit séparé de vous pour l'Eternité !

Pratique. — Récitez le très saint Rosaire pour demander la grâce d'une bonne mort.

CHAPITRE TRENTE-DEUXIÈME

Le règne de Jésus par Marie.

C'EST par la Très Sainte Vierge Marie que Jésus-Christ est venu au monde et c'est aussi par elle qu'il doit régner dans le monde. Si Jésus vient une seconde fois sur la terre (comme il est certain) pour y régner, il ne choisira pas d'autre voie de son voyage que la divine Marie, par laquelle il est si sûrement et si parfaitement venu la première fois. La différence qu'il y aura entre la première et la dernière venue, c'est que la première a été secrète et cachée, et que la seconde sera glorieuse et éclatante.

Ces lignes ont été écrites, il y a deux siècles, par un illustre serviteur de Marie, mort en 1716 et récemment béatifié par Léon XIII, le B. Louis-Marie Grignon de Montfort, fondateur de la Compagnie de Marie et des Filles de la Sagesse. Cet homme incomparable a laissé un « Traité de la vraie dévotion à la Sainte Vierge[1] », où il prédit que Dieu a résolu de glorifier sa Mère et

[1] *Traité de la vraie dévotion à la Sainte Vierge*, par le B. Grignon de Montfort. Oudin, 10, rue de Mézières, Paris. 1 fr. — Voir aussi *Le secret de Marie*, par le même. Oudin, 0 fr. 20.

d'être glorifié en elle. Il annonce le *Siècle de Marie* :
« Et quand sera-ce, dit-il, que viendra ce siècle ? Ce
sera quand on prêchera la dévotion que j'enseigne...
Mais, ajoute-t-il, je prévois que des bêtes frémissantes
s'élèveront contre ce petit écrit pour le détruire, ou
au moins pour l'envelopper dans le silence d'un
coffre, afin qu'il ne paraisse point. » Cette triple
prédiction s'est accomplie à la lettre. En effet les
Jansénistes, qui furent les ennemis acharnés du Bienheureux, s'efforcèrent toujours d'étouffer ses enseignements. Son Traité ne fut pas imprimé du vivant de
son auteur. Mais la Providence le réservait pour
notre époque. Il disparut, on le perdit pendant plus
d'un siècle, et ce ne fut qu'en 1842 qu'on le retrouva
au fond d'un coffre, enseveli sous mille papiers.
Reconnu alors comme l'œuvre du Bienheureux, il fut
publié, examiné à Rome et trouvé digne d'approbation.
Or, c'est bien à partir du temps où il a commencé à
être connu des fidèles, que les progrès de la dévotion
à la Très Sainte Vierge ont fait du xixe siècle,
véritablement, le siècle de Marie. C'était donc pour
notre temps que Dieu se réservait de faire connaître
à la terre son chef-d'œuvre et de révéler à la face des
nations la gloire de sa Mère, comme l'Eglise le chante
dans l'office de l'Immaculée Conception : *Notum fecit
Dominus opus suum; in conspectu gentium revelavit
gloriam Genitricis suæ.*

Or, voici en résumé la magnifique doctrine que
nous lisons dans le livre du B. de Montfort :

Marie n'est sans doute qu'une simple créature;
néanmoins, il a plu au Seigneur d'en faire l'instrument de toutes ses œuvres. Ce n'est que par elle qu'il

a donné son Fils au monde. Ce que les soupirs et les prières des Patriarches et des Prophètes n'avaient pu obtenir, l'humilité et l'amour de Marie l'ont obtenu. Dieu a tant aimé Marie qu'il lui a donné son Fils unique. Le Verbe est descendu dans son sein ; il lui a emprunté la chair et le sang nécessaires pour devenir notre frère et notre Rédempteur. Il l'a associée à toutes ses œuvres. C'est par elle qu'il a commencé le salut du monde et l'a accompli sur la Croix ; c'est par elle aussi qu'il achèvera son œuvre. Et quand Jésus-Christ établira son règne sur toutes les nations en son second avènement, ce sera elle qui en sera l'instrument.

Mais le premier avènement de Jésus a été humble et caché, et le second au contraire sera glorieux et éclatant. Il en sera de même pour Marie. Dans le premier avènement elle n'a presque point paru. Son attrait le plus puissant a été de se cacher à toute créature et à n'être connue que de Dieu seul. Et Dieu, pour l'exaucer, a pris plaisir à la cacher. Le Père a consenti qu'elle ne fît presque point de miracles en sa vie, bien qu'il lui en eût donné la puissance. Le Fils a consenti qu'elle ne parlât presque point, bien qu'il lui eût communiqué sa sagesse. Le Saint-Esprit a consenti que les Evangélistes en parlassent très peu, bien qu'elle fût son épouse fidèle. Elle était bien la vraie Esther, dont le nom signifie « inconnue, cachée » : *occulta, abscondita*. Mais à la fin des temps Dieu révélera enfin le chef-d'œuvre de ses mains. Il accomplira en elle sa promesse que « celui qui s'abaisse sera exalté », non seulement au Ciel mais sur la terre, et devant toute créature.

Dieu veut la montrer au monde pour sa propre gloire à lui-même et pour en être loué. Et c'est au temps où le monde a moins de foi et d'amour, que le Seigneur s'est réservé de mettre en lumière son œuvre la plus belle. Ainsi Marie prépare les voies à la venue du Christ dans sa gloire, comme l'aurore annonce et précède la clarté du jour. Les âmes de bonne volonté seront par là averties d'attendre Jésus-Christ et disposées à le reconnaître, quand elles auront vu les merveilles, les bienfaits et les charmes de celle qui est sa Mère ; et les impies n'auront plus d'excuse de résister au Sauveur, quand ils auront été si fortement sollicités par les miséricordes de la Sainte Vierge. Marie est la voie par où Jésus est venu à nous. Il eût pu en prendre une autre ; mais il a voulu naître d'une femme, comme nous, afin de devenir notre frère. C'est aussi comme notre frère qu'il reviendra aux derniers jours, pour nous ramener à son Père et à notre Père, et nous faire entrer dans la maison paternelle. Il viendra donc avec sa Mère et notre mère, et par elle, bien que non de la même manière qu'en l'Incarnation. C'est qu'il veut que nous-mêmes n'approchions de Lui que par Marie, car on ne le trouve qu'avec sa mère. Et comme il veut être trouvé et attirer à lui toute la terre, il faut donc qu'il montre sa Mère, qu'il l'exalte, et la présente à tous les regards.

Ainsi, plus que jamais, Marie doit faire éclater ses charmes et sa miséricorde pour ramener les pauvres pécheurs, et tous ceux qui vivent misérablement hors de la très sainte et unique Église catholique. Elle doit manifester sa puissance contre les impies qui, avec les démons, s'efforcent de pervertir les âmes et de les entraîner en enfer. Enfin, elle doit répandre ses grâces les plus abondantes dans ses fidèles serviteurs, pour les soutenir contre leurs ennemis. C'est pourquoi aux derniers temps elle doit apparaître terrible comme une armée rangée en bataille pour combattre l'Antechrist et ses soldats. Car c'est principalement de ces dernières et cruelles luttes que l'on doit entendre cette célèbre prédiction que fit Dieu au paradis terrestre, disant au serpent : « Je mettrai des inimitiés entre toi et la femme, et ta race et la sienne ; elle-même t'écrasera la tête, et tu dresseras des embûches à son talon. » Et c'est alors que le pouvoir de Marie sur tous les diables éclatera merveilleusement.

« Enfin, ajoute le B. Grignon, Dieu veut que sa sainte Mère soit à présent plus connue, plus aimée, plus honorée que jamais elle n'a été, ce qui arrivera sans doute si les prédestinés entrent avec la grâce et les lumières du Saint-Esprit dans la pratique intérieure et parfaite que j'enseigne. Pour lors ils verront clairement cette belle Etoile de la mer, ils connaîtront les grandeurs de cette Souveraine, et ils se consacreront entièrement à son service comme ses sujets et ses esclaves d'amour. Ils connaîtront les miséricordes dont elle est pleine, et les besoins où ils sont de son secours, et ils auront recours à elle en toutes choses, comme à leur chère avocate et médiatrice auprès de Jésus-Christ. »

Voilà les pensées qui agitaient le cœur d'un pauvre et humble missionnaire dans les premiers jours du XVIIIe siècle. Certes, les cent ans qui suivirent ne

semblaient pas de nature à le faire passer pour
prophète. Que Marie y était oubliée ! Que Jésus était
insulté ! Que la Religion, ses pontifes, ses ministres
recevaient d'outrages ! Et puis vint la Révolution,
comme le triomphe de Satan sur la terre. Mais enfin
voici que Marie vient nous consoler. Dieu va nous
sauver, et il le fait par Marie, comme le B. Grignon
l'a annoncé. Il l'envoie nous visiter : à Paris, à la
Salette, à Lourdes, à Pontmain, à Pellevoisin. Elle
apparaît pleine de charmes et de douceur. Voici toutes
les prophéties du B. de Montfort qui se réalisent.
Marie s'est humiliée autrefois : comme elle est exaltée
maintenant par la définition de l'Immaculée Conception, et les acclamations de toute la terre ! Comme sa
miséricorde éclate par tant de conversions, de guérisons, de grâces de toutes sortes ! Combien se manifeste
sa force, contre laquelle la rage de l'enfer est impuissante ! Que de joie et de courage elle répand dans
les cœurs qui lui sont fidèles ! Et ce n'est qu'un
commencement. Attendons-nous à de plus grandes
merveilles.

Mais ne nous étonnons pas si nous voyons aussi de
terribles luttes. « Que trouverez-vous en la Sulamite,
sinon des chants de combat[1] ? » Marie est appelée
Sulamite, c'est-à-dire *Pacifica*, la Reine de paix, la
Pacificatrice. Mais la paix ne vient qu'après la bataille
et la victoire. Marie est toujours dans les combats,
depuis cette prophétie du Seigneur à Satan : « Je
mettrai la guerre entre toi et la femme. » Mais elle
est toujours la plus forte, parce qu'elle a mis sa

____

1 *Quid videbis in Sulamite nisi choros castrorum ?* (Cant., VII, 1.)

confiance dans le Seigneur. Son mot d'ordre est : « Je suis la servante du Seigneur ! » et Satan a pour cri : « Je n'obéirai pas ! » Comment l'issue serait-elle douteuse, puisque l'obéissant chante toujours victoire ? *Vir obediens loquetur victorias.* Que trouverons-nous donc en la Sulamite, sinon des chants de triomphe ? « O mon amie, lui dit son Epoux, je vous ai faite semblable à ma cavalerie au milieu des chars de Pharaon [1]. » De même que j'ai renversé et détruit par mes Anges comme par des escadrons invincibles toute l'armée égyptienne, ainsi vous vaincrez Satan et les ennemis de mon peuple ; et comme l'ancienne Marie vous chanterez avec les élus : « Célébrons le Seigneur, car il a fait éclater sa gloire, il a précipité dans la mer le cheval et le cavalier. » La mer les a engloutis comme une pierre, ils sont tombés au fond des abîmes [2].

O Vierge bénie, nous n'en doutons pas, votre triomphe est proche. Vous avez détruit toutes les hérésies par toute la terre. Vous achèverez votre œuvre : aucune n'échappera. Vous anéantirez le Protestantisme, vous écraserez la Franc-Maçonnerie. Venez donc ; déployez la force de votre bras et faites régner à jamais votre Fils sur les hommes.

Pratique. — Dites un Rosaire pour que le règne de Jésus et de Marie s'établisse par toute la terre.

---

[1] *Equitatui meo in curribus Pharaonis assimilavi te, amica mea.* (Cant., I, 8.)

[2] *Abyssi operuerunt eos, descenderunt in profundum quasi lapis.* (Exod., XV, 5.)

CHAPITRE TRENTE-TROISIÈME

Comment s'établira le règne de Jésus par Marie.

E règne de Jésus et de Marie arrivera, ajoute le B. Grignon de Montfort, « quand on prêchera la dévotion que j'enseigne. » Or, entre cette dévotion et les Apparitions de Lourdes il y a une profonde harmonie.

Marie, en se montrant à nous si belle et en nous disant : « Je suis l'Immaculée Conception », nous rappelle ce que nous serions sans le péché. Mais, si elle en a été seule préservée, ne désespérons pas de nous-mêmes, car Dieu nous a relevés. Nous avons été souillés, il est vrai, par la faute originelle : mais Jésus nous a rachetés. Et c'est par le saint baptême que sa Rédemption nous profite. A cet heureux moment où l'eau sainte coula sur notre front, nous avons été entièrement purifiés. Notre âme était devant Dieu, pure comme l'Immaculée. Marie en nous montrant ses grandeurs vient aussi nous rappeler les nôtres.

Le baptême ! voilà notre grand et glorieux privilège à nous. Si nous ne sommes pas conçus sans

péché, nous sommes baptisés. Y pensons-nous assez ?
Réfléchissons-nous quelquefois au bonheur d'être
baptisés ? Remercions-nous Dieu, dans des transports
de reconnaissance, de nous avoir, sans l'ombre d'un
mérite de notre part, appelés à une pareille faveur ?
Baptisés, qu'est-ce à dire ? Baignés, lavés dans le
sang de Jésus-Christ, ensevelis dans sa Passion et sa
mort, pour en sortir avec lui ressuscités, vivant à
une vie nouvelle. Quelle vie ? Non plus une vie
humaine, naturelle, mais la vie même de Dieu. La
sainte Trinité est descendue dans notre âme. Le Père
nous appelle désormais, et nous sommes véritablement ses enfants : enfants adoptifs, il est vrai, mais
non pas d'une adoption comme celles de la terre,
qui ne créent aucun lien réel entre les personnes.
L'adoption divine nous fait enfants réellement, puisqu'elle nous rend participants de la nature de Dieu,
semblables à Lui, beaux comme Lui aux yeux des
Anges, et par là nous donne un droit strict à la
gloire, comme à l'héritage de notre Père. Le Verbe
fait homme nous appelle alors ses frères et nous le
sommes. Lui est le Fils aîné de Dieu, le premier-né
d'une nombreuse famille : notre frère selon la grâce,
puisque nous participons comme lui à la nature de
son Père ; notre frère selon la chair par Marie et
Adam ; notre frère bien-aimé qui nous a rachetés
au prix de ses souffrances et de sa mort, qui nous
nourrit de son corps et de son sang, qui nous prépare
des places au Ciel près de son Père. Et le Saint-Esprit
habite en nous comme en ses temples. Jésus nous le
donne, comme la vigne communique sa sève aux
rameaux ; et lui, il nous donne la vie de Jésus,

comme la sève répand dans les rameaux la vie et la fécondité de la vigne. Ainsi par le saint baptême nous sommes unis à Dieu, nous devenons de sa famille, les membres de ce corps mystique dont Jésus est la tête et Marie le cou charmant, dont le Saint-Esprit est l'âme et dont Dieu est le Principe et le Père.

Oh ! que de merveilles ! Et nous n'y pensons pas, et la terre est désolée uniquement parce que personne ne réfléchit à tant de grandeurs [1].

Eh bien, le remède à tous nos maux est précisément d'y penser, de comprendre la grâce de notre baptême et les devoirs qu'il nous impose : car, si nous y pensions bien, nous serions fidèles à les pratiquer, selon que le Seigneur nous en assure : « Pensez à vos fins dernières et vous ne pécherez pas. »

Le remède, donc, c'est le *Renouvellement et l'obser-vation fidèle des vœux du Baptême*. Remarquons bien ce mot : *les vœux*. Car au saint baptême nous avons fait des vœux : le vœu de renoncer au démon, à ses pompes et à ses œuvres, et le vœu d'appartenir à Jésus-Christ pour toujours. Or c'est là, dit saint Augustin, le vœu le plus grand et le plus indispensable qu'on puisse faire : *Votum maximum nostrum quo vovimus nos in Christo esse mansuros*. Sans doute ce n'est pas l'enfant lui-même qui le prononce ; mais la promesse faite en son nom l'oblige strictement. Il n'en est pas de cette promesse comme du vœu que font quelquefois les parents de consacrer leurs en-

---

[1] *Desolatione desolata est terra quia nullus est qui recogitet corde!* (Jer., xii, 11.)

fants au Seigneur dans la vie religieuse. Ce vœu-là, l'enfant peut l'accomplir ou non : il est libre. Mais pour les vœux du baptême, ils obligent absolument, et l'Eglise ne consent à donner ce sacrement à un enfant que parce que ses parents s'engagent à sa place. Les sacrements, en effet, ne peuvent être reçus sans qu'on les accepte. Si donc on donne le baptême aux enfants, c'est qu'on présume leur consentement, et leurs parrains répondent pour eux qu'ils le ratifieront un jour. Mais on ne peut accepter le bienfait sans en accepter les charges, c'est-à-dire l'obligation d'appartenir au Christ et de renoncer à Satan. C'est pourquoi l'Eglise ne donne pas le baptême aux enfants sans le consentement des parents et sans l'obligation pour eux de les élever dans la religion catholique.

Or, quelle est la portée de ce vœu ? Il oblige à être fidèle au Christ. Et c'est pourquoi, si on le viole par le péché, la culpabilité du baptisé est beaucoup plus grande que serait celle d'un non-baptisé. Il y a dans l'enfer des châtiments réservés aux chrétiens, des puits, des abîmes plus profonds, plus horribles que ceux où vont les infidèles. Avant la Rédemption, nous disent les révélations des Saints, personne n'était tombé encore dans ces gouffres épouvantables, et les démons s'étonnaient de ne pouvoir y précipiter personne. Mais qu'ils sont peuplés, depuis que les hommes ont abusé du sang de Jésus-Christ et trahi leur baptême !

Mais, ô réflexion accablante ! qui donc observe les vœux de son baptême ? Qui n'a violé la fidélité jurée à Jésus-Christ ? « Tu n'es pas chrétien, mais Cicéronien », disait le divin Juge à saint Jérôme, ravi en esprit devant son Tribunal. A combien d'autres il pourrait dire : « Vous n'êtes pas chrétiens, mais Lucifériens ! » car vous ne suivez pas la loi du Christ, mais les volontés de Lucifer.

Que faire ? S'humilier, demander pardon, faire pénitence, et, pour l'avenir, renouveler de tout notre cœur, et cette fois avec sincérité, et une résolution énergique, les vœux de notre baptême.

Mais le grand moyen d'être fidèle, c'est d'aimer : c'est pourquoi il faut surtout comprendre et pratiquer la deuxième partie de la formule de rénovation : « Se consacrer à Jésus pour toujours. » Le Catéchisme du Concile de Trente dit que nous devons nous consacrer à notre Seigneur et Rédempteur, *non secus ac mancipia*, « comme des esclaves. » *Mancipia !* c'est le terme qui en latin désigne l'esclavage dans ce qu'il a de plus absolu, de plus abaissant, dans ce qui constitue l'homme comme la propriété d'un autre qui peut en faire tout ce qu'il veut. Or, c'est ce que nous sommes par rapport à Notre-Seigneur. Il nous a créés : nous sommes donc à lui totalement. Mais de plus, il nous a rachetés, c'est-à-dire délivrés d'une servitude épouvantable, éternelle, du maître le plus odieux. Que nous sommes donc bien à notre libérateur, mille fois plus que le captif de guerre n'appartenait jadis au vainqueur qui voulait bien lui faire grâce de la vie ! Mais l'esclavage peut être de contrainte ou de volonté. Les damnés et les démons sont par contrainte les esclaves de la justice de Dieu. Les saints sont par volonté les esclaves de son amour : c'est-à-dire que de plein cœur ils se donnent à celui à qui ils appartiennent. Car « quel cœur, ajoute le

Catéchisme du saint Concile, ne se sentirait pas enflammé d'amour pour un Seigneur si grand et si bon, si dévoué à notre bonheur, qui, nous ayant rachetés par son sang, nous possède en sa puissance et sous sa domination comme des esclaves, et cependant nous traite avec tant de charité, et daigne nous appeler non plus ses esclaves et serviteurs, mais ses frères et ses amis [1] ? »

Or, voici comment nous pourrons être plus fidèles. C'est de nous donner à Marie, et à Jésus par elle.

Jésus est notre fin dernière, parce qu'en lui seul habite la plénitude de la Divinité ; en lui seul nous avons été bénis de toute bénédiction spirituelle. Il est notre unique Maître, notre unique Chef, notre unique Modèle. Mais Jésus ayant choisi Marie pour être la compagne inséparable de sa vie, de sa mort, de sa gloire et de sa puissance, lui a donné par grâce tous les privilèges qu'il possède par nature. Donc, n'ayant tous deux que la même volonté et la même puissance, ils ont tous deux les mêmes sujets et esclaves. Ah ! ne craignons point que d'appartenir à Marie nous éloigne de Jésus-Christ ! La plus forte inclination de Marie est de nous unir à son Fils, et le plus grand désir de Jésus est qu'on vienne à Lui par sa Mère.

De plus, Marie est Reine et Maîtresse du Ciel et de la terre. Elle a donc autant de sujets et d'esclaves qu'il y a de créatures. Mais parmi tant d'esclaves de contrainte, n'est-il pas juste qu'elle ait des esclaves d'amour ?

En quoi consistera cet esclavage d'amour envers Marie?

____

1 Part. I, c III, § 4.

Le B. Grignon de Montfort nous en donne le secret.
Il consiste à se dépouiller entièrement entre les **mains**
de la Très Sainte Vierge de tout ce qu'il est possible
de donner.

Il faut donc lui donner : notre corps avec tous ses
sens, ses membres, sa santé, sa vie; notre âme avec
toutes ses puissances ; nos biens de fortune sans se
réserver la propriété d'un centime ; nos biens spirituels, c'est-à-dire nos grâces, nos mérites, nos vertus,
nos bonnes œuvres passées, présentes et futures. **En**
deux mots, tout ce que nous avons, dans l'ordre de
la nature et dans l'ordre de la grâce, sans rien nous
réserver, sans prétendre aucune autre récompense
que l'honneur d'appartenir à Jésus-Christ par elle et
en elle.

Or, par là on abandonne à Marie tout ce **qu'on**
peut lui donner, et plus même que les religieux ne
le font par leur profession : car ils se réservent le
mérite de leur dépouillement, au lieu que par notre
parfaite consécration à Marie, nous lui abandonnons
la valeur satisfactoire et impétratoire de nos œuvres,
dont elle peut disposer en faveur de qui il lui plaît.
C'est donc un sacrifice réel et très méritoire, et ce
mérite-là nous le lui remettons encore, mais assurément à notre grand profit, car elle nous le gardera,
l'embellira et le transformera en une gloire ineffable.

Mais Marie offre à Jésus tout ce que nous lui
donnons. En se consacrant de la sorte à Marie, c'est
donc à Jésus que l'on se consacre, et on lui donne
tout ce qu'on peut lui donner, et de la manière la
plus parfaite. Car si nous-mêmes nous présentions
nos œuvres, peut-être Jésus les trouverait-il souillées

par l'amour-propre et les rejetterait-il. Mais quand on les lui offre par sa Mère Immaculée, il ne considère pas tant le présent que celle qui le lui transmet. Ainsi Marie, qui n'est jamais rebutée, fait recevoir agréablement tout ce qu'elle apporte. Aussi saint Bernard nous dit : « Quand vous voudrez offrir à Dieu un petit présent, ayez soin de le confier aux mains de Marie, si vous ne voulez être rejeté. »

Oh ! que cette dévotion est avantageuse à l'âme, et quels progrès elle lui fait faire dans la sainteté ! Car elle la dépouille de la volonté propre et la met sous la dépendance continuelle de Marie. Comme elle glorifie Dieu ! car elle nous fait le servir par les mérites et dans l'esprit de Marie. Comme elle réjouit la Sainte Vierge ! car elle est une bonne Mère. Elle aime ceux qui l'aiment et qui vivent près d'elle, avec elle, en elle et pour elle. Celui qui l'honore ainsi par une union continuelle à son esprit, elle l'accepte comme son enfant chéri. Elle le fait s'engloutir dans l'abîme de ses grâces ; elle l'orne de ses mérites, elle l'appuie de sa force, elle l'éclaire de sa lumière, elle l'embrase de son amour, elle lui communique ses vertus, elle le dirige avec une tendresse maternelle et pourvoit à tous ses besoins.

Voilà le secret que nous enseigne le B. Grignon de Montfort : ramener les âmes à Jésus par sa Mère, par le renouvellement des vœux du baptême et la parfaite consécration à Marie. Et il a prédit que le règne de Marie, et de Jésus par elle, arriverait quand on prêcherait cette dévotion.

Et certainement il en sera ainsi. Marie vient prendre possession des âmes pour les donner à Jésus, et le triomphe de la Mère sera celui du Fils. Et c'est pourquoi Dieu lui a donné, à notre époque, une si grande action sur l'Eglise. Tant de grâces, tant d'apparitions, tant de manifestations éclatantes de son intercession, nous sont une preuve que par Marie il veut rendre au monde une vie nouvelle. Heureux sommes-nous de vivre en ces temps ! Ne craignons rien, malgré les fureurs de l'enfer, malgré les menaces des suppôts de Satan. Ils sont la poussière que le vent de la justice divine balaiera de la terre, tandis que le roc inébranlable demeurera, et dans le cœur de la pierre la radieuse Vierge, l'Immaculée Conception. Attendons le triomphe de l'Eglise avec confiance ; mais hâtons-le par l'ardeur de nos désirs et la ferveur de nos prières !

Immaculée Vierge Marie, Mère de Dieu, Notre-Dame du Très Saint Sacrement, Notre-Dame des Victoires, Notre-Dame de la Paix, Reine de France, Reine du Très Saint Rosaire, ramenez-nous au Cœur Sacré de Jésus, votre Fils ; donnez à votre peuple qui vous implore, un nouveau gage de votre toute-puissante et toujours maternelle protection !

Pratique. — Récitez le très saint Rosaire pour le règne de Jésus par Marie.

CHAPITRE TRENTE-QUATRIÈME

Pourquoi la Sainte Vierge
nous enseigne-t-elle par des symboles ?

EUT-ÊTRE une question s’est-elle présentée plusieurs fois à l’esprit du lecteur, et il faut y répondre. « S’il est vrai que Marie ait voulu dans ses Apparitions nous enseigner tant de choses, pourquoi ne les a-t-elle pas énoncées clairement ? Pourquoi les voiler sous des figures et des symboles ? »

Marie n’a fait qu’imiter en cela son divin Fils qui ne parlait aux Juifs qu’en paraboles. Et comme ses disciples lui en demandaient la raison, il leur répondit : « Pour vous, il vous est donné de connaître le mystère du royaume de Dieu : aux autres, au contraire, à ceux du dehors, on ne les dit qu’en paraboles [1]. » Ainsi le mystère n’est que pour les étrangers ; les enfants de la famille doivent pénétrer le sens des figures. Si parfois ce sens leur échappe un instant, Jésus en semble étonné. « Eh quoi ! leur dit-il, êtes-

---

1 *Illis qui foris sunt in parabolis omnia fiunt.* (Marc., IV, 11.)

vous donc, vous aussi, sans intelligence [1] ? » Ce qui nous montre bien que Dieu désire nous voir rechercher les significations mystiques de ses œuvres, et comprendre les leçons qu'il veut nous y donner.

Or, ces leçons symboliques sont pleines de lumineuses clartés. Elles puisent dans les figures employées une bien plus grande force que n'en ont de simples paroles. C'est pourquoi Dieu les employait si souvent par ses prophètes. Il ordonne à Ahias de déchirer son manteau en douze parts et d'en donner dix à Jéroboam : « C'est ainsi, dit le Seigneur, que le royaume d'Israël sera divisé [2]. » Il dit à Jérémie de cacher sa ceinture sous une pierre humide, et quand, plus tard, il la retrouve toute pourrie et hors d'usage : « Voilà, dit le Seigneur, comment je traiterai l'orgueil de Juda et de Jérusalem, ce peuple mauvais qui ne veut pas écouter ma voix : il sera comme cette ceinture pourrie et dont on ne peut plus se servir [3]. » La leçon est éloquente : elle se grave dans l'esprit, grâce au symbole.

En outre, on trouve ce sens caché d'autant plus qu'on le cherche, et on le retient d'autant mieux qu'on l'a soi-même trouvé. Le mystère même excite à chercher, et c'est dans la méditation et par la prière que l'on découvre la vérité. Ainsi, vraiment on est à l'école de Dieu, et c'est à lui qu'on demande l'explication de l'énigme qu'il a lui-même posée. Toute l'Ecriture, toutes les actions de Jésus, toute la liturgie de l'Eglise, sont pleines de ces symboles. Les livres des docteurs, les méditations des chrétiens sur la

---

[1] Matth., xv, 16. — [2] III Reg., xi, 31. — [3] Jér., xui, 9.

terre, et les contemplations des saints au Ciel ont pour but de les comprendre, de les goûter, de les adorer.

Or, c'est un champ inépuisable... Plus on étudie, plus on découvre de merveilles ; plus on prie, plus on est éclairé. Sans cesse on aperçoit de nouveaux mystères, sans cesse on reçoit des leçons plus belles. Même au Ciel les élus, dit-on, vont de clartés en clartés. Voilà pourquoi aussi la Très Sainte Vierge nous instruit à Lourdes par les différents symboles que nous avons essayé d'expliquer ; et bien loin d'avoir épuisé l'explication des leçons de notre Mère, nous confessons n'avoir fait que les effleurer, sans préjudice des sens beaucoup plus beaux et plus importants que d'autres y découvrent sans doute.

Contemplons donc souvent la douce image de Notre-Dame de Lourdes, ayons-la sous les yeux, prions devant elle. Regardons tantôt le rocher, tantôt la blanche Apparition, tantôt les roses, tantôt la fontaine. Habituons notre esprit à ces mystères. Si nous avons eu le bonheur de faire le pèlerinage de Massabielle, retournons-y souvent par la pensée. Puisque la Sainte Vierge a daigné s'y faire notre maîtresse, soyons de bons écoliers, soyons dociles à écouter et à comprendre les leçons de notre Mère. Regardons ce qu'elle fait : ses yeux fixés au Ciel, ses mains jointes, ou faisant glisser le Rosaire ; entendons ses douces paroles : « Pénitence ! Allez boire à la fontaine ! Je vous rendrai heureux au Ciel ! » Et alors Jésus lui-même pourra nous dire : « Heureux vos yeux parce qu'ils voient, et vos oreilles parce qu'elles entendent[1] ! »

----

[1] *Vestri autem beati oculi quia vident, et aures vestræ quia audiunt.* (Matth., XIII, 16.)

Car, hélas ! il y en a qui ont des yeux et ne voient pas, des oreilles et n'entendent rien ! Et c'est pour ceux-là précisément que Dieu cache ses leçons, comme Jésus le disait à ses Apôtres à propos des Juifs : « Je leur parle en paraboles, parce qu'en voyant ils ne voient point, et qu'entendant ils n'entendent ni ne comprennent, et en eux s'accomplit la parole d'Isaïe : « Vous entendrez de vos oreilles et vous ne comprendrez point ; vous verrez de vos yeux et vous ne verrez point [1]. »

C'est l'histoire de tous ceux qui jadis ont vu le Messie et n'ont pas été convertis par ses miracles ; et c'est celle de tous ceux qui, de nos jours, ont appris les merveilles de Lourdes, et n'y ont point reconnu le doigt de Dieu. A eux Marie ne révèle pas les sublimes leçons voilées sous ses symboles. Elle les leur cache, au contraire, selon que Jésus l'ordonne, disant : « Ne donnez point votre pain aux chiens, et ne jetez pas vos perles devant les pourceaux [2]. » Ils sont comme ces pharisiens orgueilleux qui refusèrent d'aller voir Jean-Baptiste prêchant dans le désert. Et Jésus leur demandait : « Que dites-vous du baptême de Jean ? De qui était-il ? de Dieu ou des hommes [3] ? » Et ces misérables répondaient : « Nous n'en savons rien ! » Car ils se disaient à eux-mêmes : Si nous disons : de Dieu, on nous dira : Pourquoi donc n'y avez-vous pas cru ? Et si nous disons : des hommes, nous nous mettrons contre la voix du peuple qui acclame Jean comme l'Envoyé du Ciel. Et ils aimaient

---

[1] Matth., XIII, 13.
[2] *Nolite dare sanctum canibus, neque mittatis margaritas vestras ante parcos.* (Matth., VII, 6.) — [3] Matth., XXI, 25.

mieux dire : « Nous n'en savons rien », c'est-à-dire :
Nous ne nous en occupons pas, cela nous est égal ;
un événement si extraordinaire qui agite tout le pays
et lui fait dire que le royaume de Dieu approche, ne
nous touche aucunement. Et Jésus, les regardant
avec indignation, leur répondit : « Eh bien, moi non
plus je ne vous dirai pas qui je suis, ni qui m'envoie. » C'est-à-dire : Si vous ne voulez pas du témoignage que Dieu donne de moi, vous n'en aurez pas
d'autre. Vous refusez la lumière qui vous est offerte,
restez dans vos ténèbres.

C'est le sort que méritent tous ceux que les événements de Lourdes laissent indifférents. Quoi ! Marie
est venue du Ciel pour nous instruire ; elle a prouvé
sa présence par des milliers de faveurs, la terre entière a entendu le bruit de ses miracles, les foules
courent à sa voix : et les incrédules, les hérétiques,
les impies restent insensibles ! Que leur faut-il donc
pour les convertir ? Bien plus, ils nous combattent,
ils attaquent la Religion, ils refusent aux prêtres le
droit de prêcher les hommes, et traitent d'absurdités
les mystères de l'Evangile. « De quel droit vous
mêlez-vous d'enseigner le peuple ? disent-ils à l'Eglise.
Qui vous a donné le pouvoir d'apprendre aux hommes
ces théories, contraires aux idées modernes, d'une
autre vie, d'un autre monde ? *In qua potestate hæc
facis ?* » — « Répondez-moi d'abord, peut leur dire
l'Eglise avec Jésus-Christ : Les merveilles de Lourdes
viennent-elles du Ciel ou des hommes ? Car si elles
viennent du Ciel, pourquoi n'y croyez-vous pas ? car
nous n'enseignons pas autre chose que la Vierge de
Lourdes. Mais si vous dites qu'elles viennent des

hommes, prouvez-le donc ; montrez donc que tout cela n'est qu'une supercherie des prêtres et des dévots. » Mais ils ne le font pas, c'est trop impossible. Ils ont bien essayé au début d'entraver les pèlerinages ; mais démontrer que l'Apparition et les miracles sont faux, ils ne l'ont pas même essayé, parce que l'évidence s'impose. Et alors ils aiment mieux dire, et c'est tout ce qu'ils peuvent faire, ou bien se convertir : « Nous ne nous occupons pas de ces choses. » Et ils restent dans leurs ténèbres et leur incrédulité. Mais en combattant l'Eglise, ils sont convaincus de tyrannie et d'impiété : car l'Eglise a le droit de parler et de prêcher sa doctrine, et ce droit lui vient de Celui-là même qui a envoyé sa Mère nous visiter, et qui nous prouve son action par le témoignage si palpable et si éclatant des miracles de Massabielle. Mais c'est bien à eux que s'adresse une parole de saint Paul, une parole terrible : « Prenez bien garde, dit-il, de fermer l'oreille à la parole du Seigneur. Car si ceux qui ont refusé de l'écouter, quand il était sur la terre, n'ont pas échappé à sa colère, combien plus devons-nous craindre le châtiment, nous à qui il parle maintenant des Cieux ! Or, sa voix alors avait remué la terre ; et maintenant il nous annonce un nouvel ébranlement, disant : « Encore une fois et je vais ébranler non seulement la terre, mais le Ciel. » Par ces mots, « encore une fois », il nous fait comprendre que les choses temporelles vont faire place à l'éternité. Donc le royaume éternel approche, et la grâce nous est offerte, afin que nous servions Dieu avec crainte et respect. Car notre Dieu est un feu consumant[1]. »

1 Hebr., xii, 25-29.

Nous, grâce à Dieu, nous croyons aux Apparitions de Notre-Dame de Lourdes ; mais obéissons-nous à sa parole ? Elle est venue, comme Jean-Baptiste le Précurseur, pour nous préparer au royaume de Dieu et nous crier : Pénitence ! Or, Jésus, s'adressant aux Juifs qui étaient allés voir Jean-Baptiste, leur demandait : « Qu'êtes-vous allés voir dans le désert ? Quelles leçons y avez-vous reçues ? Sont-ce des leçons de mollesse et de volupté ? N'y avez-vous pas plutôt reçu des leçons de pénitence ? Oui, car le royaume des cieux souffre violence. Est-ce un prophète que vous êtes allés voir ? Oui, je vous le dis, et plus qu'un prophète, le plus grand de tous ceux qui sont nés des femmes, et un nouvel Elie qui vient vous annoncer le jugement redoutable. Si vous avez des oreilles, entendez [1] ! »

N'est-ce pas ce que nous pouvons répéter à tous les pèlerins de Lourdes ? Qu'êtes-vous allés voir dans cette grotte sauvage ? Un églantier agité par le vent ? Une jeune fille gracieuse et élégante ? Non : Bernadette est la fille d'un pauvre meunier. Une apparition prophétique ? Oui, je vous le dis : il y a ici plus que tous les prophètes, celle que Dieu envoya sur la terre pour être sa Mère, et qu'il envoie de nouveau pour son second avènement. Elle vient, comme Elie, vous préparer aux grands et derniers combats. Mais elle vous crie : Pénitence ! car, pour elle comme pour nous, depuis le premier jour où elle fut annoncée au monde, c'est-à-dire depuis la chute d'Adam, le royaume des Cieux souffre violence, et il n'y a que les violents qui l'emportent.

[1] Matth., xi, 7-15.

Mais, hélas ! sa voix a-t-elle été comprise, même de ceux qui l'ont entendue ? Lui a-t-on obéi ? Cette génération légère et frivole ne considère-t-elle point les choses les plus sérieuses comme des enfants qui mêlent des airs tantôt tristes tantôt gais à leurs jeux et à leurs danses [1] ? Marie est venue à la Salette pleurant, et ils ne se sont point convertis ; elle est venue à Lourdes souriant et pleine de charmes, et ils ne se convertissent point davantage : je parle de cette conversion qui change les mœurs et les rend vraiment austères et chrétiennes. Mais malheur à la France si les grâces de Marie ne peuvent la convertir ! Car si les miracles qui ont été faits en elle avaient été accordés à des nations infidèles ou hérétiques, peut-être auraient-elles fait pénitence, et seraient-elles devenues des filles dévouées de l'Eglise. C'est pourquoi au jour du jugement elles seront moins sévèrement traitées que nous, catholiques. Nous nous enorgueillissons peut-être de nos grâces : mais ce seront ces grâces qui nous feront descendre jusqu'aux enfers, car elles auraient suffi à convertir les plus grands pécheurs, et, pour nous, elles sont restées stériles ! Qu'attendons-nous donc pour écouter les leçons de notre Mère ? Nous faut-il d'autres merveilles ? Que voulons-nous de plus ? Les aveugles voient, les boiteux marchent, les sourds entendent : et heureux celui qui ne se scandalise point de Notre-Dame de Lourdes, soit parce qu'il ferme les yeux pour ne pas croire à ses Apparitions, soit parce qu'il s'autorise des faveurs de Marie pour persister dans sa nonchalance et sa

[1] *Cecinimus vobis et non saltastis, lamentavimus et non planxistis.* (Matth., XI, 17.)

paresse, disant : La Sainte Vierge nous sauvera, la France est son royaume et elle ne l'abandonnera pas; vivons donc joyeusement !

Non, Marie ne nous sauvera pas si nous ne mettons pas en pratique ses leçons, et surtout celle-ci : Pénitence ! Pénitence ! Pénitence ! Elle n'a pas sauvé Jérusalem, sa patrie, si chère à son cœur de fille de David. Sans doute Marie aime la France, sans doute elle lui offre encore une fois le salut, comme Dieu l'offre aux pécheurs que sa grâce poursuit et sollicite : mais le résultat est douteux, il est entre nos mains. Dévouons-nous à l'obtenir pour consoler notre Mère et rendre à notre pays sa prospérité et sa gloire.

En le faisant, au moins nous sauverons nos propres âmes, et, à ce point de vue, les grâces de Marie ne seront pas inutiles ; et, comme dit l'Écriture, la Sagesse sera justifiée par ses enfants. Oui, des milliers et des millions d'âmes seront la conquête des bénies Apparitions de Lourdes. Ces âmes-là auront été simples et fidèles. Elles auront cru à Marie et lui auront obéi généreusement. Et, pour elles, Jésus rendra grâces à son Père de ce qu'il révèle aux humbles ce qui aveugle et perd les sages et les prudents, c'est-à-dire les doux mystères de la foi chrétienne : le Ciel qui nous attend, Marie qui nous y mène, Dieu qui nous appelle, et Jésus qui nous dit : « Venez à moi, vous qui souffrez, et je vous aiderai à porter vos peines. Prenez mon joug sur vous, mon joug si doux, mon fardeau si léger, et vous trouverez le salut de vos âmes ! »

TABLE

	Pages.
A Marie	V
Au Lecteur	VII
Chap. I. L'événement de Lourdes	1
II. Le souffle de Dieu	6
III. Marie	12
IV. Pourquoi la Sainte Vierge a-t-elle apparu ?	20
V. Pourquoi la Sainte Vierge a-t-elle apparu au XIX° siècle ?	26
VI. Pourquoi la Sainte Vierge a-t-elle apparu en France ?	32
VII. Pourquoi la Sainte Vierge a-t-elle apparu à Bernadette ?	40
VIII. Pourquoi la Sainte Vierge a-t-elle apparu à cette époque de l'année ?	47
IX. Pourquoi la Sainte Vierge a-t-elle apparu dans la grotte d'un rocher ?	81
X. Pourquoi la Sainte Vierge a-t-elle des roses sur les pieds ?	90
XI. Pourquoi la Sainte Vierge a-t-elle un vêtement blanc ?	107
XII. Pourquoi la Sainte Vierge a-t-elle une ceinture bleue ?	114
XIII. Pourquoi Notre-Dame de Lourdes regarde-t-elle le Ciel ?	124
XIV. Pourquoi Notre-Dame de Lourdes fait-elle le signe de la Croix ?	138
XV. Pourquoi Notre-Dame de Lourdes a-t-elle un chapelet ?	146
XVI. Pourquoi le chapelet de Marie a-t-il les grains blancs et la chaîne d'or ?	156

Pages.

Ch. XVII. Pourquoi Marie a-t-elle fait couler une source du rocher ?................... 167

XVIII. Pourquoi la Sainte Vierge fait-elle tant de miracles à Lourdes ?................... 174

XIX. Les paroles de Marie : « Je vous promets de vous rendre heureuse, non en ce monde mais en l'autre. ».......... 192

XX. « Je veux voir du monde. ».......... 202

XXI. « Priez pour les pécheurs. ».......... 211

XXII. « Je veux qu'on m'élève ici une chapelle. » 221

XXIII. « Pénitence ! Pénitence ! Pénitence ! ».... 234

XXIV. « Allez boire à la source et vous y laver. » 254

XXV. « Je suis l'Immaculée Conception. »...... 263

XXVI. Pourquoi Marie s'est-elle révélée à Lourdes comme l'Immaculée Conception ?...... 272

XXVII. Lourdes figure de l'Eglise............... 281

XXVIII. Notre-Dame de Lourdes figure de l'Eucharistie................... 294

XXIX. Les secrets de Marie................... 298

XXX. La dernière Apparition................... 308

XXXI. L'heure des Apparitions................... 317

XXXII. Le règne de Jésus par Marie............ 324

XXXIII. Comment s'établira le règne de Jésus par Marie................... 331

XXXIV. Pourquoi la Sainte Vierge nous enseigne-t-elle par des symboles ?............. 340

Page 8, 3ᵉ ligne du 4ᵉ alinéa, au lieu de *missionnaire capucin*, lisez : *missionnaire franciscain*.

Page 98, 7ᵉ ligne du 2ᵉ alinéa, au lieu de *Etienne, roi de Hongrie*, lisez : *Venceslas, roi de Bohême*.

BAR-LE-DUC. — IMPRIMERIE SAINT-PAUL

36, RUE DE LA BANQUE, 36

www.ingramcontent.com/pod-product-compliance
Ingram Content Group UK Ltd.
Pitfield, Milton Keynes, MK11 3LW, UK
UKHW022323090726
13658UKWH00001B/37